이것이
데이터 분석이다

with 파이썬

이것이 데이터 분석이다 with 파이썬

파이썬으로 배우는 데이터 분석 입문

초판 1쇄 발행 2020년 2월 10일
초판 4쇄 발행 2023년 3월 13일

지은이 윤기태 / **펴낸이** 김태헌
펴낸곳 한빛미디어(주) / **주소** 서울시 서대문구 연희로 2길 62 한빛미디어(주) IT출판1부
전화 02-325-5544 / **팩스** 02-336-7124
등록 1999년 6월 24일 제25100-2017-000058호 / **ISBN** 979-11-6224-251-3 93000

총괄 배윤미 / **책임편집** 이미향 / **기획 · 편집** 박민아
디자인 표지 박정화 내지 김연정 일러스트 안희원 / **조판** 김현미
영업 김형진, 장경환, 조유미 / **마케팅** 박상용, 한종진, 이행은, 고광일, 성화정 / **제작** 박성우, 김정우

이 책에 대한 의견이나 오탈자 및 잘못된 내용에 대한 수정 정보는 한빛미디어(주)의 홈페이지나 아래 이메일로
알려주십시오. 잘못된 책은 구입하신 서점에서 교환해 드립니다. 책값은 뒤표지에 표시되어 있습니다.

한빛미디어 홈페이지 www.hanbit.co.kr / **이메일** ask@hanbit.co.kr
동영상 강의 youtube.com/user/HanbitMedia93
자료실 github.com/yoonkt200/python-data-analysis

지금 하지 않으면 할 수 없는 일이 있습니다.
책으로 펴내고 싶은 아이디어나 원고를 메일(writer@hanbit.co.kr)로 보내주세요.
한빛미디어(주)는 여러분의 소중한 경험과 지식을 기다리고 있습니다.

이것이
데이터 분석이다

with 파이썬

실생활 예제로 쉽게!☆
{단계별 분석에 따라} 구조적으로 배운다!

파이썬으로 배우는 데이터 분석 입문

윤기태 지음

HB 한빛미디어
Hanbit Media, Inc.

'장인은 도구를 가리지 않는다'라는 속담이 있습니다. 특히나 데이터를 다루는 사람들에게 있어서 언어나 라이브러리는 도구일 뿐 진짜 중요한 것은 문제해결 능력이죠. 하지만 입문자들은 이러한 사실을 알기 힘들뿐더러 시중에 있는 책 대부분은 코드 기반의 이론 중심입니다. 이 책은 **주어진 문제를 어떻게 단계적으로 접근하면 좋을지에 대해 독자 친화적으로 가이드를 주는 책**입니다. 많은 분들이 올바른 방향으로 시작하길 바라며, 데이터를 처음 접하는 분들에게 이 책을 추천합니다.

임홍준 (NAVER, 머신러닝 엔지니어)

데이터 분석을 하기 위해서는 많은 분야의 공부가 선행되어야 합니다. 프로그래밍, 통계, 데이터 분석 기법에 대한 전반적인 지식이 있어야 비로소 데이터를 어떻게 분석해 낼지에 대한 통찰력이 생깁니다. 이 책은 위의 세 가지 지식 중, **프로그래밍에 대한 기초 지식만 있다면 다른 분야의 지식이 전혀 없는 비전공자도 데이터 분석 분야에 입문할 수 있도록 쉽게 풀어 쓴 책**입니다. '지금 당장 데이터 분석을 해보고 싶지만, 무엇부터 해야 할지 막막한 분들께 이 책은 훌륭한 길잡이가 되어줄 것입니다.

김태림 (삼성전자, 데이터 엔지니어)

최근 검도를 시작했는데 사부님께서는 초급자인 저에게 기본 동작의 원리를 먼저 잘 설명해 주십니다. 머리로는 충분히 이해했는데도 실제로 동작을 해보면 대부분은 잘 하지 못합니다. 하지만 지속적으로 연습하다 보면 어느새 이론에 부합한 동작이 체화되어 자연스러워집니다. 『이것이 데이터 분석이다 with 파이썬』은 데이터 분석이 익숙치 않은 초급자들에게 이러한 메리트를 제공합니다. 이제 막 데이터 분석을 접하고 '이제 어떻게 활용하지?'를 고민하는 데이터 분석 새내기들에게 꼭 필요한 책입니다. 최근 가장 인기 있고 배우기도 쉬운 파이썬을 기반으로 간단한 이론적인 설명과 더불어 다양한 데이터 분석 문제를 다룹니다. 또 **기본적인 데이터 전처리 및 시각화 그리고 결과 회고에 이르기까지 분석 사이클을 일정 수준까지 경험할 수 있는 점이 최대의 장점**입니다. 파이썬을 알고 있고, 데이터 사이언티스트를 지망하는 분들에게 이 책을 추천합니다.

김광우 (GSSHOP, 패스트캠퍼스, 데이터 엔지니어)

20년 전 처음 회사에 입사했을 때, 회사 선배님이 데이터 분석 방법론이라고 알려준 것이 있습니다. 방법론은 'MH'였습니다. 맨땅에 헤딩. 그리고 하나 더 있었죠. '모르면 테크놀로지, 알면 노가다'. 이 책은 **저자가 데이터 분석을 잘하고 싶은 절박함으로 맨땅에 헤딩하며 얻은 지식과 노하우를 친절하고 투명하게 전달**해주고 있습니다. 데이터 분석을 시작하는 여러분에게 테크놀로지로 보이던 알고리즘과 프로그래밍이, 마지막 장을 덮을 때는 마치 자전거 타는 법을 익힌 것 같은 느낌을 줄 것이라 확신합니다. 이제 여러분에게 데이터 분석은 일상의 숨쉬기처럼 익숙하고 편안한 <s>노가다</s> 놀이가 될 것입니다.

김학민 (GSSHOP, AI 센터장)

데이터 사이언스 분야 교육 콘텐츠를 수년간 기획하면서 가장 중요한 점으로 생각하는 것은 명확한 방향을 잡는 것입니다. 서적으로 말하면, **'어떤 배경 지식을 가진 독자가 이 책의 내용을 소화하고 어느 수준까지 구현할지'**가 되겠지요. 17년 9월, 다양한 파이썬 라이브러리의 활용을 주제로 하는 강의를 기획하면서 블로그를 통해 기태 님을 만났고, [데이터 분석을 위한 파이썬 프로그래밍 CAMP]를 개설했습니다. 깔끔한 강의자료와 세심한 피드백으로 수강생 분들은 데이터 분석의 A to Z를 경험할 수 있었습니다. 이제 이 책으로 더 많은 분들에게 기태 님의 지식과 경험을 공유할 수 있게 되어 기쁩니다. 이 책이 데이터 분석을 학습하고자 하는 많은 분들에게 좋은 가이드가 되기를 바랍니다.

윤형진 (패스트캠퍼스 직무교육사업본부 R&D팀 Lead)

데이터 분석에서 핵심은 주어진 상황과 문제를 파악하고, 적절한 분석 기법을 선택해 적용하는 것입니다. 그런데 분석 기법은 방대하고 깊은 이론적 이해가 필요하다 보니 개별적인 분석 기법을 자세하게 설명하는 책이 많습니다. 그런 면에서 **이 책은 주어진 상황과 문제를 구체화하고 순차적으로 해결해 나가는 '과정 중심'의 내용이 인상적**입니다. 책의 첫 부분에서 데이터로부터 통찰을 얻는 것이 핵심이라는 것을 상기시키고 예측과 분류에 초점을 맞춰 설명한 뒤 종합적인 예제를 통해 배운 내용을 입체적으로 실전에 적용해보는 구성이 입문자들에게는 매우 적절한 구성으로 보입니다. 또한 풍부한 예시 화면과 설명을 통해 입문자들이 학습에 어려움을 겪지 않도록 배려한 점도 돋보입니다.

최재원 (아주대학교 교수학습개발센터 데이터 분석가)

제가 처음 파이썬을 접한 것은 디자이너를 지망하던 대학생 졸업반 때였습니다. 졸업 학점을 채우기 위한 인턴십 과정에서 우연히 웹 개발 업무를 맡은 것이 그 시작이었습니다. 우려와는 달리 프로그래밍은 적성에 잘 맞는 편이었고, 금세 파이썬이라는 언어를 좋아하게 되었습니다. 그래서 파이썬으로 만들 수 있는 재미있는 것들을 찾아보다가 당시 유행하던 데이터 분석 라이브러리를 접하면서 데이터 분석 분야에도 큰 매력을 느끼게 되었습니다. 마치 이것만 있으면 '세상의 모든 이치를 분석할 수 있을 것 같은 느낌'이었죠. 이 무렵부터 데이터 분석을 공부하고 업으로 삼겠다고 결심했습니다.

하지만 데이터 분석은 너무나 생소한 것이었습니다. 수학이나 통계학 등, 기초적인 전공 지식이 전무한 디자이너 지망생에게는 더더욱 말이죠. 게다가 당시에만 해도 데이터 분석은 대학원에 진학해야만 공부할 수 있다는 인식이 강했습니다. 그때 저는 마치 맨몸으로 도심 한복판에 버려진 것 같은 기분이었습니다. 그리고 그 기분에서 빠르게 벗어나기 위해 손에 잡히는 대로 계획 없이 무작정 공부를 시작했습니다. 이해하기도 어려운 이론 강의를 들어보고 서점의 책도 뒤져보고 인터넷에서 찾은 수 많은 데이터 분석 코드를 실행해보았습니다. 하지만 저의 어려움을 시원하게 해결해줄 무언가를 찾기는 어려웠습니다. 이론은 이론대로 어렵고, 코드는 코드대로 어려웠으니 데이터 분석의 요소들을 단계적으로 접근하는 방법을 이해하기까지 오랜 시간이 걸렸던 것 같습니다.

그래서 이 과정에서 겪었던 어려움을 하나둘씩 블로그나 코드의 형태로 정리하기 시작했습니다. 입문자의 입장에서 데이터 분석의 각 프로세스마다 생기는 의문점과 깨달음들을 정리하다 보니 데이터 분석이라는 것을 어렴풋하게나마 이해하게 되었습니다. 그리고 이 과정을 거쳐 머신러닝 엔지니어라는 커리어도 시작할 수 있었고, 운이 좋게도 패스트캠퍼스 강의와 더불어 집필이라는 경험까지 할 수 있게 되었습니다.

아직 저 역시 데이터 분석을 완벽히 안다고 말하기에는 부족하지만 이 책을 완성할 수 있었던 원동력은 단 한 가지였습니다. 제가 겪었던 어려움을 똑같이 반복하고 있는 입문자들을 조금이나마 도와줄 수 있는 책을 만들자는 것이었습니다. 그래서 이 책은 저와 같은 시행착오를 겪고 있는 분들을 대상으로 합니다. 복잡한 이론과 잘 짜여진 코드로 정답을 설명하는 예제가 아닌, 입문자의 입장에서 데이터 분석을 어떤 절차와 과정으로 접근해야 하는지를 담아내고자 하였습니다. 또한 인터넷에서 쉽게 볼 수 있는 예제보다는 조금 더 재미있고 실용적인 예제들로 구성하고자 노력했습니다.

아무쪼록 이 책이 데이터 분석 입문 과정에서 겪는 어려움을 해소하는 데 조금이나마 도움이 되었으면 좋겠습니다. 그래서 책을 읽는 독자분들이 데이터 분석이라는 분야에 더욱 흥미를 느끼고 더 쉽게 다가갈 수 있었으면 합니다.

마지막으로, 이 책을 내기까지의 과정에서 큰 도움을 주신 한빛미디어 박민아 에디터님, 제이펍 출판사 송찬수 에디터님, 패스트캠퍼스 윤형진 매니저님께 진심으로 감사의 말씀 전합니다. 더불어 이 책에 도움 주신 김태림, 윤석주, 황준선 님께도 감사의 말씀 전합니다.

지은이 윤기태

이 책은 입문자의 입장에서 단계적으로 데이터 분석에 접근하는 방법을 다루고 있습니다. 데이터 분석 입문자에게 가장 중요한 것은 이론이나 스킬이 아닌, 문제에 올바르게 접근하는 사고의 과정이기 때문입니다. 그리고 이를 다양한 예제로 풀어냈습니다.

단계적으로 학습합니다.

이 책을 구성하는 5개 Chapter는 각각 대표적인 분석 방법을 하나씩 포함하고 있습니다. 예를 들면 Chapter 01에서는 탐색적 데이터 분석, Chapter 02에서는 텍스트 마이닝을 다루는 식입니다. Chapter마다 등장하는 분석 예제는 분석 방법의 종류마다 약 2~3개 정도가 존재하며 각각의 예제는 다시 Step이라는 작은 단위로 쪼개어져 있습니다. 이러한 구성은 여러분의 단계적 학습을 더욱 수월하게 도와줍니다.

이론보다는 흐름을 배웁니다.

데이터 분석 이론, 혹은 라이브러리 사용법을 아주 자세하게 설명하지는 않습니다. 그 이유는 데이터 분석으로 문제를 해결하는 과정 자체에 집중하기 위함입니다. 또한 여러분이 데이터 분석의 흐름을 깨닫기도 전에 이론이라는 거대한 벽에 막히는 것을 조금이나마 방지하고 싶었습니다. 그래서 필수적으로 다뤄야 할 이론에서는 최대한 수식을 배제하고 직관적인 설명만 담았습니다. 독자 여러분께서는 이 책을 통해 데이터 분석의 흐름을 익힌 후 예제에서 언급했던 이론들과 라이브러리 사용법에 대해 천천히 공부하는 것을 추천합니다.

대상 독자

이 책은 **파이썬 프로그래밍을 조금이라도 접해본 사람을 대상**으로 합니다. 프로그래밍에 대한 지식을 기초부터 설명하지 않기 때문입니다. 따라서 변수, 자료구조, 객체와 같은 개념 정도는 알고 있는 것이 좋습니다. 만약 파이썬이나 프로그래밍의 개념이 생소하다면 다른 서적이나 온라인 자료를 통해 파이썬을 어느 정도 공부한 후, 이 책을 읽는 것을 권장합니다.

이런 사람이 보면 더 좋습니다.

- 데이터 분석이 처음이라면?
  - 라이브러리를 사용하는 프로그래밍을 경험해보았다.
  - 데이터 분석에 대해 어렴풋이 들어봤지만 제대로 공부해본 경험이 없다.
  - 입문자에게 중요한 분석 포인트를 알고 싶다.
- 데이터 분석을 조금이라도 경험해보았다면?
  - 단순히 따라하면 되는 예시가 아닌 분석의 흐름을 공부하고 싶다.
  - 복잡한 이론보다는 직관적인 이해를 중심으로 공부하고 싶다.
  - 실생활 예제를 다루고 싶다.

이런 사람이 보면 그다지 좋지 않을 수 있습니다.

- 프로그래밍에 대한 개념이 전혀 없다.
- 데이터 분석에 사용되는 수학적, 통계적 개념을 깊게 이해하고 싶다.
- 딥러닝 같은 최신 이론을 적용해보고 싶다.

책을 읽는 방법

이 책은 데이터 분석을 단계적으로 나누어 학습하는 것을 지향합니다. 그리고 이를 극대화하기 위해 책에 등장하는 모든 예제는 하나의 코드 셀과 설명 부분이 1:1로 짝지어져 있습니다. 따라서 **코드 셀 하나를 실행하고 이에 해당하는 설명을 읽는 것**을 하나의 단위로 생각하여 공부하는 것을 추천합니다. 예제에 등장하는 모든 코드 자료는 깃허브^{Github}라는 온라인 코드 공유 저장소에 올려두었으며 이를 다운로드받아 직접 실행해보는 것을 권장합니다.

수정 내용 확인하기

초판 4쇄부터 2.2절(97쪽), 4.2절(235쪽)의 크롤링 실습은 다음 링크의 내용을 참고해서 진행해 주세요. 해당 내용은 각 페이지에 QR 코드로 수록해 두었습니다.

- https://github.com/yoonkt200/python-data-analysis/blob/master/README.md

예제 다운로드하기

01. https://github.com/yoonkt200/python-data-analysis 주소로 접속합니다. 별도로 회원가입은 하지 않아도 됩니다.

02. [Clone or download] 버튼을 클릭한 뒤, [Download ZIP] 버튼을 클릭하면 다운로드가 시작됩니다.

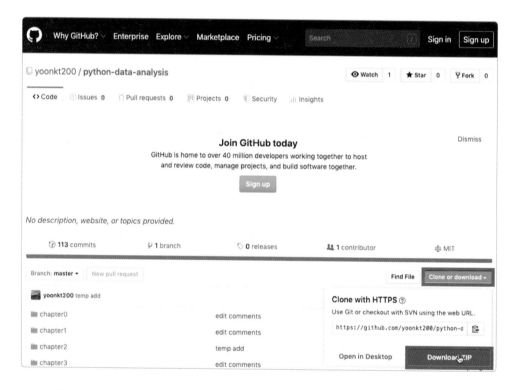

[Tip] 깃(Git)의 사용법을 잘 아는 독자라면 Clone이나 Fork 기능을 이용하여 직접 코드를 관리하는 것도 좋은 방법입니다.

03. 다운로드받아 압축을 해제하면 각 Chapter의 예제들을 포함하는 6개의 폴더(chapter0 ~ chapter5), 그리고 분석에 사용할 데이터를 저장하고 있는 data 폴더가 나타납니다.

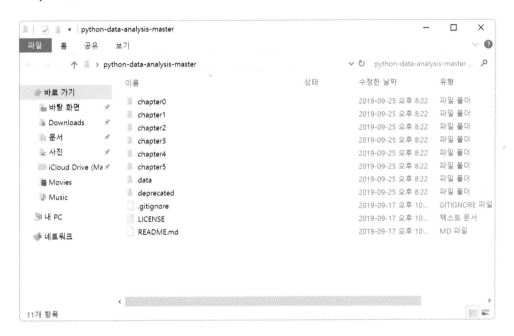

각 Chapter마다 해당하는 예제 코드를 다운로드하여 실습을 진행합니다.

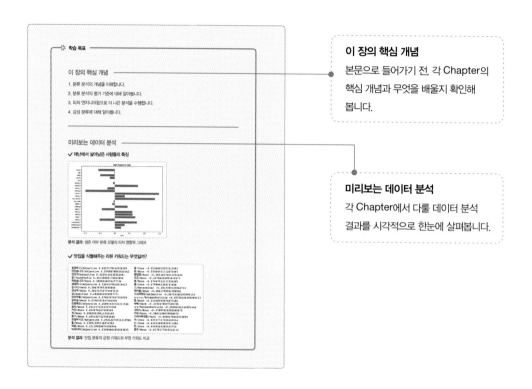

이 장의 핵심 개념
본문으로 들어가기 전, 각 Chapter의
핵심 개념과 무엇을 배울지 확인해
봅니다.

미리보는 데이터 분석
각 Chapter에서 다룰 데이터 분석
결과를 시각적으로 한눈에 살펴봅니다.

여기서 잠깐
보충 설명, 참고 사항, 관련 용어 등을
본문과 구분하여 정리해두었습니다.

여기서 잠깐

☼ 상관 분석

상관 분석이란 두 변수 간의 선형적 관계를 상관 계수로 표현하는 것입니다. 상관 계수를 구하는 것은 공분산의 개념을 포함합니다. 공분산은 2개의 확률 변수에 대한 상관 정도로, 2개의 변수 중 하나의 값이 상승하는 경향을 보일 때 다른 값도 상승하는 경향을 수치로 나타낸 것입니다. 하지만 공분산만으로 두 확률 변수의 상관 관계를 구한다면 두 변수의 단위 크기에 영향을 받을 수 있습니다. 따라서 이를 −1과 1 사이의 값으로 변환합니다. 이를 상관 계수라 합니다. 만약 상관 계수가 1에 가깝다면 서로 강한 양의 상관 관계가 있는 것이고, −1에 가깝다면 음의 상관 관계가 있는 것입니다.

[Tip] 만약 예제에 사용되는 데이터를 책을 읽는 시점의 데이터로 사용하고자 한다면 www.blockchain.com/ko/charts/
market-price에서 최신 데이터를 다운로드 받을 수 있습니다.

⚠ 그래프를 그릴 때 한 가지 주의할 것은 draw_networkx_labels에 들어가는 font_family 파라미터입니다. 만약 한글
을 지원하지 않는 폰트를 입력하는 경우, 그래프에서 글자가 깨지는 현상이 발생할 수 있습니다. 맥 OS 이용자의 경우
'AppleGothic'처럼 한글을 지원하는 기본 폰트를 입력해야 하고, 윈도우 사용자는 'Malgun Gothic', 그리고 그 외 OS에
서도 한글을 지원하는 기본 폰트를 입력해야 합니다.

TIP & 주의
실습을 진행하면서 알아두면 좋을 팁,
혼동하기 쉬운 내용을 표기했습니다.
입문자라면 빼놓지 말고 꼭
읽어보세요!

미니 퀴즈 3-3

영화 데이터에 대한 탐색적 데이터 분석을 더 실행해봅시다. 위의 내용을 응용하여 영화의 연대별 개수를 탐색해보세요.

미니 퀴즈
간단히 미니 퀴즈를 풀면서 학습한 내용을 점검하고, 잠시 쉬어가는 코너입니다.

📊 표로 정리하는 데이터 분석

주요 키워드	핵심 내용	설명
데이터의 분리	학습 전용 데이터셋과 테스트 전용 데이터셋의 분리	회귀 분석 모델을 학습 전용 데이터셋으로 나누어 학습하고, 이를 테스트 전용 데이터셋으로 평가합니다. 이 과정을 '지도 학습'이라고 부릅니다.
피처의 정규화	데이터의 피처 스케일링	피처 간의 단위를 맞춰주는 피처 스케일링 작업을 수행합니다.
범주형 피처의 변환	원-핫 인코딩	연산 불가능한 범주형 피처를 연산 가능한 벡터 형태의 피처로 변환합니다.
회귀 분석의 평가	R2 score, RMSE score	R2 score, RMSE score 등의 평가 지표를 통해 회귀 분석이 얼마나 잘 되었는지 평가합니다.
다중 공선성 분석	피처 간의 독립성 검정	VIF 계수를 통해 피처 간의 다중 공선성 문제를 검증합니다.

표로 정리하는 데이터 분석
주요 키워드와 핵심적인 내용을 표로 간략하게 살펴보고 리마인드 합니다.

☼   연습 문제

1. 아래의 데이터셋을 기반으로 ①~④번 문제를 해결해보세요.

>>> **BostonHousing 데이터셋**

```
# -*- coding: utf-8 -*-
%matplotlib inline

import pandas as pd
import numpy as np
import matplotlib.pyplot as plt
import seaborn as sns

# Data Source : http://lib.stat.cmu.edu/datasets/boston_corrected.txt
file_path = '../data/BostonHousing2.csv'
housing = pd.read_csv(file_path)
housing = housing.rename(columns={'CMEDV': 'y'})
housing.head()
```

연습 문제
지금까지 학습한 내용을 문제를 풀면서 확인하고 응용력을 향상 시킵니다.

https://www.youtube.com/user/HanbitMedia93

한빛미디어 유튜브 채널에서 『이것이 데이터 분석이다 with 파이썬』의 저자 직강 동영상도 만나
보세요! 공부하다가 막힐 땐 각 강좌의 댓글에 질문을 남겨보세요. 저자가 직접 답변을 달아드립
니다.

유튜브에 검색창에 '이것이 데이터 분석이다'를 검색해서 더 빠르게 동영상을 시청하실 수 있습
니다.

☼ 목차

Chapter 00 들어가기 전에

Chapter 01 데이터에서 인사이트 발견하기

Chapter **02** **텍스트 마이닝 첫걸음**

들어가기 전에

0.1 개발환경 구축하기

아나콘다 설치하기

먼저 파이썬 데이터 분석환경을 구축해보겠습니다. 이 책에서 사용할 프레임워크는 아나콘다 Anaconada라는 프레임워크입니다. 아나콘다를 활용하면 기본적인 데이터 과학 라이브러리를 포함하는 파이썬 가상환경까지 쉽게 구축할 수 있습니다.

01. 아나콘다 다운로드 아나콘다 공식 홈페이지(https://www.anaconda.com/products/individual#Downloads)에 접속합니다. 다운로드 페이지에서 [Windows]의 64-Bit Graphical Installer (각자 OS와 시스템에 맞는 내용을 클릭합니다)를 클릭하여 다운로드합니다.

⚠ 이 책을 보는 시점에 파이썬 버전은 바뀌어 있을 수 있습니다.

> **여기서 잠깐**
>
> ☼ 다운로드 페이지의 [Download] 버튼 아래에 그래픽 인스톨러Graphical Installer와 커맨드라인 인스톨러Command Line Installer 두 가지 버전이 있습니다. 그래픽 인스톨러는 마우스로 간단히 설치할 수 있는 버전이며, 커맨드라인 인스톨러는 윈도우의 커맨드 프롬프트, 맥 OS의 터미널Terminal 등을 이용하여 설치할 수 있는 버전입니다.

02. 아나콘다 설치하기 다운로드가 완료되면 설치 파일(윈도우: Anaconda3-2021.05-Windows-x86_64.exe, 맥 OS: Anaconda3-2021.05-MacOSX-x84_64.pkg)을 실행하여 인스톨러의 권장사항대로 아나콘다를 설치합니다. [Next] 버튼을 클릭해 설치를 진행합니다.

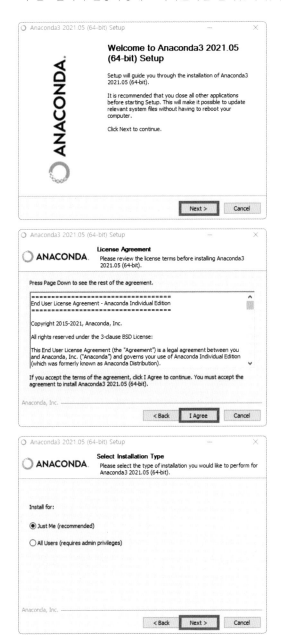

03. 아나콘다 설치가 완료되었으면 **아나콘다 프롬프트**Anaconda Prompt를 실행합니다. 혹은 **아나콘다 파워셸 프롬프트**Anaconda Powershell Prompt를 사용해도 좋습니다. 윈도우 시작 아이콘(■) 옆에 있는 검색 아이콘 (🔎)을 클릭해 시작 글자 'An'을 입력하면 쉽게 찾을 수 있습니다.

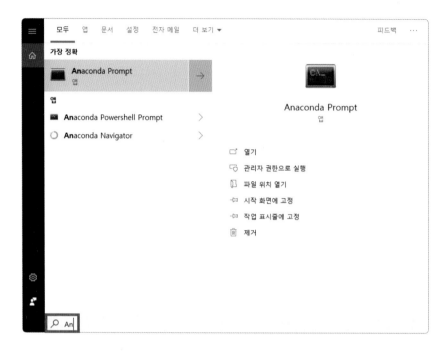

[Tip] 맥 OS나 리눅스 OS의 경우, **터미널(Terminal)** 앱으로 아나콘다 프롬프트를 대체할 수 있습니다.

04. 아나콘다 프롬프트로 가상환경 생성하기 아래 코드는 아나콘다 프롬프트를 실행하여 두 가지 명령을 입력한 것입니다. 첫 번째 입력인 'conda --version'은 아나콘다의 버전을 확인합니다. 그리고 두 번째 입력 'conda create -n pybook python=3.8'은 pybook이라는 이름을 가진 파이썬 3.8 버전의 새로운 가상환경을 생성하는 것입니다.

```
[Anaconda Powershell Prompt]

(base) C:\Users\yoonk> conda --version
conda 4.10.1
(base) C:\Users\yoonk> conda create -n pybook python=3.8
```

[Tip] 파이썬에서 가상환경을 생성한다는 것은 독립된 개발환경을 구축하는 것입니다. 이를 통해 각자 독립적으로 라이브러리를 관리할 수 있습니다.

05. 가상환경 실행하기 가상환경 생성을 완료했다면 'conda activate pybook' 명령어로 가상환경을 실행합니다. 만약 가상환경이 정상적으로 실행되었다면 프롬프트에 '(pybook)'이라는 문구가 왼쪽에 보입니다. 이제 아나콘다를 이용한 파이썬 개발환경 구축이 완료되었습니다.

```
[Anaconda Powershell Prompt]

(base) C:\Users\yoonk> conda activate pybook
(pybook) C:\Users\yoonk>
```

주피터 노트북 설치하기

다음으로 주피터 노트북Jupyter Notebook을 설치합니다. 주피터 노트북은 UI로 파이썬 코드를 실행하게 해주는 도구입니다. 코드와 마크다운Markdown형태의 문서, 이미지 등을 손쉽게 공유할 수 있습니다.

01. 주피터 노트북 설치하기 아래와 같이 아나콘다 프롬프트를 실행하여 'pip install jupyter' 명령어로 가상환경 위에 주피터 노트북을 설치합니다. 명령어 'pip'는 Pip Installs Packages의 약자로, PyPI(Python Package Index)라는 공식 라이브러리 저장소로부터 파이썬 패키지를 받아 설치하는 패키지 관리 도구를 호출하는 것입니다.

```
[Anaconda Powershell Prompt]

(pybook) C:\Users\yoonk> pip install jupyter
```

02. 주피터 노트북 실행하기 설치가 완료되었다면 아래와 같이 'jupyter notebook' 명령어를 입력하여 주피터 노트북을 실행할 수 있습니다. 설치 진행 중 Y/N을 입력하는 과정이 나타나는데 'Y'를 입력하면 설치가 정상적으로 완료됩니다.

```
[Anaconda Powershell Prompt]

(pybook) C:\Users\yoonk> jupyter notebook
```

03. 주피터 노트북에 접속하기 주피터 노트북을 실행하였다면 아래처럼 아나콘다 프롬프트에 출력된 정보를 이용하여 주피터 노트북에 접속해야 합니다. 우선 출력된 정보 중, https://locallhost: 8888/?token={token} 형태로 되어있는 URL을 복사합니다.

[Tip] 만약 'jupyter notebook' 명령어 만으로 브라우저에서 자동으로 주피터 노트북이 실행되었다면 URL 복사의 과정은 생략할 수 있습니다.

```
[Anaconda Powershell Prompt]

(pybook) C:\Users\yoonk>jupyter notebook

[I 20:50:35.991 NotebookApp] Serving notebooks from local directory: C:\Users\yoonk
[I 20:50:35.991 NotebookApp] The Jupyter Notebook is running at:
[I 20:50:35.992 NotebookApp] http://localhost:8888/?token=c314744416a98547c5659d103
c588cccc7e86adcaaeed8d9
[I 20:50:35.992 NotebookApp]  or http://127.0.0.1:8888/?token=c314744416a98547c5659d
103c588cccc7e86adcaaeed8d9
[I 20:50:35.992 NotebookApp] Use Control-C to stop this server and shut down all
kernels (twice to skip confirmation).
[C 20:50:36.049 NotebookApp]

    To access the notebook, open this file in a browser:
        file:///C:/Users/yoonk/AppData/Roaming/jupyter/runtime/nbserver-12000-open.html
    Or copy and paste one of these URLs:
    http://localhost:8888/?token=c314744416a98547c5659d103c588cccc7e86adcaaeed8d9 or
    http://127.0.0.1:8888/?token=c314744416a98547c5659d103c588cccc7e86adcaaeed8d9
```

04. 그리고 웹 브라우저를 실행한 후, 브라우저의 주소창에 복사한 URL 주소를 입력합니다.

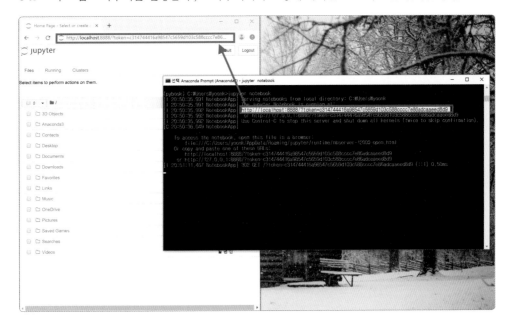

05. 그러면 아래 그림처럼 주피터 앱에 접속할 수 있습니다.

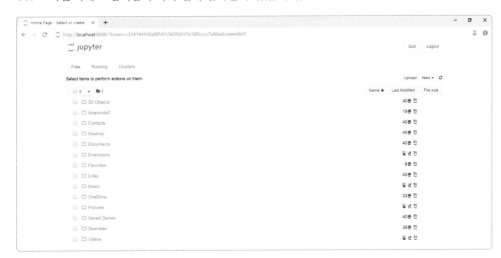

06. 주피터 노트북 사용하기 먼저 새로운 노트북 파일을 생성합니다. 주피터 노트북 접속 화면의 [New] – [Python 3] 버튼을 클릭하여 새 파일을 생성할 수 있습니다.

07. 생성된 노트북 파일은 아래의 그림과 같이 새로운 창으로 실행됩니다.

08. 아래 그림처럼 노트북 파일을 클릭하면 이전에 생성되었거나 저장된 노트북을 다시 실행할 수 있습니다.

0.2 데이터 분석을 위한 라이브러리

라이브러리 설치하기

본격적인 데이터 분석을 시작하기 전에 데이터 분석에 활용될 파이썬 라이브러리와 각각의 사용법을 간략하게 살펴보겠습니다. 라이브러리를 설치하는 방법은 주피터 노트북을 설치하는 방법과 동일합니다. 'pip install' 옆에 설치하고 싶은 라이브러리 이름을 차례로 입력합니다. 여기서는 판다스Pandas, 넘파이Numpy, Matplotlib 이렇게 세 가지 라이브러리를 설치해보겠습니다.

```
(pybook) C:\Users\yoonk> pip install pandas numpy matplotlib
```

판다스의 설치 및 활용

판다스는 파이썬에서 가장 널리 사용되는 데이터 분석 라이브러리로 **데이터 프레임**Data Frame이라는 자료구조를 사용합니다. 데이터 프레임은 엑셀의 스프레드시트와 유사한 형태이며 파이썬으로 데이터를 쉽게 처리할 수 있도록 합니다. 백문이 불여일견이라 하였으니 몇 가지 코드를 실행해보면서 판다스의 사용법을 살펴보겠습니다.

우선 주피터 노트북에서 새 파일을 열면 아래 그림처럼 코드를 입력할 수 있는 코드 셀Cell이 있습니다. 입력한 코드를 실행하려면 마우스로 셀을 선택한 후, [Shift] + [Enter] 키를 누릅니다. 코드 셀을 추가하고 싶으면 에디터 상단의 + 모양의 도구를 클릭합니다. 반대로 셀 삭제는 가위 모양의 도구를 클릭합니다.

[그림 0-1] 선택된 코드 셀

[그림 0-2] 코드 셀의 추가 버튼과 삭제 버튼

아래 코드는 데이터 분석 라이브러리를 import하는 코드입니다. 판다스 라이브러리는 보통 pd라는 이름으로 축약하여 사용합니다.

>>> 판다스 라이브러리 불러오기

```
import pandas as pd
```

다음으로 판다스의 데이터 프레임을 생성해보겠습니다. 데이터 프레임에 들어갈 2개의 열 데이터를 입력한 뒤, list()와 zip() 함수로 데이터셋을 생성합니다. 그리고 이 데이터셋으로 아래와 같은 데이터 프레임 객체를 생성할 수 있습니다. head() 함수로 생성된 데이터 프레임의 일부분을 살펴볼 수 있습니다.

>>> 데이터 프레임을 생성하고 일부분 살펴보기

```
# 판다스의 데이터 프레임을 생성합니다.
names = ['Bob', 'Jessica', 'Mary', 'John', 'Mel']
births = [968, 155, 77, 578, 973]
custom = [1, 5, 25, 13, 23232]

BabyDataSet = list(zip(names,births))
df = pd.DataFrame(data = BabyDataSet, columns=['Names', 'Births'])

# 데이터 프레임의 상단 부분을 출력합니다.
df.head()
```

실행 결과

	Names	Births
0	Bob	968
1	Jessica	155
2	Mary	77
3	John	578
4	Mel	973

이번에는 데이터 프레임의 기본 정보를 출력해보겠습니다. dtypes, index, columns로 데이터 프레임의 행, 열 정보를 출력할 수 있습니다. dtypes는 열의 타입 정보, index는 행의 형태 정보를 포함하고 있습니다. 그리고 columns는 데이터 프레임의 열 정보를 조금 더 간략한 형태로 요약하고 있습니다.

>>> **데이터 프레임의 기본 정보 출력하기**

```
# 데이터 프레임의 열 타입 정보를 출력합니다.
df.dtypes
```

실행 결과

```
Names     object
Births    int64
dtype: object
```

```
# 데이터 프레임의 인덱스 정보입니다.
df.index
```

실행 결과

```
RangeIndex(start=0, stop=5, step=1)
```

```
# 데이터 프레임 열의 형태 정보입니다.
df.columns
```

실행 결과

```
Index(['Names', 'Births'], dtype='object')
```

데이터 프레임의 기본 정보를 출력해보았으니 이번에는 행과 열 각각의 데이터를 출력해보겠습니다. 데이터 프레임의 열 이름을 선택하여 데이터를 출력할 때는 아래와 같이 df['Names']를 실행합니다. 그리고 행의 구간에 해당하는 데이터를 출력할 때는 df[0:3]과 같은 방법을 사용합니다. 여기에서 0과 3은 데이터 프레임의 행 번호를 의미하며 모든 데이터 프레임의 행 번호는 0부터 시작합니다.

≫ 데이터 프레임의 열 선택하기

```
# 데이터 프레임에서 하나의 열을 선택합니다.
df['Names']
```

실행 결과

```
0        Bob
1    Jessica
2       Mary
3       John
4        Mel
Name: Names, dtype: object
```

≫ 데이터 프레임의 인덱스 선택하기

```
# 0~3번째 인덱스를 선택합니다.
df[0:3]
```

실행 결과

	Names	Births
0	Bob	968
1	Jessica	155
2	Mary	77

위의 두 결과는 서로 형태가 다르게 보이는데, 이는 첫 번째 결과는 시리즈라는 객체를 출력한 것이고 두 번째 결과는 데이터 프레임을 출력한 것이기 때문입니다. 시리즈 객체에 대해서는 이후에(53쪽) 자세히 설명하겠습니다.

마지막으로 데이터 프레임으로 수행할 수 있는 가장 기초적인 두 가지 기능을 알아보겠습니다. 첫 번째는 **필터링 기능**입니다. 아래 df[df['Births'] 〉 100]이라는 코드는 전체 데이터 프레임 내에서 Births 열에 해당하는 데이터가 100보다 큰 경우에만 데이터를 반환해달라는 코드입니다.

>>> **조건을 추가하여 선택하기**

```
# Births 열이 100보다 큰 데이터를 선택합니다.
df[df['Births'] > 100]
```

실행 결과

	Names	Births
0	Bob	968
1	Jessica	155
3	John	578
4	Mel	973

두 번째는 **평균값을 계산하는 기능**입니다. 아래 코드는 현재 데이터 프레임의 열 중에서 유일하게 평균 값을 구할 수 있는 Births 열의 평균을 mean() 함수로 계산한 것입니다. mean() 함수는 각 열들의 데이터 타입을 체크한 뒤, 연산이 가능한 열의 평균값만을 반환합니다.

>>> **평균값 계산하기**

```
# 데이터 프레임에서의 평균값을 계산합니다.
df.mean()
```

실행 결과

```
Births    550.2
dtype: float64
```

[Tip] 이 외에도 판다스 라이브러리에 대해 더욱 자세히 알아보고 싶다면 https://pandas.pydata.org/pandas-docs/
stable/index.html에서 제공하는 예제들을 살펴봅시다.

넘파이의 설치와 활용

넘파이Numpy는 Numerical Python의 줄임말로 수치 계산을 위해 만들어진 파이썬 라이브러리입니다. 넘파이의 자료구조는 앞에서 살펴본 판다스 라이브러리, 그리고 다음에 살펴볼 Matplotlib 라이브러리의 기본 데이터 타입으로 사용되기도 합니다.

넘파이에서는 배열array 개념으로 변수를 사용하며 벡터, 행렬 등의 연산을 쉽고 빠르게 수행하도록 지원합니다. 파이썬이라는 언어가 기본 자료구조인 리스트List, 딕셔너리Dictionary 등을 갖고 있는 것과 마찬가지로 데이터 분석이라는 언어는 기본 자료구조로 넘파이 배열을 가지고 있습니다.

이제 몇 가지 간단한 코드를 통해 넘파이를 알아보겠습니다. 넘파이는 통상적으로 np라는 약어로 라이브러리를 import합니다.

>>> 넘파이 라이브러리 불러오기

```
import numpy as np
```

우선 넘파이 배열을 하나 선언해봅시다. 아래 코드는 1차원 배열이 3개, 2차원 배열이 5개의 값을 가지는 15개의 숫자를 생성하는 코드입니다. 0부터 14까지 15개의 숫자를 (3,5)차원으로 생성한 것을 확인할 수 있습니다.

>>> 넘파이 배열 생성하기

```
arr1 = np.arange(15).reshape(3, 5)
arr1
```

실행 결과

```
[[ 0  1  2  3  4]
 [ 5  6  7  8  9]
 [10 11 12 13 14]]
```

⚠ 혼동하지 말아야 할 것은 이 배열은 넘파이 배열Numpy array이며, 파이썬의 기본 자료구조와는 다른 데이터 타입이라는 것입니다.

이번에는 앞에서 생성한 데이터의 차원과 변수 타입을 확인해보겠습니다. 넘파이 배열 데이터의 차원을 확인하는 방법은 shape를 호출하는 것이고, 데이터 타입을 확인하는 방법은 dtype을 호출하는 것입니다. 이는 판다스와 동일한 인터페이스로 구성되어 있는 것을 알 수 있습니다.

>>> **넘파이 배열 정보 확인하기**

```
arr1.shape
```

실행 결과

```
(3, 5)
```

```
arr1.dtype
```

실행 결과

```
dtype('int64')
```

혹은 zeros() 함수로 데이터를 생성할 수도 있습니다. zeros() 함수는 0으로 채워진 넘파이 배열을 생성하는 함수입니다. 1을 채워주는 역할을 하는 함수는 ones()입니다.

>>> **다른 형태의 배열 생성하기**

```
arr3 = np.zeros((3,4))
arr3
```

실행 결과

```
[[0. 0. 0. 0.]
 [0. 0. 0. 0.]
 [0. 0. 0. 0.]]
```

마지막으로 넘파이 배열의 존재 이유라고도 할 수 있는 **데이터 연산** 방법을 알아보겠습니다. 먼저 동일한 shape를 가지는 2개의 데이터를 생성합니다. 그리고 이 2개의 데이터에 다음과 같이 +, -, *, / 기호를 사용하여 사칙연산을 수행할 수 있습니다.

```
arr4 = np.array([
    [1,2,3],
    [4,5,6]
], dtype = np.float64)

arr5 = np.array([
    [7,8,9],
    [10,11,12]
], dtype = np.float64)

# 사칙연산을 출력합니다.
print("arr4 + arr5 = ")
print(arr4 + arr5,"\n")
print("arr4 - arr5 = ")
print(arr4 - arr5,"\n")
print("arr4 * arr5 = ")
print(arr4 * arr5,"\n")
print("arr4 / arr5 = ")
print(arr4 / arr5,"\n")
```

실행 결과

```
arr4 + arr5 =
[[ 8. 10. 12.]
 [14. 16. 18.]]

arr4 - arr5 =
[[-6. -6. -6.]
 [-6. -6. -6.]]

arr4 * arr5 =
[[ 7. 16. 27.]
 [40. 55. 72.]]

arr4 / arr5 =
[[0.14285714 0.25       0.33333333]
 [0.4        0.45454545 0.5       ]]
```

이 외에도 넘파이 라이브러리는 dot() 함수를 이용한 행렬 연산 등 데이터 분석에 필요한 많은 기능을 제공하고 있습니다.

[Tip] 넘파이 라이브러리의 자세한 사용법은 https://www.numpy.org/ 페이지를 참고하세요.

Matplotlib

Matplotlib 라이브러리는 데이터를 시각화해주는 가장 기본적인 라이브러리입니다. 주피터 노트북에서 Matplotlib로 시각화된 그래프를 출력하려면 아래와 같은 코드를 미리 실행해두어야 합니다.

%matplotlib inline 코드는 현재 실행중인 주피터 노트북에서 그래프를 출력 가능하도록 선언하는 명령어입니다.

>>> **Matplotlib 라이브러리 불러오기**

```
%matplotlib inline
import matplotlib.pyplot as plt
```

이제, 두 가지 그래프 출력 예제를 통해 Matplotlib를 알아보겠습니다. 첫 번째 그래프는 막대 그래프bar plot입니다. Matplotlib 라이브러리를 사용할 때는 우선 **그래프 객체**라는 것을 생성해주어야 합니다. plt.bar(x, y)를 실행하면 막대 그래프 객체가 생성되고, 이제 객체에 다른 요소를 추가해줄 수 있습니다. 이어지는 코드 plt.xlabel, plt.ylabel, plt.title은 그래프 객체에 각각 x축 제목, y축 제목, 그래프 전체 제목을 달아주는 코드입니다. 그리고 마지막으로 plt.show()를 호출하면 그래프를 출력할 수 있습니다.

>>> **막대 그래프 출력하기**

```
y = df['Births']
x = df['Names']

# 막대 그래프를 출력합니다.
plt.bar(x, y) # 막대 그래프 객체 생성
plt.xlabel('Names') # x축 제목
plt.ylabel('Births') # y축 제목
plt.title('Bar plot') # 그래프 제목
plt.show() # 그래프 출력
```

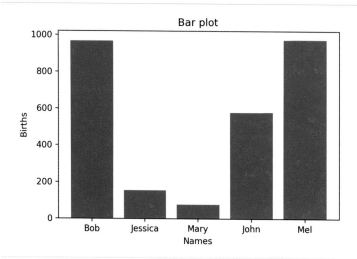

두 번째 그래프는 산점도 그래프Scatter plot입니다. 아래 코드에서는 넘파이를 이용하여 데이터를 생성한 뒤, 이를 산점도 그래프로 그려보았습니다. random.seed() 함수는 랜덤 추출 시드를 고정한 것이고 이를 토대로 random.rand() 함수가 넘파이 배열 타입의 난수를 생성합니다. 그리고 arange() 함수는 5의 간격으로 0부터 100까지의 숫자를 생성한 것입니다. 지금까지의 데이터를 plt.scatter() 함수로 출력한 결과는 아래와 같습니다.

>>> 산점도 그래프 출력하기

```
# 랜덤 추출 시드를 고정합니다.
np.random.seed(19920613)

# 산점도 데이터를 생성합니다.
x = np.arange(0.0, 100.0, 5.0)
y = (x * 1.5) + np.random.rand(20) * 50

# 산점도 데이터를 출력합니다.
plt.scatter(x, y, c="b", alpha=0.5, label="scatter point")
plt.xlabel("X")
plt.ylabel("Y")
plt.legend(loc='upper left')
plt.title('Scatter plot')
plt.show()
```

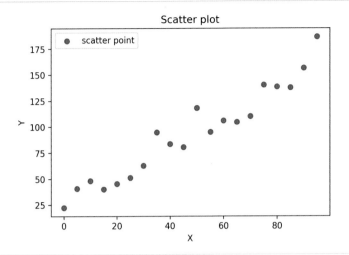

앞의 코드에서 scatter() 함수에 사용된 c, alpha, label 파라미터와 legend() 함수는 그래프를 꾸며주기 위한 파라미터들입니다.

[Tip] 그래프를 보기 좋게 꾸며주는 함수와 파라미터들은 https://matplotlib.org/에서 조금 더 자세히 살펴볼 수 있습니다.

데이터에서 인사이트 발견하기

이제 본격적인 데이터 분석의 세계로 들어가보겠습니다. 그런데 우리는 왜 데이터를 분석하려고 할까요? 이 물음의 답은 사람마다 다르겠지만, 아마도 문제를 해결하기 위한 인사이트insight를 얻기 위함이 아닐까 합니다. 인사이트를 얻기 위한 데이터 분석의 기본은 탐색적 데이터 분석EDA: Exploratory Data Analysis이라고 할 수 있습니다.

이 장의 핵심 개념

1. 탐색적 데이터 분석을 알아봅니다.

2. 판다스, 넘파이, Matplotlib 등을 활용한 분석에 익숙해집니다.

3. 적절한 시각화 방법으로 인사이트를 발견합니다.

미리보는 데이터 분석

✔ 가장 인기 있는 메뉴는 무엇일까?

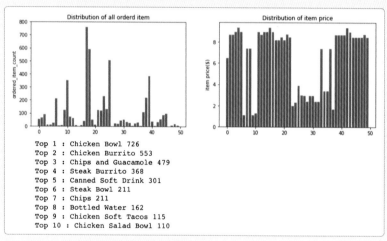

분석 결과: 메뉴별 판매량(왼쪽), 메뉴별 가격대(오른쪽)

✔ 대한민국은 술을 얼마나 독하게 마시는 나라일까?

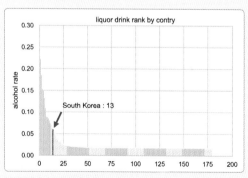

분석 결과: 국가별 알코올 소비량

1.1 탐색적 데이터 분석의 과정

탐색적 데이터 분석은 데이터의 정보를 파악하며 문제 해결에 필요한 힌트를 분석하는 과정입니다. 이제, 탐색적 데이터 분석의 과정을 몇 가지 예제와 함께 알아보겠습니다

데이터와의 첫 만남

우리가 실제로 접하는 대부분의 데이터는 아직 분석에 활용된 적이 없는 혹은 정제되지 않은 데이터 입니다. 이러한 데이터를 **raw data**라고 부릅니다(이후 '데이터'로 통칭합니다). 탐색적 데이터 분석은 데이터를 열어보는 상황에서부터 시작되며 이때부터 다음과 같은 과정을 수행합니다.

① 데이터의 출처와 주제에 대해 이해합니다.

우선 데이터가 어디에서 생성된 것이고, 어떻게 수집된 것인지를 이해하는 것이 먼저입니다. 데이터의 이름, 구성 요소, 그리고 데이터의 출처와 주제 등에 대해 가장 먼저 조사합시다.

② 데이터의 크기를 알아봅니다.

데이터의 대략적인 양이나 개수를 알아보는 단계입니다. 데이터의 크기에 따라서 특별한 종류의 샘플링이 필요하기도 하고, 어떤 방식으로 데이터를 처리할지도 달라질 수 있기 때문입니다.

여기서 잠깐

☆ 샘플링(Sampling)

샘플링이란 어떤 자료로부터 일부의 값을 추출하는 행위를 의미합니다. 분석하고자 하는 데이터가 너무 크거나 전체 데이터를 사용할 수 없는 경우에는 샘플링된 데이터를 분석하는 것이 좋은 대안이 될 수 있습니다.

---

③ 데이터의 구성 요소(피처)를 살펴봅니다.

마지막으로 데이터의 피처를 살펴봅니다. 피처란 **데이터를 구성하는 요소**를 의미합니다. 만약 [그림 1-1]과 같이 어떤 학급의 신체검사 결과를 기록한 데이터가 있다고 할 때, 키와 몸무게 그리고 시력 같은 측정 요소를 **피처**라고 부릅니다. 데이터를 탐색하는 단계에서 피처를 살펴보는 것은 아주 중요한 과정입니다.

학급 신체검사 결과 데이터

	키	몸무게	…	시력	청력	
현웅	171	57		1.5	2	→ 피처
			…			
상윤	180	78		2.0	1	
일혜	161	54		0.5	1	

[그림 1-1] 일반적인 데이터의 구성

데이터의 속성 탐색하기

데이터를 탐색하는 단계에서 데이터의 외형적인 힌트를 얻었다면 이번 단계에서는 데이터의 실제적인 내용을 탐색합니다. 실제적인 내용 탐색의 과정에서는 크게 피처의 속성 탐색, 그리고 피처 간의 상관 관계 탐색 이렇게 두 가지를 시행합니다.

피처의 속성 탐색

앞서 살펴본 학급의 신체검사 데이터에서는 어떤 속성을 탐색할 수 있을까요? 우선 가장 쉽게 떠올릴 수 있는 것은 학급의 평균 키를 계산하는 것입니다. 평균을 구하는 것뿐만 아니라, 학창 시절 배웠던 표준편차, 중앙값, 데이터의 사분위 수 등의 통계값을 구할 수도 있습니다. 이는 [그림 1-2]와 같이 피처의 측정 가능한 정량적 속성을 정의하는 것이라고 할 수 있습니다.

학급 신체검사 결과 데이터   정량적 속성

	키	몸무게	…	시력	청력
현웅	171	57		1.5	2
			…		
상윤	180	78		2.0	1
일혜	161	54		0.5	1

	평균	표준편차
키	175.1	3.5
몸무게	65.1	1.2
시력	1.2	0.2
청력	2	0.1

[그림 1-2] 측정 가능한 정량적 속성의 정의

피처의 속성 탐색 과정에서 가장 중요한 것은 **데이터에 질문을 던지는 것**입니다. 피처의 속성 탐색은 '우리 반의 평균 키는 몇이나 될까?'와 같은 질문에서부터 출발하기 때문입니다. 이러한 질문을 던지는 것이 좋은 데이터 분석가가 되는 첫걸음이라고 할 수 있습니다.

피처 간의 상관 관계 탐색

피처 간의 상관 관계 탐색이란 여러 개의 피처가 서로에게 미치는 영향력을 알아보는 것입니다. 만약 학급의 신체검사 데이터를 살펴본 뒤, '우리 학급은 비만이 아닐까?'라는 질문을 했다고 가정해봅시다. 그렇다면 우리는 '몸무게'라는 피처를 살펴볼 것입니다. 그리고 이를 통해 가정을 확인할 것입니다.

하지만 우리가 한 가지 더 고려해야 할 점은 몸무게는 키와도 관계가 있다는 것입니다. 이런 상황에서 필요한 것이 피처 간의 **상관 관계 탐색**입니다. 데이터 분석에서는 이를 통계적인 방법으로 알아볼 수 있으며, 이는 피처 간의 공분산, 혹은 상관 계수와 같은 개념을 포함합니다. 이 개념들에 대해서는 이후 예제에서 조금 더 자세히 알아보겠습니다.

탐색한 데이터의 시각화

마지막 단계는 탐색한 데이터의 시각화 단계입니다. 지금까지의 과정을 통해 어느 정도 데이터를 파악했다면 이를 효과적으로 시각화할 차례입니다. 데이터 시각화는 수치적 자료만 가지고는 파악하기 힘든 **패턴이나 인사이트**를 발견하는 데 유용하기 때문입니다. [그림 1-3]을 예로 들면, 키와 몸무게의 상관 관계는 쉽게 발견하기 어렵지만 이를 그래프로 시각화하면 직관적으로 파악할 수 있습니다.

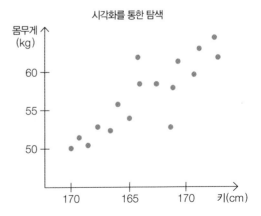

단순 데이터 탐색

	키	몸무게	…	시력	청력
현웅	171	57		1.5	2
			…		
상윤	180	78		2.0	1
일혜	161	54		0.5	1

평균: 키 175cm, 몸무게 65kg / 상관 관계: 0.8

[그림 1-3] 인사이트를 쉽게 파악할 수 있는 데이터 시각화

1.2 멕시코풍 프랜차이즈 chipotle의 주문 데이터 분석하기

첫 번째 예제의 목표는 토이 데이터(분석에 용이한 형태로 만들어진 연습용 데이터 세트)를 활용한 데이터 분석에 익숙해지는 것입니다. 우리가 분석해볼 첫 번째 토이 데이터는 멕시코풍 프랜차이즈 'chipotle'라는 음식점의 주문 데이터입니다.

↗ 분석 미리보기

가장 인기 있는 메뉴는 무엇일까?

이번 예제의 분석 주제 중 하나인 '가장 인기 있는 메뉴는 무엇일까?'에 대한 분석 결과를 미리 살펴보겠습니다. 이러한 특정 주제나 목적을 가지고 탐색적 분석을 진행할 때는 아래처럼 질문의 리스트를 정리해보는 것이 좋습니다.

- 가장 많이 판매된 메뉴 Top 10은 무엇일까?
- 메뉴별 판매량은 얼마나 될까?
- 메뉴별 가격대는 얼마일까?

아래의 그래프는 이 질문 리스트에 대한 분석 결과를 시각화한 것입니다. 두 그래프의 x축은 메뉴의 이름을 1~50(총 메뉴의 개수가 50개) 사이의 숫자로 나타내고, y축은 각각의 판매량(왼쪽 그래프)과 가격(오른쪽 그래프)을 나타냅니다.

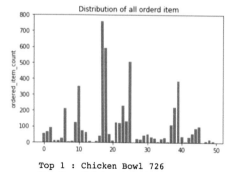
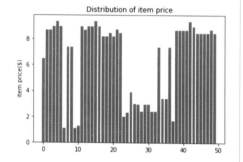

```
Top 1 : Chicken Bowl 726
Top 2 : Chicken Burrito 553
Top 3 : Chips and Guacamole 479
Top 4 : Steak Burrito 368
Top 5 : Canned Soft Drink 301
Top 6 : Steak Bowl 211
Top 7 : Chips 211
Top 8 : Bottled Water 162
Top 9 : Chicken Soft Tacos 115
Top 10 : Chicken Salad Bowl 110
```

분석 결과: 메뉴별 판매량(왼쪽), 메뉴별 가격대(오른쪽)

탐색: 데이터의 기초 정보 살펴보기

주피터 노트북을 이용한 본격적인 탐색적 데이터 분석에 앞서, 주피터 노트북에서 데이터를 불러오는 방법을 알아봅시다.

01. 다운로드받은 폴더 옮기기 Chapter 00에서 다운로드받아 압축 해제한 python-data-analysis 폴더를 아래 그림과 같이 자신이 원하는 경로, 혹은 작업하기에 용이한 경로로 이동합니다. 필자는 'workspace'라는 폴더를 새로 생성한 뒤, 예제 폴더를 이동시켰습니다.

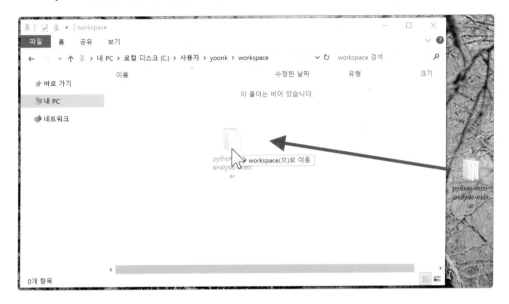

02. 따라서 경로는 /workspace/python-data-analysis가 됩니다. 아래 그림은 이 경로로 이동시킨 폴더를 주피터 VI 화면에서 확인한 것입니다.

03. 데이터 위치 확인하기 이번 예제에서 사용할 데이터는 chipotle.tsv입니다. 이는 예제 폴더 내의 data 폴더(workspace/python-data-analysis/data)에 있으며, 앞으로 사용할 모든 예제의 데이터가 이 곳에 있습니다.

04. 주피터 노트북에서 데이터 불러오기 이제 주피터 노트북에서 데이터를 불러옵니다. 이번 예제에서 사용할 노트북은 python-data-analysis/chapter01 폴더에 있으며, 폴더 내의 chipotle-eda. ipynb라는 노트북 파일입니다.

05. 파일을 클릭하여 미리 작성된 chipotle-eda.ipynb 노트북 파일을 열거나, 혹은 새로운 노트북 파일을 생성합니다. 그리고 아래와 같은 코드를 입력하여 코드 셀을 실행합니다.

이 코드는 데이터를 불러온 뒤, 불러온 데이터의 구성 정보를 출력하는 코드입니다. 데이터를 불러오기 위해서는 read_csv() 함수를 사용해야 하는데 여기에 데이터 파일의 경로를 입력합니다. 데이터 파일의 경로를 의미하는 변수는 file_path이며, '..'이라는 경로는 한 폴더 위라는 의미를 가집니다. 따라서 현재 폴더 chapter 01의 한 폴더 위에 보이는 data 폴더 내의 chipotle.tsv 파일을 가리키는 것입니다.

>>> **chipotle 데이터셋의 기초 정보 출력하기**

```
# -*- coding: utf-8 -*-

import pandas as pd

file_path = '../data/chipotle.tsv'
# read_csv() 함수로 데이터를 데이터 프레임 형태로 불러옵니다.
chipo = pd.read_csv(file_path, sep = '\t')

print(chipo.shape)
print("------------------------------------")
print(chipo.info())
```

실행 결과

```
(4622, 5)
------------------------------------
<class 'pandas.core.frame.DataFrame'>
RangeIndex: 4622 entries, 0 to 4621
Data columns (total 5 columns):
order_id             4622 non-null int64
quantity             4622 non-null int64
item_name            4622 non-null object
choice_description   3376 non-null object
item_price           4622 non-null object
dtypes: int64(2), object(3)
memory usage: 180.6+ KB
None
```

그리고 shape()와 info() 함수를 호출하면 위와 같은 실행 결과를 볼 수 있습니다. shape()는 데이터의 행과 열의 크기를 반환하고, info()는 행의 구성 정보와 열의 구성 정보를 나타냅니다. 실행 결과를 보면 데이터가 4,622개의 행과 5개의 피처로 구성되어 있음을 알 수 있습니다. 또한 order_id와 quantity는 int64(숫자), 나머지 3개의 피처는 object라는 타입으로 이루어져 있다는 것도 알 수 있습니다. 그런데 한 가지 특이한 정보는 choice_description 피처가 3,376개의 non-null object로 구성되어 있다는 것입니다. 이 정보는 무엇을 의미할까요?

데이터 프레임에서 object 타입은 일반적으로 **문자열**을 의미합니다. 그리고 null이라는 용어는 데이터가 **비어 있는 것**을 의미합니다. 이를 **결측값**이라고 합니다. 즉, '3376 non-null object'라는 것은 3,376개의 비어 있지 않은 문자열 데이터가 있다는 정보입니다. 하지만 데이터의 개수는 4,622개이므로 choice_description 피처는 1,246개의 결측값이 존재합니다.

다음 코드를 살펴봅시다. head(10) 함수는 첫 10개의 데이터를 테이블 형태로 출력합니다. 또한 columns(행의 목록)와 index(열의 목록)를 호출하면 데이터의 행과 열에 대한 정보를 함께 출력할 수 있습니다.

>>> **chipotle 데이터셋의 행과 열, 데이터 확인하기**

```
# chipo라는 데이터 프레임에서 순서대로 10개의 데이터를 보여줍니다.
chipo.head(10)


print(chipo.columns)
print("---------------------------------")
print(chipo.index)
```

실행 결과

	order_id	quantity	item_name	choice_description	item_price
0	1	1	Chips and Fresh Tomato Salsa	NaN	$2.39
1	1	1	Izze	[Clementine]	$3.39
2	1	1	Nantucket Nectar	[Apple]	$3.39
3	1	1	Chips and Tomatillo-Green Chili Salsa	NaN	$2.39

4	2	2	Chicken Bowl	[Tomatillo-Red Chili Salsa (Hot), [Black Beans…	$16.98
5	3	1	Chicken Bowl	[Fresh Tomato Salsa (Mild), [Rice, Cheese, Sou…	$10.98
6	3	1	Side of Chips	NaN	$1.69
7	4	1	Steak Burrito	[Tomatillo Red Chili Salsa, [Fajita Vegetables…	$11.75
8	4	1	Steak Soft Tacos	[Tomatillo Green Chili Salsa, [Pinto Beans, Ch…	$9.25
9	5	1	Steak Burrito	[Fresh Tomato Salsa, [Rice, Black Beans, Pinto…	$9.25

```
Index(['order_id', 'quantity', 'item_name', 'choice_description',
    'item_price'],
    dtype='object')
--------------------------------------
RangeIndex(start=0, stop=4622, step=1)
```

이때, chipotle 데이터셋 피처의 의미는 각각 다음과 같습니다.

- order_id: 주문 번호
- quantity: 아이템의 주문 수량
- item_name: 주문한 아이템의 이름
- choice_description: 주문한 아이템의 상세 선택 옵션
- item_price: 주문 아이템의 가격 정보

이제 본격적으로 이 피처들의 속성을 파악해봅시다.

quantity와 item_price의 수치적 특징

우선 quantity와 item_price의 수치적 특징을 살펴보겠습니다. 이 두 피처는 **연속형 피처**입니다. 연속형 피처는 키와 몸무게처럼 어떠한 값도 가질 수 있는 연속적인 숫자 형태를 의미합니다.

☆ 피처 형태의 종류

구분	명칭	특징	예시
수치형 피처 (Numerical Feature)	연속형 피처	어떤 구간 안의 모든 값을 데이터로써 가질 수 있다.	키, 몸무게
	비연속형 피처	셀 수 있으며, 일정 구간 안에서 정해진 몇 개의 값을 가져야 한다.	나이
범주형 피처 (Categorical Feature)	순서 있는 범주형 피처	순서가 있으나 수치는 아니다.	학점(A, B...F)
	순서 없는 범주형 피처	데이터가 구분되면서도 순서가 없다.	혈액형

다음 코드의 출력 결과는 describe( ) 함수가 나타낸 피처의 기초 통계량입니다. 하지만 현재 유일하게 존재하는 수치형 피처는 quantity뿐이기 때문에, 오직 quantity에 대한 정보만을 출력할 수 있습니다.

>>> describe() 함수로 기초 통계량 출력하기

```
# order_id는 숫자의 의미를 가지지 않기 때문에 str으로 변환합니다.
chipo['order_id'] = chipo['order_id'].astype(str)
print(chipo.describe()) # chipo 데이터 프레임에서 수치형 피처들의 기초 통계량을 확인합니다.
```

실행 결과

```
       quantity
count  4622.000000
mean      1.075725
std       0.410186
min       1.000000
25%       1.000000
50%       1.000000
75%       1.000000
max      15.000000
```

출력 내용을 분석해보면 아이템의 평균 주문 수량(mean)은 약 1.07이라는 것을 알 수 있습니다. 이는 대부분이 한 아이템에 대해서 1개 정도만 주문했다는 것이고, '한 사람이 같은 메뉴를 여러 개 구매하는 경우는 많지 않다'는 인사이트를 얻을 수 있습니다.

그렇다면 item_price의 수치적 특징은 어떻게 알아볼 수 있을까요? 현재 item_price 피처는 object 타입이기 때문에 describe() 함수로 기초 통계량을 확인할 수 없습니다. 이를 위해서는 추가적인 데이터 전처리 작업이 필요한데, 이는 'Step 3 데이터 전처리'에서 알아봅시다.

order_id와 item_name의 개수

다음으로 order_id와 item_name의 개수를 탐색합니다. 이 두 피처는 범주형 피처이기 때문에 unique() 함수를 사용합니다. 이를 통해 피처 내에 몇 개의 범주가 있는지를 확인할 수 있습니다.

> **≫ unique() 함수로 범주형 피처의 개수 출력하기**

```
print(len(chipo['order_id'].unique())) # order_id의 개수를 출력합니다.
print(len(chipo['item_name'].unique())) # item_name의 개수를 출력합니다.
```

실행 결과

```
1834
50
```

Step 2 인사이트의 발견: 탐색과 시각화하기

이제 한 걸음 더 나아가 인사이트를 더 많이 발견할 수 있는 질문을 탐색하며 이를 시각화하는 과정까지 살펴봅시다.

가장 많이 주문한 아이템 Top 10

먼저, 가장 많이 주문한 아이템 Top 10을 분석하기 위해 다음과 같이 DataFrame['column']의 형태에 value_counts() 함수를 적용하는 방식을 사용합니다. DataFrame['column']은 시리즈[series]라는 객체를 반환하는데, value_counts() 함수는 오로지 이러한 시리즈 객체에만 적용되기 때문입니다.

```
# 가장 많이 주문한 아이템 Top 10을 출력합니다.
item_count = chipo['item_name'].value_counts()[:10]
for idx, (val, cnt) in enumerate(item_count.iteritems(), 1):
    print("Top", idx, ":", val, cnt)
```

실행 결과

```
Top 1 : Chicken Bowl 726
Top 2 : Chicken Burrito 553
Top 3 : Chips and Guacamole 479
Top 4 : Steak Burrito 368
Top 5 : Canned Soft Drink 301
Top 6 : Chips 211
Top 7 : Steak Bowl 211
Top 8 : Bottled Water 162
Top 9 : Chicken Soft Tacos 115
Top 10 : Chips and Fresh Tomato Salsa 110
```

아이템별 주문 개수와 총량

이번에는 groupby() 함수를 이용하여 아이템별 주문 개수와 총량을 구해보겠습니다. 판다스의 groupby() 함수는 데이터 프레임에서 특정 피처를 기준으로 그룹을 생성하며 이를 통해 그룹별 연산을 적용할 수 있습니다. 예를 들어 '학급'이라는 그룹을 만들었을 때, '학급별 평균 키', '학급별 평균 몸무게' 등을 구하는 것처럼 말이지요.

>>> 아이템별 주문 개수와 총량 구하기

```
# 아이템별 주문 개수를 출력합니다.
order_count = chipo.groupby('item_name')['order_id'].count()
order_count[:10] # 아이템별 주문 개수를 출력합니다.
```

실행 결과

```
item_name
6 Pack Soft Drink         54
Barbacoa Bowl             66
```

```
Barbacoa Burrito           91
Barbacoa Crispy Tacos      11
Barbacoa Salad Bowl        10
Barbacoa Soft Tacos        25
Bottled Water             162
Bowl                        2
Burrito                     6
Canned Soda               104
Name: order_id, dtype: int   64
```

```python
# 아이템별 주문 총량을 계산합니다.
item_quantity = chipo.groupby('item_name')['quantity'].sum()
item_quantity[:10] # 아이템별 주문 총량을 출력합니다.
```

실행 결과

```
item_name
6 Pack Soft Drink          55
Barbacoa Bowl              66
Barbacoa Burrito           91
Barbacoa Crispy Tacos      12
Barbacoa Salad Bowl        10
Barbacoa Soft Tacos        25
Bottled Water             211
Bowl                        4
Burrito                     6
Canned Soda               126
Name: quantity, dtype: int   64
```

위의 코드 chipo.groupby('item_name')['quantity'].count()는 chipo Dataf에서 item_name을 그룹으로 quantity 피처의 count()를 계산한 것입니다. 이는 아이템별 주문 개수를 의미합니다. 마찬가지 방법으로 chipo.groupby('item_name')['quantity'].sum()은 아이템별 주문 총량을 나타냅니다.

시각화

아이템별 주문의 총량을 막대 그래프로 시각화해볼 수도 있습니다. 코드에서는 tolist()와 넘파이의 arange() 함수를 이용해 x_pos를 선언하고, 0부터 50까지의 숫자를 그래프의 x축 이름으로 사용합니다. 그 이유는 50개 아이템의 이름을 x축에 표현하기에는 그래프의 공간이 너무 협소하기 때문입니다. y값(order_cnt)에는 주문 총량에 해당하는 값인 item_quantity.values.tolist()를 넣어줍니다.

>>> 시각화로 분석 결과 살펴보기

```
%matplotlib inline
import numpy as np
import matplotlib.pyplot as plt

item_name_list = item_quantity.index.tolist()
x_pos = np.arange(len(item_name_list))
order_cnt = item_quantity.values.tolist()

plt.bar(x_pos, order_cnt, align='center')
plt.ylabel('ordered_item_count')
plt.title('Distribution of all orderd item')

plt.show()
```

실행 결과

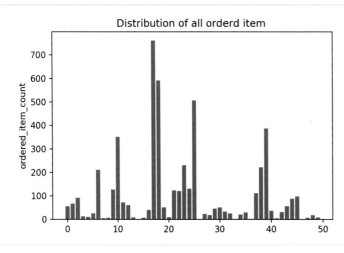

판다스에서 유용하게 사용하는 함수 value_counts()와 unique()의 차이점은 무엇일까요?

각 함수는 어떤 데이터 타입에 적용이 되는지, 어떤 기능을 가지고 있는지, 정확히 어떤 결과값을 반환하는지 실행해봅시다.

Step 3 데이터 전처리: 전처리 함수 사용하기

앞선 내용의 item_price의 수치적 특징을 탐색하는 과정에서 우리는 item_price 피처의 요약 통계를 구할 수 없었습니다. 이는 item_price 피처가 문자열 타입이었기 때문입니다. 이번 단계에서는 이러한 데이터를 전처리하는 방법에 대해 알아보겠습니다.

》》 item_price 피처 살펴보기

```
print(chipo.info())
print('------------')
chipo['item_price'].head()
```

실행 결과

```
<class 'pandas.core.frame.DataFrame'>
RangeIndex: 4622 entries, 0 to 4621
Data columns (total 5 columns):
order_id             4622 non-null object
quantity             4622 non-null int64
item_name            4622 non-null object
choice_description   3376 non-null object
item_price           4622 non-null object
dtypes: int64(1), object(4)
memory usage: 180.7+ KB
None
------------
0      $2.39
1      $3.39
2      $3.39
3      $2.39
4     $16.98
Name: item_price, dtype: object
```

데이터 전처리에 앞서 item_price 피처를 살펴본 결과, 가격을 나타내는 숫자 앞에 '$' 기호가 붙어 있는 것을 발견할 수 있습니다. 따라서 이 피처를 수치 데이터로 사용하기 위해서는 '$' 기호를 제거해주는 전처리 작업이 필요합니다.

'$' 기호를 제거하는 전처리 방법은 chipo['item_price']에 apply() 함수를 적용함으로써 가능합니다. 그리고 apply() 함수에는 lambda라는 함수 명령어를 추가해줍니다.

>>> **apply()와 lambda를 이용해 데이터 전처리하기**

```
# column 단위 데이터에 apply() 함수로 전처리를 적용합니다.
chipo['item_price'] = chipo['item_price'].apply(lambda x: float(x[1:]))
chipo.describe()
```

실행 결과

	quantity	item_price
count	4622.000000	4622.000000
mean	1.075725	7.464336
std	0.410186	4.245557
min	1.000000	1.090000
25%	1.000000	3.390000
50%	1.000000	8.750000
75%	1.000000	9.250000
max	15.000000	44.250000

apply() 함수는 **시리즈 단위의 연산**을 처리하는 기능을 수행하며, sum()이나 mean()과 같이 연산이 정의된 함수를 파라미터로 받습니다. 따라서 피처 단위의 합계나 평균을 구할 수도 있고, 우리가 정의할 새로운 함수 문자열 데이터에서 첫 번째 문자열을 제거한 뒤 나머지 문자열을 수치형으로 바꿔주는 함수를 파라미터로 입력할 수도 있습니다. 위의 코드 lambda x: float(x[1:])는 이를 수행하는 함수를 lambda로 정의하여 입력한 것입니다.

탐색적 분석: 스무고개로 개념적 탐색 분석하기

이번 단계에서는 조금 더 깊이있는 질문을 통해 데이터를 탐색합니다. 이 과정은 마치 데이터와 '스무고개' 놀이를 하는 과정에 비유할 수 있습니다. 이 단계를 거치면 여러분은 파이썬을 활용한 탐색적 데이터 분석에 익숙해질 것입니다. 다음에서 살펴볼 내용 외에도 탐색해보고 싶은 내용을 스스로 정의하여 문제를 해결해보길 바랍니다.

주문당 평균 계산금액 출력하기

다음 코드는 order_id로 그룹을 생성한 뒤, item_price 피처에 sum() 함수를 적용하고 mean() 함수를 추가한 것입니다. 이를 통해 주문당 평균 계산금액을 구할 수 있습니다. 실행 결과, 한 사람이 '약 18달러 가량의 주문을 할 것'이라는 인사이트를 얻을 수 있습니다.

>>> **주문당 평균 계산금액 출력하기**

```python
# 주문당 평균 계산금액을 출력합니다.
chipo.groupby('order_id')['item_price'].sum().mean()
```

실행 결과

```
18.811428571428568
```

한 주문에 10달러 이상 지불한 주문 번호(id) 출력하기

다음으로 한 주문에 10달러 이상을 지불한 주문을 찾아봅니다. 우선 order_id 피처(하나의 주문)를 기준으로 그룹을 만들어 quantity, item_price 피처의 합계를 계산합니다. 그리고 이 결과에서 10 이상인 값을 필터링합니다. 이에 대한 최종 결과인 results의 index.values를 출력하면 한 주문에 10달러 이상 지불한 id를 출력할 수 있습니다.

>>> **한 주문에 10달러 이상 지불한 주문 번호(id) 출력하기**

```python
# 한 주문에 10달러 이상 지불한 id를 출력합니다.
chipo_orderid_group = chipo.groupby('order_id').sum()
results = chipo_orderid_group[chipo_orderid_group.item_price >= 10]
```

```
print(results[:10])
print(results.index.values)
```

실행 결과

```
         quantity   item_price
order_id
1               4        11.56
10              2        13.20
100             2        10.08
1000            2        20.50
1001            2        10.08
1002            2        10.68
1003            2        13.00
1004            2        21.96
1005            3        12.15
1006            8        71.40
['1' '10' '100' ... '997' '998' '999']
```

각 아이템의 가격 구하기

이번에는 각 아이템의 가격을 계산합니다. chipotle 데이터셋에서는 주어진 데이터만으로 각 아이템의 가격을 대략적으로 유추해야 합니다. 유추 과정은 다음과 같습니다.

① chipo[chipo.quantity == 1]으로 동일 아이템을 1개만 구매한 주문을 선별합니다.

② item_name을 기준으로 groupby 연산을 수행한 뒤, min() 함수로 각 그룹별 최저가를 계산합니다.

③ item_price를 기준으로 정렬하는 sort_values() 함수를 적용합니다. **sort_values()**는 **series 데이터를 정렬**해주는 함수입니다.

>>> **각 아이템의 가격 구하기**

```
# 각 아이템의 가격을 계산합니다.
chipo_one_item = chipo[chipo.quantity == 1]                          •········································· ①
price_per_item = chipo_one_item.groupby('item_name').min()           •·································· ②
price_per_item.sort_values(by = "item_price", ascending = False)[:10] •············· ③
```

각 아이템의 가격 유추 결과는 다음 실행 결과와 같습니다.

실행 결과

item_name	order_id	quantity	choice_description	item_price
Steak Salad Bowl	1032	1	[Fresh Tomato Salsa, Lettuce]	9.39
Barbacoa Salad Bowl	1283	1	[Fresh Tomato Salsa, Guacamole]	9.39
Carnitas Salad Bowl	1035	1	[Fresh Tomato Salsa, [Rice, Black Beans, Chees...	9.39
Carnitas Soft Tacos	1011	1	[Fresh Tomato Salsa (Mild), [Black Beans, Rice...	8.99
Carnitas Crispy Tacos	1774	1	[Fresh Tomato Salsa, [Fajita Vegetables, Rice,...	8.99
Steak Soft Tacos	1054	1	[Fresh Tomato Salsa (Mild), [Cheese, Sour Cream]]	8.99
Carnitas Salad	1500	1	[[Fresh Tomato Salsa (Mild), Roasted Chili Cor...	8.99
Carnitas Bowl	1007	1	[Fresh Tomato (Mild), [Guacamole, Lettuce, Ric...	8.99
Barbacoa Soft Tacos	1103	1	[Fresh Tomato Salsa, [Black Beans, Cheese, Let...	8.99
Barbacoa Crispy Tacos	110	1	[Fresh Tomato Salsa, Guacamole]	8.99

그리고 각 아이템의 대략적인 가격을 아래와 같이 2개의 그래프로 시각화하여 나타낼 수 있습니다. 각각의 그래프는 아이템의 가격 분포(위쪽 결과)와 가격 히스토그램(아래쪽 결과)을 나타냅니다. 이를 통해 2~4달러, 혹은 6~8달러 정도에 아이템의 가격대가 형성되어 있음을 알 수 있습니다.

```python
# 아이템 가격 분포 그래프를 출력합니다.
item_name_list = price_per_item.index.tolist()
x_pos = np.arange(len(item_name_list))
item_price = price_per_item['item_price'].tolist()
```

```
plt.bar(x_pos, item_price, align='center')
plt.ylabel('item price($)')
plt.title('Distribution of item price')
plt.show()

# 아이템 가격 히스토그램을 출력합니다.
plt.hist(item_price)
plt.ylabel('counts')
plt.title('Histogram of item price')
plt.show()
```

실행 결과

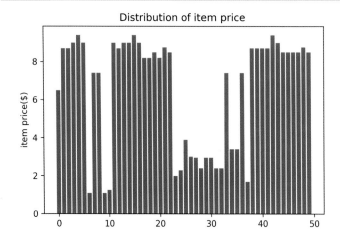

가장 비싼 주문에서 아이템이 총 몇 개 팔렸는지 구하기

이 질문에서도 마찬가지로, order_id에 그룹별 합계 연산을 적용합니다. 그리고 item_price를 기준으로 sort_values를 반환하면 가장 비싼 주문순으로 연산 결과를 얻을 수 있습니다. 다음 결과에서는 가장 비싼 주문에서 23개의 아이템을 주문한 것을 알 수 있습니다.

>>> **가장 비싼 주문에서 아이템이 총 몇 개 팔렸는지 구하기**

```
# 가장 비싼 주문에서 아이템이 총 몇 개 팔렸는지를 계산합니다.
chipo.groupby('order_id').sum().sort_values(by='item_price', ascending=False)[:5]
```

실행 결과

order_id	quantity	item_price
926	23	205.25
1443	35	160.74
1483	14	139.00
691	11	118.25
1786	20	114.30

'Veggie Salad Bowl'이 몇 번 주문되었는지 구하기

이번에는 특정 아이템인 'Veggie Salad Bowl'이 몇 번이나 주문되었는지 알아보겠습니다. 이를 위해 chipo[chipo['item_name'] == "Veggie Salad Bowl"]으로 필터링한 뒤, drop_duplicates()라는 함수를 사용합니다. 이는 한 주문 내에서 item_name이 중복 집계된 경우를 제거해주기 위함입니다.

그리고 최종 결과인 chipo_salad의 길이를 출력하면 Veggie Salad Bowl이 데이터 내에서 몇 번이나 주문되었는지 구할 수 있습니다. 출력 결과, Veggie Salad Bowl은 총 18번 주문된 것을 알 수 있습니다.

```python
# 'Veggie Salad Bowl'이 몇 번 주문되었는지를 계산합니다.
chipo_salad = chipo[chipo['item_name'] == "Veggie Salad Bowl"]
# 한 주문 내에서 중복 집계된 item_name을 제거합니다.
chipo_salad = chipo_salad.drop_duplicates(['item_name', 'order_id'])

print(len(chipo_salad))
chipo_salad.head(5)
```

실행 결과

18

	order_id	quantity	item_name	choice_description	item_price
186	83	1	Veggie Salad Bowl	[Fresh Tomato Salsa, [Fajita Vegetables, Rice,...	11.25
295	128	1	Veggie Salad Bowl	[Fresh Tomato Salsa, [Fajita Vegetables, Lettu...	11.25
455	195	1	Veggie Salad Bowl	[Fresh Tomato Salsa, [Fajita Vegetables, Rice,...	11.25
496	207	1	Veggie Salad Bowl	[Fresh Tomato Salsa, [Rice, Lettuce, Guacamole...	11.25
960	394	1	Veggie Salad Bowl	[Fresh Tomato Salsa, [Fajita Vegetables, Lettu...	8.75

'Chicken Bowl'을 2개 이상 주문한 고객들의 'Chicken Bowl' 메뉴에 대한 총 주문 수량 구하기

비슷한 방법으로 'Chicken Bowl'을 2개 이상 주문한 고객들의 'Chicken Bowl' 메뉴에 대한 총 주문 수량을 구해봅시다. 먼저 'Chicken Bowl'을 주문한 데이터만을 필터링한 뒤 groupby 함수를 이용해 order_id 마다의 quantity를 전부 더합니다. 그리고 데이터프레임에서 quantity가 2 이상인 것을 선택하면 이 결과가 2개 이상 주문한 고객들의 총 주문 수량을 의미합니다. 이 내용을 출력한 결과는 다음과 같습니다.

```
# "Chicken Bowl"을 2개 이상 주문한 고객들의 "Chicken Bowl" 메뉴의 총 주문 수량을 구합니다.
chipo_chicken = chipo[chipo['item_name'] == "Chicken Bowl"]
chipo_chicken_ordersum = chipo_chicken.groupby('order_id').sum()['quantity']
chipo_chicken_result = chipo_chicken_ordersum[chipo_chicken_ordersum >= 2]

print(len(chipo_chicken_result))
chipo_chicken_result.head(5)
```

실행 결과

```
114

order_id
1004    2
1023    2
1072    2
1078    2
1091    2
Name: quantity, dtype: int64
```

📊 표로 정리하는 데이터 분석

데이터 탐색 질문	해당 피처	인사이트
가장 많이 주문된 아이템	item_name	Chicken Bowl이 가장 인기 있는 아이템으로 나타남.
주문된 전체 아이템 종류	item_name	데이터셋에 총 50개의 주문된 아이템이 존재함.
아이템당 주문된 총 개수	item_name	50개 중, 상위 8개 정도의 아이템에 주문이 집중됨.
주문당 평균 계산 금액	item_price	평균은 약 18, 표준편차는 11로 나타남. 25~75%에 해당하는 구간이 12~210이며 최대값이 200을 넘는 것으로 보아, 소수의 주문을 제외하면 대부분 평균 근처의 계산 금액을 보임. 표준편차 11은 예외 처리를 통한 보정값을 계산할 여지가 있음.
각 아이템의 대략적인 가격	item_price	아이템의 판매 가격은 대부분 2~4, 혹은 6~8 달러 정도임.

1.3 국가별 음주 데이터 분석하기

두 번째 예제에서는 국가별 음주 데이터를 활용하여 탐색적 데이터 분석을 진행합니다. 이를 통해 데이터 분석 라이브러리의 사용법과 탐색적 데이터 분석의 과정에 조금 더 익숙해지는 것을 목표로 합니다. 이번 예제에 사용할 데이터인 drinks.csv 역시 python-data-analysis/data 폴더에 저장되어 있습니다.

Chapter 01 폴더 안의 02-drinks-eda.pnyb 파일을 실행하여 예제의 코드를 실행하거나 새로운 노트북 파일에서 다음에 학습할 코드들을 실행해보기 바랍니다.

↗ 분석 미리보기

대한민국은 술을 얼마나 독하게 마시는 나라일까?

이번 탐색의 주제는 '대한민국은 술을 얼마나 독하게 마시는 나라일까?'인데, 다음 그래프를 잠깐 봅시다. 대한민국은 전체 200여 개 국가 중 15위를 기록하였고, 역시 '소맥'의 나라답게 꽤나 높은 순위를 기록한 것을 알 수 있습니다.

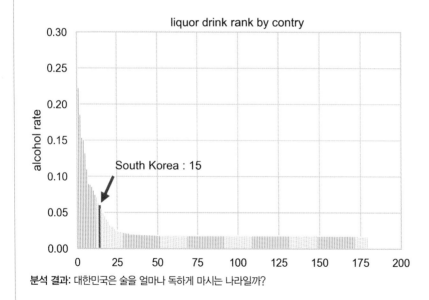

분석 결과: 대한민국은 술을 얼마나 독하게 마시는 나라일까?

탐색: 데이터의 기초 정보 살펴보기

이번 데이터셋을 이루고 있는 피처는 다음과 같습니다.

- country: 국가 정보

- beer_servings: beer 소비량

- spirit_servings: spirit 소비량

- wine_servings: wine 소비량

- total_litres_of_pure_alcohol: 총 알코올 소비량

- continent: 국가의 대륙 정보

이 중에서 먼저 info() 함수로 데이터의 기초적인 정보를 살펴봅니다. 총 193개의 데이터가 있으며, country와 continent를 제외한 피처들은 수치형 피처로 구성되어 있다는 사실을 알 수 있습니다. 그리고 continent 피처는 23개의 결측값이 존재합니다.

>>> **drinks 데이터셋의 기초 정보 출력하기**

```python
# -*- coding: utf-8 -*-

import pandas as pd
import numpy as np
import matplotlib.pyplot as plt

file_path = '../data/drinks.csv'
drinks = pd.read_csv(file_path) # read_csv() 함수로 데이터를 데이터 프레임 형태로 불러옵니다.
print(drinks.info())
drinks.head(10)
```

실행 결과

```
<class 'pandas.core.frame.DataFrame'>
RangeIndex: 193 entries, 0 to 192
Data columns (total 6 columns):
country                        193 non-null object
beer_servings                  193 non-null int64
spirit_servings                193 non-null int64
wine_servings                  193 non-null int64
total_litres_of_pure_alcohol   193 non-null float64
```

```
continent                        170 non-null object
dtypes: float64(1), int64(3), object(2)
memory usage: 9.1+ KB
None
```

	country	beer_servings	spirit_servings	wine_servings	total_litres_of_pure_alcohol	continent
0	Afghanistan	0	0	0	0.0	AS
1	Albania	89	132	54	4.9	EU
2	Algeria	25	0	14	0.7	AF
3	Andorra	245	138	312	12.4	EU
4	Angola	217	57	45	5.9	AF
5	Antigua & Barbuda	102	128	45	4.9	NaN
6	Argentina	193	25	221	8.3	SA
7	Armenia	21	179	11	3.8	EU
8	Australia	261	72	212	10.4	OC
9	Austria	279	75	191	9.7	EU

나머지 피처의 수치적 정보를 살펴보기 위해 describe() 함수를 실행해보면 결과는 아래와 같습니다.

```
drinks.describe()
```

실행 결과

	beer_servings	spirit_servings	wine_servings	total_litres_of_pure_alcohol
count	193.000000	193.000000	193.000000	193.000000
mean	106.160622	80.994819	49.450777	4.717098
std	101.143103	88.284312	79.697598	3.773298
min	0.000000	0.000000	0.000000	0.000000
25%	20.000000	4.000000	1.000000	1.300000
50%	76.000000	56.000000	8.000000	4.200000
75%	188.000000	128.000000	59.000000	7.200000
max	376.000000	438.000000	370.000000	14.400000

인사이트의 발견: 탐색과 시각화하기

다음으로 **피처 간의 상관 관계**를 살펴봅시다. 피처 간의 상관 관계를 통계적으로 탐색하는 방법은 크게 두 가지입니다. 첫 번째 방법은 피처가 2개일 때의 상관 계수를 계산하는 **단순 상관 분석 방법**이며, 두 번째 방법은 대상 피처가 여러 개일 때 상호 간의 연관성을 분석하는 **다중 상관 분석**입니다. 이 중, 우리가 적용해볼 방법은 첫 번째 방법인 단순 상관 분석입니다.

> **여기서 잠깐**
>
> ☆ **상관 분석**
>
> 상관 분석이란 두 변수 간의 선형적 관계를 상관 계수로 표현하는 것입니다. 상관 계수를 구하는 것은 공분산의 개념을 포함합니다. 공분산은 2개의 확률 변수에 대한 상관 정도로, 2개의 변수 중 하나의 값이 상승하는 경향을 보일 때 다른 값도 상승하는 경향을 수치로 나타낸 것입니다. 하지만 공분산만으로 두 확률 변수의 상관 관계를 구한다면 두 변수의 단위 크기에 영향을 받을 수 있습니다. 따라서 이를 −1과 1 사이의 값으로 변환합니다. 이를 상관 계수라 합니다. 만약 상관 계수가 1에 가깝다면 서로 강한 양의 상관 관계가 있는 것이고, −1에 가깝다면 음의 상관 관계가 있는 것입니다.

상관 관계를 살펴볼 대상은 beer_servings, wine_servings, spirit_servings, total_litres_of_pure_alcohol 이렇게 4개의 피처입니다. 이 피처는 술의 종류만 다를 뿐, 결국에는 비슷한 의미를 가지는 피처들이기 때문입니다.

먼저 맥주와 와인 소비량의 상관 관계를 알아봅시다. 아래 코드처럼 데이터 프레임에서 두 피처를 선택한 뒤, corr() 함수를 적용합니다. 이를 통해 피처 간의 상관 계수를 matrix의 형태로 출력할 수 있습니다. 출력 결과, beer_servings와 wine_servings 두 피처 간의 상관 계수는 0.52 정도로 나타났습니다.

≫ 두 피처 간의 상관 계수 구하기

```
# beer_servings, wine_servings 두 피처 간의 상관 계수를 계산합니다.
# pearson은 상관 계수를 구하는 계산 방법 중 하나를 의미하며, 가장 널리 쓰이는 방법입니다.
corr = drinks[['beer_servings', 'wine_servings']].corr(method = 'pearson')
print(corr)
```

	beer_servings	wine_servings
beer_servings	1.000000	0.527172
wine_servings	0.527172	1.000000

이제 모든 피처들을 각각 1대 1로 비교하여 살펴봅니다. 아래 실행 결과는 4개 피처에 corr() 함수를 적용한 상관 계수 행렬을 출력한 것입니다.

>>> **여러 피처의 상관 관계 분석하기**

```
# 피처 간의 상관 계수 행렬을 구합니다.
cols = ['beer_servings', 'spirit_servings', 'wine_servings', 'total_litres_of_pure_
alcohol']
corr = drinks[cols].corr(method = 'pearson')
print(corr)
```

실행 결과

	beer_servings	spirit_servings	wine_servings	total_litres_of _pure_alcohol
beer_servings	1.000000	0.458819	0.527172	0.835839
spirit_servings	0.458819	1.000000	0.194797	0.654968
wine_servings	0.527172	0.194797	1.000000	0.667598
total_litres_of _pure_alcohol	0.835839	0.654968	0.667598	1.000000

이를 조금 더 쉽게 실행하기 위해 'heatmap', 'pairplot'이라는 기법을 사용해봅시다. 파이썬의 seaborn이라는 시각화 라이브러리를 활용하여 이 2개 기법을 사용할 수 있습니다. seaborn 라이브러리 설치는 아나콘다 프롬프트에서 가상환경을 실행한 상태로 아래의 명령어를 입력합니다.

```
[Anaconda Powershell Prompt]

(pybook) C:\Users\yoonk> pip install seaborn
```

코드는 매우 간단합니다. heatmap의 경우 corr.values를, pairplot의 경우 데이터 프레임을 파라미터로 넣어줍니다. 그 외에도 그래프의 디자인과 관련된 몇 가지 파라미터를 설정할 수 있습니다.

```
import seaborn as sns
import matplotlib.pyplot as plt

# corr 행렬 히트맵을 시각화합니다.
cols_view = ['beer', 'spirit', 'wine', 'alcohol'] # 그래프 출력을 위한 cols 이름을 축약합니다.
sns.set(font_scale=1.5)
hm = sns.heatmap(corr.values,
        cbar = True,
        annot = True,
        square = True,
        fmt = '.2f',
        annot_kws = {'size': 15},
        yticklabels = cols_view,
        xticklabels = cols_view)

plt.tight_layout()
plt.show()

# 시각화 라이브러리를 이용한 피처 간의 산점도 그래프를 출력합니다.
sns.set(style = 'whitegrid', context='notebook')
sns.pairplot(drinks[['beer_servings', 'spirit_servings',
            'wine_servings', 'total_litres_of_pure_alcohol']], height = 2.5)
plt.show()
```

다음 두 그래프로 결과를 살펴보면 total_litres_of_pure_alcohol 피처가 대체적으로 모든 피처와 상관 관계가 있는 것으로 보이며, 특히 beer_servings와의 상관성이 매우 높은 것으로 나타납니다. 코드의 첫 번째 그래프가 heatmap 그래프, 그리고 두 번째 그래프가 pairplot 그래프입니다.

실행 결과

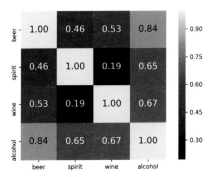

heatmap 그래프

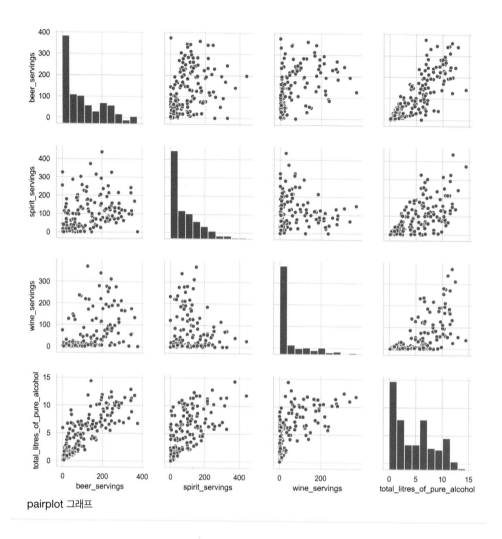

pairplot 그래프

Step 3 **탐색적 분석: 스무고개로 개념적 탐색 분석하기**

본격적인 탐색적 분석에 들어가기에 앞서 continent 피처에 존재하는 결측 데이터를 처리해봅시다. 대륙에 대한 정보가 없는 국가를 'Others', 줄여서 'OT'라는 대륙으로 새롭게 정의하겠습니다. 이를 처리하는 코드는 다음과 같습니다. fillna() 함수를 사용하여 drinks 데이터 프레임의 continent 피처의 결측값을 OT로 채워줍니다.

```
# 결측 데이터를 처리합니다: 기타 대륙으로 통합 → 'OT'
drinks['continent'] = drinks['continent'].fillna('OT')
drinks.head(10)
```

실행 결과

	country	beer_ servings	spirit_ servings	wine_ servings	total_litres_of_ pure_alcohol	continent
0	Afghanistan	0	0	0	0.0	AS
1	Albania	89	132	54	4.9	EU
2	Algeria	25	0	14	0.7	AF
3	Andorra	245	138	312	12.4	EU
4	Angola	217	57	45	5.9	AF
5	Antigua & Barbuda	102	128	45	4.9	OT
6	Argentina	193	25	221	8.3	SA
7	Armenia	21	179	11	3.8	EU
8	Australia	261	72	212	10.4	OC
9	Austria	279	75	191	9.7	EU

이번에는 전체 대륙 중에서 OT가 차지하는 비율이 얼마나 되는지를 파이차트로 확인해봅시다. 아래 코드는 plt.pie() 함수를 이용한 파이차트 출력 방법입니다.

>>> 파이차트로 시각화하기

```
labels = drinks['continent'].value_counts().index.tolist()
fracs1 = drinks['continent'].value_counts().values.tolist()
explode = (0, 0, 0, 0.25, 0, 0)

plt.pie(fracs1, explode=explode, labels=labels, autopct='%.0f%%', shadow=True)
plt.title('null data to \'OT\'')
plt.show()
```

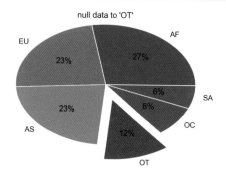

---

1. 위의 예제 코드(파이차트로 시작화하기)에는 2개의 코드 라인이 있습니다. 두 라인은 각각 어떤 값을 담고 있을까요?

   ① drinks['continent'].value_counts().index.tolist()

   ② drinks['continent'].value_counts().values.tolist()

   각 라인을 실행해보면서 결과를 테스트해봅시다.

2. plt의 pie() 함수는 위의 두 코드 라인의 결과값을 사용합니다. fracs1과 labels는 어떤 의미를 가지는 파라미터일까요?

   직접 pie() 함수를 실행하여 파라미터의 의미를 파악해봅시다. 또한 explode를 이용하여 OT 조각을 분리하는 방법에 대해서도 테스트해봅시다.

이제 본격적으로 데이터와 스무고개를 하기 위한 질문을 하나씩 정의해봅시다.

대륙별 spirit_servings의 통계적 정보는 어느 정도일까?

다음 코드는 agg() 함수를 사용하여 대륙 단위로 분석을 수행합니다. agg() 함수는 apply() 함수와 거의 동일한 기능을 하지만, apply()에 들어가는 함수 파라미터를 병렬로 설정하여 **그룹에 대한 여러 가지 연산 결과를 동시에 얻을 수 있는 함수**입니다. 대륙별 'spitit_servings'의 통계적 정보를 구하기 위해서는 agg에 ['mean', 'min', 'max', 'sum'] 파라미터를 입력하는 것만으로도 간단히 탐색이 가능합니다.

```
# 대륙별 spirit_servings의 평균, 최소, 최대, 합계를 계산합니다.
result = drinks.groupby('continent').spirit_servings.agg(['mean', 'min', 'max', 'sum'])
result.head()
```

실행 결과

continent	mean	min	max	sum
AF	16.339623	0	152	866
AS	60.840909	0	326	2677
EU	132.555556	0	373	5965
OC	58.437500	0	254	935
OT	165.739130	68	438	3812

전체 평균보다 많은 알코올을 섭취하는 대륙은 어디일까?

전체 평균보다 많은 알코올을 섭취하는 대륙을 탐색할 때는 apply()나 agg() 함수 없이도 mean() 함수만을 이용한 탐색을 수행할 수 있습니다.

```
# 전체 평균보다 많은 알코올을 섭취하는 대륙을 구합니다.
total_mean = drinks.total_litres_of_pure_alcohol.mean()
continent_mean = drinks.groupby('continent')['total_litres_of_pure_alcohol'].mean()
continent_over_mean = continent_mean[continent_mean >= total_mean]
print(continent_over_mean)
```

실행 결과

```
continent
EU    8.617778
OT    5.995652
SA    6.308333
Name: total_litres_of_pure_alcohol, dtype: float64
```

평균 beer_servings가 가장 높은 대륙은 어디일까?

그리고 mean() 함수만을 이용한 탐색에 idxmax() 함수를 적용하면 평균 'beer_servings'가 가장 높은 대륙이 어디인지 찾을 수 있습니다. idxmax()는 시리즈 객체에서 값이 가장 큰 index를 반환하는 기능을 수행합니다.

```
# 평균 beer_servings가 가장 높은 대륙을 구합니다.
beer_continent = drinks.groupby('continent').beer_servings.mean().idxmax()
print(beer_continent)
```

실행 결과

```
EU
```

위의 두 가지 질문에 대한 탐색을 통해 우리는 AF, AS, EU, OC, OT 대륙 중 EU, OT, AS만이 평균보다 많이 알코올을 섭취하는 대륙인 것을 알 수 있었고, 또한 맥주를 가장 좋아하는 대륙은 유럽이라는 결과를 확인할 수 있었습니다.

시각화

아래 코드는 이 결과를 그래프로 시각화한 것입니다. 코드를 천천히 살펴보고, 부분별로 실행하며 막대 그래프의 사용법을 익혀봅시다.

>>> 분석 결과를 시각화하기

```
# 대륙별 spirit_servings의 평균, 최소, 최대, 합계를 시각화합니다.
n_groups = len(result.index)
means = result['mean'].tolist()
mins = result['min'].tolist()
maxs = result['max'].tolist()
sums = result['sum'].tolist()

index = np.arange(n_groups)
bar_width = 0.1

rects1 = plt.bar(index, means, bar_width, color='r', label='Mean')
rects2 = plt.bar(index + bar_width, mins, bar_width, color='g', label='Min')
```

```
rects3 = plt.bar(index + bar_width * 2, maxs, bar_width, color='b', label='Max')
rects3 = plt.bar(index + bar_width * 3, sums, bar_width, color='y', label='Sum')

plt.xticks(index, result.index.tolist())
plt.legend()
plt.show()
```

실행 결과

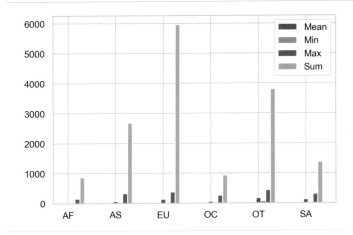

```
# 대륙별 total_litres_of_pure_alcohol을 시각화합니다.
continents = continent_mean.index.tolist()
continents.append('mean')
x_pos = np.arange(len(continents))
alcohol = continent_mean.tolist()
alcohol.append(total_mean)

bar_list = plt.bar(x_pos, alcohol, align='center', alpha=0.5)
bar_list[len(continents) - 1].set_color('r')
plt.plot([0., 6], [total_mean, total_mean], "k--")
plt.xticks(x_pos, continents)

plt.ylabel('total_litres_of_pure_alcohol')
plt.title('total_litres_of_pure_alcohol by Continent')

plt.show()
```

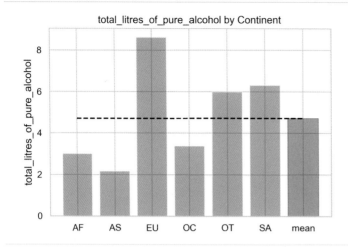

```
# 대륙별 beer_servings를 시각화합니다.
beer_group = drinks.groupby('continent')['beer_servings'].sum()
continents = beer_group.index.tolist()
y_pos = np.arange(len(continents))
alcohol = beer_group.tolist()

bar_list = plt.bar(y_pos, alcohol, align='center', alpha=0.5)
bar_list[continents.index("EU")].set_color('r')
plt.xticks(y_pos, continents)
plt.ylabel('beer_servings')
plt.title('beer_servings by Continent')

plt.show()
```

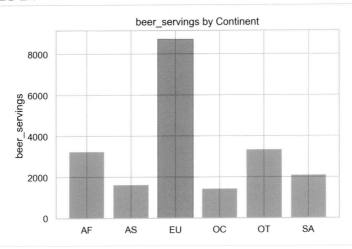

미니 퀴즈 1-3

1. 위의 예제 코드(분석 결과를 시각화하기)에는 4개의 코드 라인이 있습니다. 각각 어떤 값을 담고 있을까요?

① means = result['mean'].tolist()

② mins = result['min'].tolist()

③ maxs = result['max'].tolist()

④ sums = result['sum'].tolist()

각 라인을 실행해보면서 결과를 테스트해봅시다.

2. 위의 예제 코드(분석 결과를 시각화하기)에서 matplotlib의 각종 디자인 기능을 찾아봅시다.

① 첫 번째 그래프에서 4개의 통계 종류를 나타내는 디자인 기능이 담긴 코드가 어떤 코드인지 찾아보고 실행해보세요.

② 두 번째와 세 번째 그래프에서 하나의 막대만 다르게 색상을 변경하는 코드가 어떤 코드인지 찾아보세요. 그리고 막대를 녹색으로 바꿔보세요.

통계적 분석: 분석 대상 간의 통계적 차이 검정하기

지금까지는 두 피처 간의 상관성을 계산하거나 혹은 그룹 단위로 나누어 수치 정보를 살펴보는 방식의 데이터 분석을 알아보았습니다. 이러한 분석은 데이터에서 인사이트를 발견하는 데 있어서 매우 유용한 방법입니다. 하지만 이는 분석가의 주관에 따라 도출된 내용이기 때문에 분석 자체의 **타당성**을 증명하기에는 한계가 있습니다. 따라서 분석 결과에 타당성을 부여하기 위해 통계적으로 차이를 검정하는 과정이 필요합니다. 그 중 가장 기본적인 방법인 t-test를 통해 분석 대상 간에 통계적 차이를 검정하는 방법을 알아봅시다.

여기서 잠깐

☆ t-test

t-test란 두 집단 간 평균의 차이에 대한 검정 방법으로, **모집단의 평균** 등과 같이 실제 정보를 모를 때 현재의 데이터만으로 두 집단의 차이에 대해 검정할 수 있는 방법입니다. 단, t-test는 검정 대상인 두 집단의 데이터 개수가 비슷하면서 두 데이터가 정규 분포를 보이는 경우에 신뢰도가 높은 검정 방식입니다.

파이썬에서는 scipy라는 라이브러리를 활용하여 두 집단 간의 t-test를 검정할 수 있습니다. 아래 코드는 t-test를 적용하는 아주 간단한 예제입니다. ttest_ind() 함수에 두 집단의 시리즈 데이터를 넣는 것으로 검정의 결과를 확인할 수 있는데, 이 함수의 파라미터인 equal_var는 t-test의 두 가지 방법 중에 하나를 선택하는 것입니다. 첫 번째는 두 집단의 분산이 같은 경우, 그리고 두 번째는 두 집단의 분산이 같지 않은 경우를 가정한 것입니다.

>>> **아프리카와 유럽 간의 맥주 소비량 차이 검정하기**

```python
# 아프리카와 유럽 간의 맥주 소비량 차이를 검정합니다.
africa = drinks.loc[drinks['continent']=='AF']
europe = drinks.loc[drinks['continent']=='EU']

from scipy import stats
tTestResult = stats.ttest_ind(africa['beer_servings'], europe['beer_servings'])
tTestResultDiffVar = stats.ttest_ind(africa['beer_servings'],
                                     europe['beer_servings'], equal_var=False)

print("The t-statistic and p-value assuming equal variances is %.3f and %.3f."
% tTestResult)
```

```
print("The t-statistic and p-value not assuming equal variances is %.3f and %.3f"
% tTestResultDiffVar)
```

실행 결과

```
The t-statistic and p-value assuming equal variances is -7.268 and 0.000.
The t-statistic and p-value not assuming equal variances is -7.144 and 0.000
```

실행 결과에 등장하는 t-statistic은 t-test의 검정 통계량을 의미하는 것으로, 함께 출력되는 **p-value**와 연관 지어 해석해야 합니다. p-value는 가설이 얼마나 믿을만한 것인지를 나타내는 지표로, 데이터를 새로 샘플링했을 때 **귀무 가설이 맞다는 전제 하에 현재 나온 통계값 이상이 나올 확률**이라고 정의할 수 있습니다. 만약 p-value가 너무 낮으면 귀무 가설이 일어날 확률이 너무 낮기 때문에 귀무 가설을 기각하게 됩니다. 보통 그 기준은 0.05나 0.01을 기준으로 하며, 이를 **p-value(유의확률)**이라고 합니다. 귀무 가설이란 처음부터 버릴 것을 예상하는 가설이며, 가설이 맞지 않다는 것을 증명하기 위해 수립하는 가설입니다. 그리고 반대되는 것을 대립 가설이라고 부르며, 귀무 가설이 거짓인 경우에 대안적으로 참이 되는 가설을 의미합니다.

위의 실행 결과에서는 등분산을 가정한 케이스와 가정하지 않은 케이스 모두 p-value가 0.000 이하로 나타났습니다. t-test의 귀무 가설은 '두 집단의 평균이 같다'이고 이 귀무 가설은 기각되었습니다. 따라서 '아프리카와 유럽 대륙 간의 맥주 소비량 차이'는 통계적으로 유의미하다는 결론을 내릴 수 있습니다. 이는 대립 가설인 '두 집단의 평균이 다르다'를 채택한 것입니다. 하지만 두 집단의 데이터는 크기도 다르고, 각각의 크기 또한 크지 않기 때문에 실제로 통계적인 의미를 가지는 검정이라고 보기엔 어렵습니다. 만약 통계적 분석을 하기에 좋은 조건인 경우라면 이러한 방법을 사용할 수 있다는 것만 알아둡시다.

드디어 이번 절의 처음에 나왔던 주제인 '대한민국은 얼마나 독하게 술을 마시는 나라일까?'에 대한 탐색 코드를 살펴볼 차례입니다. 이를 판단하는 기준으로, alcohol_rate 피처를 생성합니다. 이 피처는 total_litres_of_pure_alcohol 피처를 모든 술의 총 소비량total_serving으로 나눈 것입니다. 그리고 alcohol_rate는 sort_values() 함수를 사용하여 국가를 기준으로 정렬합니다.

```
# total_servings 피처를 생성합니다.
drinks['total_servings'] = drinks['beer_servings'] + drinks['wine_servings'] +
drinks['spirit_servings']

# 술 소비량 대비 알코올 비율 피처를 생성합니다.
drinks['alcohol_rate'] = drinks['total_litres_of_pure_alcohol'] / drinks['total_
    servings']
drinks['alcohol_rate'] = drinks['alcohol_rate'].fillna(0)

# 순위 정보를 생성합니다.
country_with_rank = drinks[['country', 'alcohol_rate']]
country_with_rank = country_with_rank.sort_values(by=['alcohol_rate'], ascending=0)
country_with_rank.head(5)
```

실행 결과

	country	alcohol_rate
63	Gambia	0.266667
153	Sierra Leone	0.223333
124	Nigeria	0.185714
179	Uganda	0.153704
142	Rwanda	0.151111

이 결과를 토대로 시각화를 수행한 결과는 다음과 같습니다. x_pos = np.arange(len(country_list))를 통해 그래프의 x축에 해당하는 범위를 생성하고, rank = country_with_rank.alcohol_rate.tolist()를 통해 alcohol_rate순으로 정렬된 데이터에서 alcohol_rate 값을 생성하였습니다.

```
# 국가별 순위 정보를 그래프로 시각화합니다.
country_list = country_with_rank.country.tolist()
x_pos = np.arange(len(country_list))
rank = country_with_rank.alcohol_rate.tolist()

bar_list = plt.bar(x_pos, rank)
bar_list[country_list.index("South Korea")].set_color('r')
plt.ylabel('alcohol rate')
plt.title('liquor drink rank by contry')
plt.axis([0, 200, 0, 0.3])

korea_rank = country_list.index("South Korea")
korea_alc_rate = country_with_rank[country_with_rank['country'] == 'South Korea']
['alcohol_rate'].values[0]
plt.annotate('South Korea : ' + str(korea_rank + 1),
        xy=(korea_rank, korea_alc_rate),
        xytext=(korea_rank + 10, korea_alc_rate + 0.05),
        arrowprops=dict(facecolor='red', shrink=0.05))

plt.show()
```

실행 결과

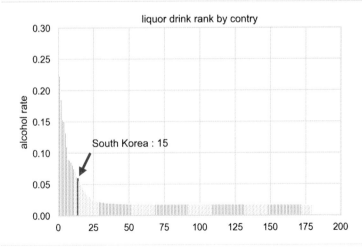

▖▖▌ 표로 정리하는 데이터 분석

데이터 탐색 질문	핵심 내용	인사이트
각각의 피처는 서로 어떤 상관 관계를 가지고 있는가?	모든 연속형 피처의 상관 분석	대부분의 국가의 총 알코올 소비량은 맥주 소비량에 영향을 받을 확률이 높음. 또한 대부분의 국가에서는 맥주가 가장 많이 소비되는 술이라는 해석도 가능함.
평균 맥주 소비량이 가장 높은 대륙은?	모든 행을 그룹 단위로 분석	유럽이 가장 맥주 소비량이 높음. 대륙별로 상이한 차이가 있다는 것을 발견함.
술 소비량 대비 알코올 비율 피처 생성하기	새로운 분석 피처 생성	술 소비량 대비 알코올 비율이라는 새로운 피처로부터 술을 독하게 마시는 정도의 국가별 차이를 관찰 가능함.
아프리카와 유럽 간의 맥주 소비량 차이 검정하기	통계적 차이 검정	t-test 분석 결과, 아프리카와 유럽 간의 맥주 소비량은 통계적으로 유의미한 차이를 보임 (단, 이 예제는 그룹 간의 데이터 크기가 매우 다르고, 정규분포를 띈다는 가정을 할 수 없기 때문에 신뢰할 만한 정보라고 할 수 없음).

1. 두 번째 예제(국가별 음주 데이터)의 아래 데이터셋을 응용하여 ①~⑤번 문제를 해결해보세요.

>>> **drinks 데이터셋**

```
# -*- coding: utf-8 -*-
import pandas as pd
import numpy as np
import matplotlib.pyplot as plt

file_path = '../data/drinks.csv'
# read_csv() 함수로 데이터를 데이터 프레임 형태로 불러옵니다.
drinks = pd.read_csv(file_path)
drinks['continent'] = drinks['continent'].fillna('OT')
```

① 대륙별 평균 wine_servings를 탐색합니다.

② 국가별 모든 servings의 합을 계산한 total_servings라는 피처를 생성합니다.

③ 전체 평균보다 적은 알코올을 마시는 대륙 중, spirit를 가장 많이 마시는 국가를 찾아봅니다.

④ 술 소비량 대비 알코올 비율을 구해봅니다.

⑤ 대륙별로 술 소비량 대비 알코올 비율을 계산합니다.

텍스트 마이닝 첫걸음

비정형 데이터란 정해진 형태가 없고 연산이 불가능한 상태의 데이터를 의미합니다. 이미지 데이터나 음성 데이터를 예로 들 수 있으며, 가장 대표적인 것은 텍스트 데이터입니다. 그리고 이로부터 유의미한 정보를 추출하는 데이터 분석을 **텍스트 마이닝**Text Mining이라고 합니다.

SNS 데이터에 기반한 트럼프의 당선 예측 사례, 검색 키워드 증가를 파악해 독감 유행을 예측한 구글Google의 사례 등이 텍스트 마이닝에 해당합니다. 덕분에 데이터 분석을 잘 모르는 사람도 한 번쯤은 들어봤을 법한 분석 방법입니다. 이번 Chapter에서는 이러한 텍스트 마이닝의 기초적인 분석 방법을 알아보겠습니다.

이 장의 핵심 개념

1. 웹 크롤링으로 데이터를 수집합니다.

2. 키워드 추출의 방법을 알아봅니다.

3. 키워드 간의 연관 관계를 분석합니다.

4. 텍스트 분석 결과를 시각화합니다.

미리보는 데이터 분석

✔ **나무위키로 알아보는 실시간 지식정보 트렌드**

 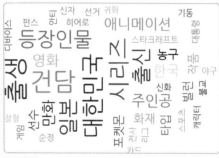

분석 결과: 페이지 본문 키워드(왼쪽), 페이지 카테고리 키워드(오른쪽)

✔ **SNS에서 '손흥민'과 연관된 키워드는 무엇일까?**

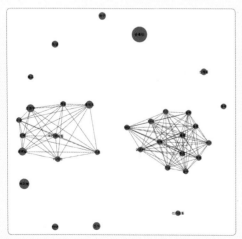

분석 결과: SNS 데이터에서 추출한 '손흥민' 관련 키워드의 연관 규칙

2.1 웹 크롤링으로 기초 데이터 수집하기

이번 절에서는 '나무위키 최근 변경 페이지'의 텍스트 데이터를 웹 크롤링^Web Crawling^으로 수집한 다음, 데이터 내에서 등장한 키워드의 출현 빈도를 분석해보겠습니다. 이를 통해 우리는 나무위키 페이지에서 현재 가장 '핫한' 키워드가 무엇인지 분석할 수 있습니다.

웹 크롤링 혹은 웹 스크래핑^Web Scraping^은 인터넷에 있는 웹 페이지를 방문해서 페이지의 자료를 자동으로 수집하는 작업을 의미합니다. 이 책에서는 파이썬으로 웹 크롤링을 진행하겠습니다.

대상 페이지의 구조 살펴보기

크롤링을 위한 첫 번째 단계는 인터넷 익스플로러, 크롬 등의 웹 브라우저를 실행하여 크롤링의 대상이 될 페이지 구조를 살펴보는 것입니다. 먼저 웹 브라우저의 '개발자 도구'를 실행합니다. 크롬의 경우, 아래 그림처럼 브라우저 우측 상단에 있는 점 3개 모양의 [Chrome 맞춤설정 및 제어] 아이콘 (⋮)을 클릭합니다. 그리고 [도구 더보기] – [개발자 도구]를 순서대로 클릭하여 개발자 도구를 실행합니다. 혹은 단축키로 실행합니다. (윈도우: Ctrl + Shift + I , 맥 OS : Command + Alt + I)

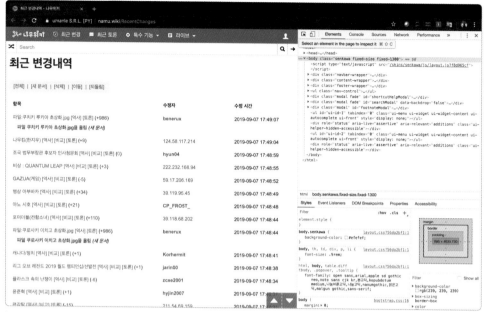
[그림 2-1] 개발자 도구로 살펴보는 나무위키 최근 변경내역 페이지

크롤링할 데이터는 나무위키 '최근 변경내역' 페이지(https://namu.wiki/RecentChanges)의 텍스트 데이터입니다. 먼저 페이지의 구조를 살펴봅시다. [그림 2-1]의 왼쪽 페이지 리스트는 현재 나무위키에서 문서 편집이 발생한 페이지들의 목록입니다. 우리는 이 페이지들의 텍스트 데이터를 수집해야 합니다. 따라서 가장 먼저 해야 할 일은 페이지 **리스트의 URL 정보를 수집**하는 것입니다. 과정은 다음과 같습니다.

01. 개발자 도구를 열어 왼쪽 상단의 마우스 포인터 모양 아이콘(⌖)을 클릭합니다.

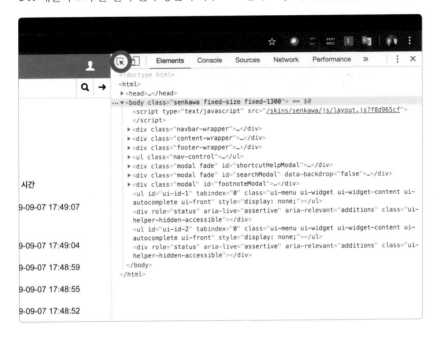

02. URL 정보를 확인하고 싶은 페이지의 링크 위로 마우스 포인터를 이동한 뒤, 클릭합니다.

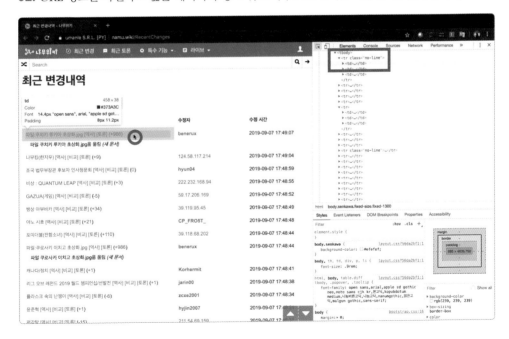

03. 클릭 후에는 아래 그림처럼 하늘색 박스로 표시된 〈a href=⋯〉 태그를 찾습니다. 이 부분이 URL 정보를 의미합니다. HTML 구조로는 〈table class="table table-hover"〉 → 〈tbody〉 → 〈tr class="no-line"〉 → 〈td〉 → 〈a href=...〉에 위치하고 있습니다.

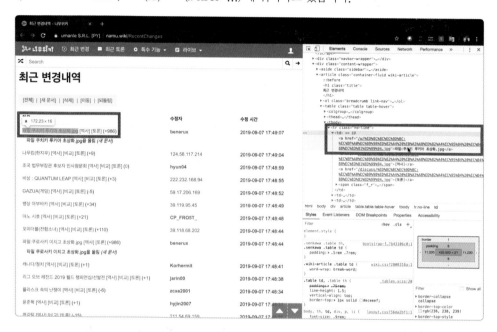

04. 위의 과정을 파이썬으로 자동화하여 웹 크롤러Web Crawler를 만듭니다.

웹 크롤링 라이브러리 사용하기

파이썬에서는 **BeautifulSoup**과 **requests**라는 라이브러리로 웹 크롤러를 만들 수 있습니다. 그런데 requests는 특정 URL로부터 HTML 문서를 가져오는 작업을 수행하는데, 나무위키 페이지와 같이 HTML 문서가 Javascript로 동적 로딩되는 경우가 있습니다. 그래서 requests 대신 Selenium 이라는 라이브러리를 사용하여, 크롬 브라우저로 동적 웹 크롤링을 수행하도록 하겠습니다. 터미널 (cmd) 혹은 아나콘다 프롬프트를 실행하여 아래의 파이썬 모듈을 설치합니다(이후에는 아나콘다 실행에 관한 설명을 생략합니다).

```
[Anaconda Powershell Prompt]

(pybook) C:\Users\yoonk> pip install selenium beautifulsoup4
```

다음 코드에서는 셀레니움이라는 웹 크롤링 라이브러리를 사용하는데, 셀레니움은 컴퓨터에 설치되어 있는 웹 브라우저를 자동으로 구동해주는 라이브러리라고 이해하면 되겠습니다. 셀레니움을 사용하기 위해, 이 책에서는 크롬 브라우저를 이용하는 것을 권장합니다. 이를 위해 아래와 같은 설치 과정을 거쳐야 합니다.

Windows 운영체제 기준

1. https://chromedriver.chromium.org/downloads 링크에서 현재 컴퓨터에 설치된 크롬 브라우저의 버전과 동일한 버전의 드라이버를 다운로드하기 위한 페이지로 이동합니다. 이 책에서는 91.0.4472.101 버전의 예시로 진행합니다.

2. https://chromedriver.storage.googleapis.com/index.html?path=91.0.4472.101/ 와 같은 형식의 페이지에 접속하여, chromedriver_win32.zip 파일을 다운로드하고 압축 해제합니다.

3. 현재 실행중인 노트북과 같은 경로로 chromedriver.exe 파일을 이동(혹은 복사)합니다.

MacOS 운영체제 기준

1. 터미널에서 homebrew를 이용하여 아래의 명령어로 chromedriver를 설치합니다. (brew 설치 방법은 https://brew.sh/index_ko 참고)

```
>> brew install chromedriver
```

2. 개발자 확인 오류가 뜬다면, 아래와 같이 명령어를 실행하여 폴더의 버전을 확인하고, 폴더 내로 이동합니다. 그리고 xattr 명령어를 실행합니다.

```
>> cd /usr/local/Caskroom/chromedriver/
>> ls
>> cd 91.0.4472.19
>> xattr -d com.apple.quarantine chromedriver
```

설치 과정을 모두 끝마쳤다면, 아래의 코드처럼 크롬드라이버의 실행 경로를 지정해주고 크롬드라이버를 이용하여 URL의 HTML 문서를 가져온 뒤, 이를 BeautifulSoup() 클래스의 soup 객체로 변환합니다. 그리고 find(), find_all() 함수를 사용하여 특정 HTML 태그 혹은 특정 HTML 클래스를 가진 데이터를 가져옵니다.

>>> 페이지의 URL 정보 추출하기

```python
from selenium import webdriver
from bs4 import BeautifulSoup
import re

# brew 로 설치된 chromedriver의 path (Mac)
path = "/usr/local/bin/chromedriver"

# 윈도우용 크롬 웹드라이버 실행 경로 (Windows)
excutable_path = "chromedriver.exe"

# 크롤링할 사이트 주소를 정의합니다.
source_url = "https://namu.wiki/RecentChanges"

# 크롬 드라이버를 사용합니다 (맥은 첫 줄, 윈도우는 두번째 줄 실행)
# driver = webdriver.Chrome(path)
driver = webdriver.Chrome(executable_path=excutable_path)

# 드라이버가 브라우징 할 페이지 소스를 입력합니다.
driver.get(source_url)
req = driver.page_source

# 사이트의 html 구조에 기반하여 데이터를 파싱합니다.
soup=BeautifulSoup(req, "html.parser")
contents_table = soup.find(name="table")
table_body = contents_table.find(name="tbody")
table_rows = table_body.find_all(name="tr")

# a 태그의 href 속성을 리스트로 추출하여 크롤링할 페이지 리스트를 생성합니다.
page_url_base = "https://namu.wiki"
page_urls = []
for index in range(0, len(table_rows)):
    first_td = table_rows[index].find_all('td')[0]
    td_url = first_td.find_all('a')
    if len(td_url) > 0:
        page_url = page_url_base + td_url[0].get('href')
        if "png" not in page_url:
```

```
        page_urls.append(page_url)

# 중복 url을 제거합니다.
page_urls = list(set(page_urls))
for page in page_urls[:3]:
    print(page)
```

실행 결과

```
https://namu.wiki/w/%EC%98%88%EB%A6%AC%EC%BD%94%EC%9D%98%20%EC%A0%84%ED%88%AC
https://namu.wiki/w/%EA%B5%B0%ED%8F%AC%20%EB%B2%84%EC%8A%A4%2031
https://namu.wiki/w/TeamLiquid%20StarLeague%207
```

위의 코드는 개발자 도구로 살펴본 HTML 구조에 기반하여 table → tbody → tr → td → a 태그 순의 HTML 계층 구조를 좁혀나가는 과정입니다. 이 과정을 통해 목표 태그에 도달했을 때, get(href) 함수로 태그의 속성 정보를 추출합니다. get() 함수는 해당 태그가 가지고 있는 특정한 속성을 추출합니다.

텍스트 정보 수집하기

아래 [그림 2-2]는 Step 1 ~ Step 2 에서 추출한 웹 페이지들의 URL을 방문하여 HTML 구조를 개발자 도구로 살펴본 것입니다. 이 페이지의 구조를 파악하여 텍스트 정보를 추출해보겠습니다.

[그림 2-2] 최근 변경된 문서 페이지의 개발자 도구, 제목, 카테고리, 본문 부분의 HTML 구조 파악

이전과 마찬가지로 개발자 도구의 마우스 포인터 모양 아이콘(🔓)을 클릭합니다. 그리고 문서의 '제목' 부분, 문서의 '카테고리' 부분, 그리고 '본문' 부분을 클릭하여 HTML의 구조를 파악합니다. 문서의 전체 내용은 'article'이라는 태그 안에 구성되어 있습니다. 그리고 제목은 'h1' 태그, 카테고리 부분은 'ul' 태그 영역 안에 존재하며, 본문의 내용은 'wiki-paragraph'라는 클래스로 구성된 'div' 태그 안에 위치하고 있습니다.

다음 코드는 최근 변경된 문서 중 한 페이지의 텍스트 정보를 크롤링한 것입니다. 이전 단계와 다른 점은 get() 함수 대신 **text() 함수**를 사용하여 태그의 텍스트 정보만을 추출했다는 점입니다.

››› URL 페이지 정보를 기반으로 크롤링하기

```
# 하나의 최근 변경된 문서를 크롤링합니다.

# 크롬 드라이버를 사용합니다 (맥은 첫 줄, 윈도우는 두번째 줄 실행)
# driver = webdriver.Chrome(path)
driver = webdriver.Chrome(executable_path=excutable_path)

# 드라이버가 브라우징 할 페이지 소스를 입력합니다
driver.get(page_urls[0])
req = driver.page_source
soup=BeautifulSoup(req, "html.parser")
contents_table = soup.find(name="article")
title = contents_table.find_all('h1')[0]
category = contents_table.find_all('ul')[0]
content_paragraphs = contents_table.find_all(name="div", attrs={"class":"wiki-para-
    graph"})
content_corpus_list = []

for paragraphs in content_paragraphs:
    content_corpus_list.append(paragraphs.text)
content_corpus = "".join(content_corpus_list)

print(title.text)
print("\n")
print(category.text)
print("\n")
print(content_corpus)

# 크롤링에 사용한 브라우저를 종료합니다.
driver.close()
```

2.2 나무위키 최근 변경 페이지 키워드 분석하기

이제 분석에 사용할 데이터가 준비되었으니, 본격적으로 텍스트 마이닝을 알아봅시다.

📈 분석 미리보기   수정 내용 확인하기

나무위키로 알아보는 실시간 지식정보 트렌드

아래 그림은 이번 절의 최종 분석 결과인 '키워드 출현 빈도수 분석'을 시각화한 것입니다. 이를 통해 현재 나무위키 페이지에서 어떤 키워드들이 활발하게 수정되고 있는지를 한눈에 파악할 수 있습니다.

분석 결과: 페이지 본문 키워드(위), 페이지 카테고리 키워드(아래)

Step 1 크롤링: 웹 데이터 가져오기

이전 단계와 동일한 방법으로 웹 데이터를 크롤링합니다. 단, 이번에는 모든 URL의 데이터를 가져와봅시다.

다음 코드를 실행하여 나무위키에서 최근 변경이 일어난 페이지들의 URL을 page_urls라는 변수에 저장합니다.

> ### ››› BeautifulSoup을 이용해 웹 크롤링하기

```python
# -*- coding: utf-8 -*-

%matplotlib inline

import pandas as pd
import numpy as np
import matplotlib.pyplot as plt
from selenium import webdriver
from bs4 import BeautifulSoup
import re

# brew 로 설치된 chromedriver의 path (Mac)
path = "/usr/local/bin/chromedriver"

# 윈도우용 크롬 웹드라이버 실행 경로 (Windows)
excutable_path = "chromedriver.exe"

# 크롤링할 사이트 주소를 정의합니다.
source_url = "https://namu.wiki/RecentChanges"

# 사이트의 html 구조에 기반하여 크롤링을 수행합니다.
# driver = webdriver.Chrome(path)  # for Mac
driver = webdriver.Chrome(executable_path=excutable_path)  # for Windows
driver.get(source_url)
req = driver.page_source
soup = BeautifulSoup(req, "html.parser")
contents_table = soup.find(name="table")
table_body = contents_table.find(name="tbody")
table_rows = table_body.find_all(name="tr")

# a태그의 href 속성을 리스트로 추출하여, 크롤링 할 페이지 리스트를 생성합니다.
```

```python
page_url_base = "https://namu.wiki"
page_urls = []
for index in range(0, len(table_rows)):
    first_td = table_rows[index].find_all('td')[0]
    td_url = first_td.find_all('a')
    if len(td_url) > 0:
        page_url = page_url_base + td_url[0].get('href')
        if 'png' not in page_url:
            page_urls.append(page_url)

# 중복 url을 제거합니다.
page_urls = list(set(page_urls))

# 크롤링에 사용한 브라우저를 종료합니다.
driver.close()
```

이제 이 주소들에 다시 한번 접근하여 문서의 본문과 제목, 그리고 카테고리에 등장하는 텍스트 데이터를 가져와봅시다.

››› 나무위키의 최근 변경 데이터 크롤링하기

```python
# 크롤링한 데이터를 데이터 프레임으로 만들기 위해 준비합니다.
columns = ['title', 'category', 'content_text']
df = pd.DataFrame(columns=columns)

# 각 페이지별 '제목', '카테고리', '본문' 정보를 데이터 프레임으로 만듭니다.
for page_url in page_urls:

    # 사이트의 html 구조에 기반하여 크롤링을 수행합니다.
    # driver = webdriver.Chrome(path)  # for Mac
    driver = webdriver.Chrome(executable_path=excutable_path)  # for Windows
    driver.get(page_url)
    req = driver.page_source
    soup = BeautifulSoup(req, "html.parser")
    contents_table = soup.find(name="article")
    title = contents_table.find_all('h1')[0]

    # 카테고리 정보가 없는 경우를 확인합니다.
    if len(contents_table.find_all('ul')) > 0:
        category = contents_table.find_all('ul')[0]
```

```python
    else:
        category = None

    content_paragraphs = contents_table.find_all(name="div", attrs={"class":"wiki-
        paragraph"})
    content_corpus_list = []

    # 페이지 내 제목 정보에서 개행 문자를 제거한 뒤 추출합니다.
    # 만약 없는 경우, 빈 문자열로 대체합니다.
    if title is not None:
        row_title = title.text.replace("\n", " ")
    else:
        row_title = ""

    # 페이지 내 본문 정보에서 개행 문자를 제거한 뒤 추출합니다.
    # 만약 없는 경우, 빈 문자열로 대체합니다.
    if content_paragraphs is not None:
        for paragraphs in content_paragraphs:
            if paragraphs is not None:
                content_corpus_list.append(paragraphs.text.replace("\n", " "))
            else:
                content_corpus_list.append("")
    else:
        content_corpus_list.append("")

    # 페이지 내 카테고리정보에서 "분류"라는 단어와 개행 문자를 제거한 뒤 추출합니다.
    # 만약 없는 경우, 빈 문자열로 대체합니다.
    if category is not None:
        row_category = category.text.replace("\n", " ")
    else:
        row_category = ""

    # 모든 정보를 하나의 데이터 프레임에 저장합니다.
    row = [row_title, row_category, "".join(content_corpus_list)]
    series = pd.Series(row, index=df.columns)
    df = df.append(series, ignore_index=True)

    # 크롤링에 사용한 브라우저를 종료합니다.
    driver.close()

# 데이터 프레임을 출력합니다.
df.head(5)
```

	title	category	content_text
0	찌르레기	찌르레기속	찌르레기White-cheeked starling이명: Sturnus cin...
1	제라툴협동전 임무	스타크래프트 2/협동전 임무	관련 문서: 스타크래프트 2: 공허의 유산/협동전 임무　상위 문서: 제...
2	꾀꼬리	참새목	참새목 꾀꼬리과의 새. 흔히 맑고 고운 울음소리의 대명사로 불리는 노란 새이다....
3	음유시인 비들 이야기	해리 포터 시리즈	J.K. 롤링의 위저딩 월드 해리포터 시리즈마법사의 돌줄거리비밀의 방 줄거리...
4	퀵 카멜	라스트 오리진/전투원	상위 문서: 라스트 오리진/전투원/경장형 공격기바이오로이드퀵 카멜 No.04...

위의 실행 결과는 모든 URL의 텍스트 데이터를 가져온 뒤, 이를 데이터 프레임의 형태로 변환한 것입니다. 데이터에 등장하는 불필요한 문자인 '\n', '분류'는 크롤링 과정에서 replace() 함수로 제거해주었습니다.

Step 2 추출: 키워드 정보 추출하기

다음은 수집한 텍스트 데이터에서 키워드 정보를 추출하는 단계입니다. 이를 위해 **텍스트 전처리** 작업이 필요합니다. 텍스트 전처리는 특수문자나 외국어를 제거하는 등의 과정을 포함합니다. 그런데 이는 언어와 상황마다 조금씩 다를 수 있습니다.

예를 들어 스팸메일을 분류하는 텍스트 마이닝의 경우, 특수문자나 외국어가 분석의 중요한 힌트가 될 수 있기 때문에 이를 제거하지 않는 편입니다. 반면, 키워드 분석처럼 '단어'를 추출하는 것이 목적이라면 특정 언어의 글자만을 추출하기도 합니다.

파이썬에서는 're'라는 모듈을 통해 **정규표현식**을 사용할 수 있습니다. 정규표현식이란 특정한 규칙을 가진 문자열의 집합을 표현하는 형식입니다. 만약 다음 코드와 같이 re.compile('[^ ㄱ-ㅣ 가-힣]+')이라는 코드로 한글에 대한 정규표현식을 정의하면 대상이 되는 텍스트 데이터에서 한글만 추출할 수 있게 됩니다.

```python
# 텍스트 정제 함수: 한글 이외의 문자는 전부 제거합니다.
def text_cleaning(text):
    hangul = re.compile('[^ ㄱ-ㅣ가-힣]+') # 한글의 정규표현식을 나타냅니다.
    result = hangul.sub('', text)
    return result


print(text_cleaning(df['content_text'][0]))
```

실행 결과

찌르레기 이명　　분류계동물계문척삭동물문강조강목참새목과찌르레기과속찌르레기속 종 찌르레기 멸종 위기 등급 관심 필요찌르레기과에 속하는 조류 시베리아 사할린 섬 쿠릴 열도 만주 등지에서 서식한다 개요 특징 찌르레기를 모티브로 한 캐릭터 개요편집크기는 약 이며 머리와 날개는 검은 빛이 더 돌고 얼굴과 눈 주위에는 하얀 깃털이 돋아 있다 몸의 아래쪽 면은 회색이고 배는 하얗다 꽁지는 짧은 편이다식물의 열매나 지렁이를 먹이로 삼는다 특히 인간의 재배 곡물의 열매까지 닥치고 먹어 치워 해로운 새 취급을 받는다 특징편집사냥할 때 떼로 달려들어 검은 토네이도 형태를 형성하는 모습이 장관을 이룬다 이런 환상적인 군무를 만드는 이유는 동료들이 먹이를 찾을 수 있도록 돕고 포식자의 공격을 막기 위해서이다 특히 해지기 직전에 가장 활발하게 이런 군무를 만들어낸다의외로 쓰레기같은 성격을 가진 깡패 새이다 찌르레기 이름값 뻐꾸기처럼 자기보다 약한 새의 둥지에 탁란을 하는데 탁란을 해놓으면 대부분의 조류들은 남의 새끼가 자신의 새끼에게 민폐 끼치지 않게 남의 알을 둥지 밖으로 떨어뜨리는데 찌르레기는 둥지 주인에게 나중에 다시 돌아와 자기 알이 없으면 둥지를 헤집어 놓겠다고 미리 협박해놓은후 나중에 진짜 없으면 보복성으로 둥지를 뒤집어 놓고 깽판을 친다고 한다적반하장 뻐꾸기가 이렇게까지 하진 않는다는 걸 생각해보면 뻐꾸기보다 훨씬 악질이다그뿐만 아니라 곡물도 닥치는 대로 쪼아먹는 골칫덩어리라 날개 달린 쥐라는 멸칭까지 생겼다날개 달린 쥐매의 둥지에 탁란을 했다 참교육을 당하기도 한다울음소리는 흔히 알려진 대로 찌르 찌르라고 울기도 하지만 번식기에는 큐리 큐리리리라고 운다고 한다 그리고 상술한 안 좋은 이미지와는 별개로 인간의 말과 음의 높낮이 등 소리를 흉내낼 수 있는 특이한 새이고 인간과 교감할 수 있는 특성 때문에 모차르트가 애완동물로 애지중지하던 새이다 모차르트는 돈을 쓰면 가계부에 적었는데 년 월 일 오스트리아 빈의 거리에서 애완 찌르레기 한 마리를 구입한 것으로 기록돼 있는데 이 새를 산 이유가 이 새가 모차르트 앞에서 그해 초 그가 세상에 내놓은 피아노협주곡 번 악장의 테마를 노래했기 때문이라고 한다 모차르트는 가계부에 이 새가 노래한 소절을 악보로 적고 아름다웠다는 감탄까지 썼다고 한다 찌르레기를 모티브로 한 캐릭터편집찌르레기를 본딴 슈퍼히어로가 있다포켓몬스터 시리즈　찌르꼬앵그리버드 시리즈 버블 춤추는 검은 구름 정체는찌르레기의 환상 군무 뉴스 년 월 일 찌르레기 마피아식 협박으로 탁란　모차르트가 애지중지한 찌르레기협주곡도 불렀다 연합뉴스 년 월 일

모든 데이터에 전처리를 적용하기 위해서는 apply() 함수를 사용합니다. 다음 코드는 title, category, content_text 3개의 피처에 apply() 함수를 적용한 것입니다. 이를 head() 함수로 출력하면 한글을 제외한 문자들이 제거된 것을 확인할 수 있습니다.

>>> 모든 데이터에 전처리 적용하기

```python
# 각 피처마다 데이터 전처리를 적용합니다.
df['title'] = df['title'].apply(lambda x: text_cleaning(x))
```

```python
df['category'] = df['category'].apply(lambda x: text_cleaning(x))
df['content_text'] = df['content_text'].apply(lambda x: text_cleaning(x))
df.head(5)
```

실행 결과

	title	category	content_text
0	찌르레기	찌르레기기속	찌르레기 이명 분류계동물계문척삭동물문강조강목참새목과찌르레기과속찌르레...
1	제라툴협동전 임무	스타크래프트 협동전 임무	관련 문서 스타크래프트 공허의 유산협동전 임무 상위 문서 제라툴 하위 ...
2	꾀꼬리	참새목	참새목 꾀꼬리과의 새 흔히 맑고 고운 울음소리의 대명사로 불리는 노란 새이다 들...
3	음유시인 비들 이야기	해리 포터 시리즈	롤링의 위저딩 월드 해리포터 시리즈마법사의 돌줄거리비밀의 방 줄거리아즈카반...
4	퀵 카멜	라스트 오리진전투원	상위 문서 라스트 오리진전투원경장형 공격기바이오로이드퀵 카멜 등급 부대 앵거...

다음 과정은 키워드를 추출한 뒤, 빈도 분석을 수행하는 과정입니다. 여기서 키워드를 추출한다는 것은 무엇을 의미할까요? 키워드 추출이란 좁은 의미에서는 **명사, 혹은 형태소 단위의 문자열**을 추출하는 것입니다. 이를 수행하기 위해 말뭉치라는 것을 만들어야 합니다.

말뭉치는 말 그대로 텍스트 데이터의 뭉텅이를 의미합니다. 이번 예제에서는 제목 단위, 카테고리 단위, 본문 단위의 키워드를 분석하기 위해 제목 말뭉치, 카테고리 말뭉치, 본문 말뭉치 총 3개의 말뭉치를 생성합니다.

다음 코드에서는 텍스트 피처를 tolist()로 추출한 뒤, join() 함수로 말뭉치를 생성해주었습니다. 실행 결과는 제목 말뭉치의 출력 결과입니다.

≫ 말뭉치 만들기

```python
# 각 피처마다 말뭉치를 생성합니다.
title_corpus = "".join(df['title'].tolist())
category_corpus = "".join(df['category'].tolist())
content_corpus = "".join(df['content_text'].tolist())
print(title_corpus)
```

찌르레기 제라툴협동전 임무 꾀꼬리 음유시인 비들 이야기 퀵 카멜 뇌진탕 건담 아스트레이 백마진 로이킴 윤준빈   슈
퍼스타 셰이크업 김일권정치인 한준수 이완용 지진 마법클래시 로얄 에밀리펜타스톰   금성홍기 갤럭시 폴드   등장인
물 버블앤그리버드 시리즈 미카즈키 오거스 제대 대통령 선거 빌 월튼 나무위키관선 운영진년 늑대소녀와 흑왕자 비퀸
애녀하임 덕스 경차 스무살우리   승강전 얼음얼음 열매 랩처 거인하스톤 다크 소울주문 삼국기 데이비드 킴 버블
텐죠인 아스카 서원대학교 치어리더 던전 앤 드래곤 시리즈몬스터 년 플레이오프 분류전생검신 프린세스 커넥트 등장인
물 메리아제노블레이드 유비 건담 로드 아스트레이 박노자 윤지오 베를린 포위전 올가 이츠카 제대 대통령 선거지역별
결과동남권 박영재성우 그룹 돌궐 신성현 냉매 다리우스리그 오브 레전드   윌리 웡카 블리치 캐릭터 목록 년 노트르담
대성당 화재사건 어클레메이터급 강습 상륙함 롯데그룹   러블리너스 스팬덤 야렌 브루노 부차라티 문호 스트레이 독스
등장인물 아오오니영화 늘 푸른 나무 당나라 전기뱀장어

이제 각 말뭉치 안에서 등장하는 형태소를 추출하겠습니다. 파이썬의 한국어 형태소 추출 라이브러
리 중 가장 쉽게 사용할 수 있는 konlpy를 사용합니다.

여기서 잠깐

☆ konlpy 설치 방법

konlpy를 사용하기 위해서는 아래와 같은 설치 과정이 필요합니다. 조금 더 자세한 설치 과정은 konlpy 공
식 문서(https://konlpy-ko.readthedocs.io/ko/v0.5.2/install/)를 참고하길 바랍니다.

① 컴퓨터에 Java SDK를 설치합니다.

② c++ 컴파일러를 설치합니다.
- 윈도우: Microsoft Visual C++ 14.0 설치 권장
- 맥 OS: Xcode 설치 권장
- 리눅스 OS: gcc 설치 권장

③ 아래와 같은 파이썬 패키지를 설치합니다.
- env_name) 'pip install konlpy'
- env_name) 'pip install jpype1'
- env_name) 'pip install Jpype1-py3'

다음 코드는 konlpy의 Okt tagger를 이용하여 형태소를 추출하는 과정입니다. 실행 결과
Counter 객체에 {'단어': '빈도'...} 형태로 키워드가 추출된 것을 확인할 수 있습니다. 그런데 추출
키워드를 자세히 살펴보면 한 글자 키워드 혹은 실질적인 의미가 없는 키워드('분류', '필요' 등의 형
태소)들을 발견할 수 있습니다. 이런 키워드는 어떻게 처리해주어야 할까요?

››› konlpy를 이용해 키워드 추출하기

```python
from konlpy.tag import Okt
from collections import Counter

# konlpy의 형태소 분석기로 명사 단위의 키워드를 추출합니다.
nouns_tagger = Okt()
nouns = nouns_tagger.nouns(content_corpus)
count = Counter(nouns)
count
```

실행 결과

```
Counter({'찌르레기': 16,
         '이명': 10,
         '분류': 53,
         '동물계': 3,
         '척삭동물문': 3,
         '강조': 24,
         '강목': 3,
         '참새목': 3,
         '속': 191,
         '종': 20,
         '멸종': 2,
         '위기': 37,
         '등급': 54,
         '관심': 48,
         '필요': 90,
         '과': 164,
         '조류': 2,
         '시베리아': 5,
         '사할린': 1,
         …})
```

우선 한 글자 키워드를 제거합니다. 특정한 의미를 가지는 한 글자 키워드는 따로 예외 처리를 해주
는 것이 좋지만 본 예제에서는 그러한 과정을 생략하겠습니다. 한 글자 키워드 제거는 다음 코드로
간단하게 적용할 수 있습니다.

›› 키워드 가다듬기: 한 글자 키워드 제거하기

```
# 한 글자 키워드를 제거합니다.
remove_char_counter = Counter({x : count[x] for x in count if len(x) > 1})
print(remove_char_counter)
```

실행 결과

Counter({'편집': 1206, '때문': 1009, '롯데': 841, '파트': 809, '공격': 628, '경우': 624, '능력': 600, '정도': 596, '자신': 536, '사용': 532, '이후': 520, '사람': 519, '다른': 460, '경차': 410, '유닛': 407, '모습': 405, '미카즈키': 399, '다리우스': 398, '사실': 389, '등장': 377, '위해': 369, '일본': 355, '한국': 353, '이름': 344, '상대': 337, '시간': 329, '하나': 328, '대한': 326, '문제': 315, '상황': 315, '유물': 309, '생각': 303, '또한': 303, '그룹': 290, '캐릭터': 289, '가장': 285, '모두': 278, '당시': 264, '괴물': 263, '사망': 260, '스킬': 250, '시즌': 249, '제라툴': 248, '전투': 248, '가지': 248, '기본': 247, '시작': 245, '피해': 244, '쿼터': 244, '자체': 232, '상태': 230, '대학': 230, '방어': 222, '속도': 221, '실제': 217, '이유': 216, '이상': 216, '운영': 215, '사건': 214, '현재': 213, '관련': 212, '인물': 210, '바다': 209, '문서': 208, '평가': 205, '매우': 204, '건담': 204, '추가': 202, '공허': 201, '모든': 201, '주인공': 200…})

이제, 실질적인 의미가 없는 키워드를 처리합니다. '입니다', '그', '저'… 같은 관사나 접속사 등은 실질적인 의미가 없는 키워드이면서 동시에 의미적인 독립을 할 수 없는 품사입니다. 이러한 키워드를 **불용어**라고 합니다. 텍스트 마이닝에서는 불용어를 분석 단계에서 제거하는 과정을 거칩니다.

이 단계에서 필요한 것이 **불용어 사전**입니다. 다음 코드의 stopwords가 한국어의 약식 불용어 사전 예시입니다. 이 불용어 사전에는 '아', '휴'처럼 키워드로서의 의미를 가지지 않는 형태소들이 포함되어 있습니다.

›› 키워드 가다듬기: 불용어 사전

```
# 한국어 약식 불용어 사전 예시 파일입니다. 출처 - (https://www.ranks.nl/stopwords/korean)
korean_stopwords_path = "../data/korean_stopwords.txt"

# 텍스트 파일을 오픈합니다.
with open(korean_stopwords_path, encoding='utf8') as f:
    stopwords = f.readlines()
stopwords = [x.strip() for x in stopwords]
print(stopwords[:10])
```

실행 결과

['아', '휴', '아이구', '아이쿠', '아이고', '어', '나', '우리', '저희', '따라']

현재 분석 중인 데이터에서만 적용되는 불용어도 추가해주어야 합니다. '상위', '문서', '내용'과 같은 단어를 불용어 사전에 추가해봅시다. 이 단어들은 나무위키 문서 페이지에서 많이 사용하는 단어이지만 특별한 의미를 가지지 않는 키워드입니다. 만약 이러한 불용어를 더 많이 추가한다면 키워드 분석의 질을 더욱 높일 수 있을 것입니다.

다음 코드는 새로운 불용어를 추가한 뒤, Counter 객체에서 불용어 리스트에 포함된 형태소를 제거하는 과정입니다.

>>> 키워드 가다듬기: 불용어 제거하기

```python
# 나무위키 페이지에 적용이 필요한 불용어를 추가합니다.
namu_wiki_stopwords = ['상위', '문서', '내용', '누설', '아래', '해당', '설명', '표기', '추가', '모든', '사용', '매우', '가장', '줄거리', '요소', '상황', '편집', '틀', '경우', '때문', '모습', '정도', '이후', '사실', '생각', '인물', '이름', '년월']
for stopword in namu_wiki_stopwords:
    stopwords.append(stopword)

# 키워드 데이터에서 불용어를 제거합니다.
remove_char_counter = Counter({x : remove_char_counter[x] for x in count if x not in stopwords})
print(remove_char_counter)
```

실행 결과

Counter({'롯데': 841, '파트': 809, '공격': 628, '능력': 600, '사람': 519, '경차': 410, '유닛': 407, '미카즈키': 399, '다리우스': 398, '등장': 377, '위해': 369, '일본': 355, '한국': 353, '상대': 337, '대한': 326, '문제': 315, '유물': 309, '그룹': 290, '캐릭터': 289, '가장': 285, '당시': 264, '괴물': 263, '사망': 260, '스칼': 250, '시즌': 249, '제라툴': 248, '전투': 248, '가지': 248, '기본': 247, '시작': 245, '피해': 244, '쿼터': 244, '자체': 232, '상태': 230, '대학': 230, '방어': 222, '속도': 221, '실제': 217, '이유': 216, '운영': 215, '사건': 214, '현재': 213, '관련': 212, '바다': 209, '평가': 205, '건담': 204, '공허': 201, '주인공': 200, '전사': 198, '시리즈': 194, '랩처': 194, '보호': 191, '게임': 186, '체력': 186, '경기': 186, '다시': 185, '이용': 184 …})

Step 3 시각화: 워드 클라우드 시각화하기

지금까지 분석한 키워드를 시각화합니다. 키워드 빈도 분석에 가장 적합한 시각화 방식은 **워드 클라우드** 기법입니다. 파이썬에서는 여러 가지 워드 클라우드 패키지를 제공하는데 그 중에서 가장 널리 사용되는 pytagcloud를 사용해보겠습니다. pytagcloud를 설치하고 사용하는 방법은 다음과 같습니다.

01. pip로 패키지 설치하기 아나콘다 프롬프트 혹은 터미널(cmd)에서 아래와 같은 명령어로 패키지를 설치해줍니다.

```
[Anaconda Powershell Prompt]

(pybook) C:\Users\yoonk> pip install pytagcloud pygame simplejson
```

02. 한글 폰트 다운로드받기 pytagcloud에서 한글 키워드를 출력하기 위해 몇 가지 준비가 필요합니다. 우선 한글 폰트 파일을 다운로드받습니다. 예제에서는 네이버에서 무료로 다운로드받을 수 있는 나눔 고딕 폰트를 사용하겠습니다. 폰트 파일을 다운받기 위해, 웹 브라우저에 다음과 같은 URL을 입력하여 접속합니다. 주소에 접속하면 자동으로 폰트 파일 다운로드가 시작됩니다.

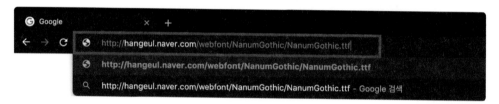

03. pytagcloud의 패키지 경로에 한글 폰트 복사하기 이제 다운로드 완료한 폰트를 아나콘다의 가상환경 라이브러리 패키지 경로에 복사해야 합니다. 가상환경 경로는 아나콘다 프롬프트 혹은 터미널(cmd)에서 아래의 명령어로 찾을 수 있습니다.

```
[Anaconda Powershell Prompt]

(pybook) C:\User\yoonk> where python
C:\Users\yoonk\Anaconda3\envs\pybook\python.exe
```

[Tip] 맥 OS, 리눅스 OS의 경우, where python 대신 which python을 입력합니다.

04. 명령어를 통해 출력한 가상환경 파이썬 경로는 C:\Users\yoonk\Anaconda3\envs\pybook\python.exe이며, 여기에서 python.exe를 제외한 경로가 바로 가상환경 라이브러리 경로입니다. 다음 그림은 이 경로를 확인한 것입니다.

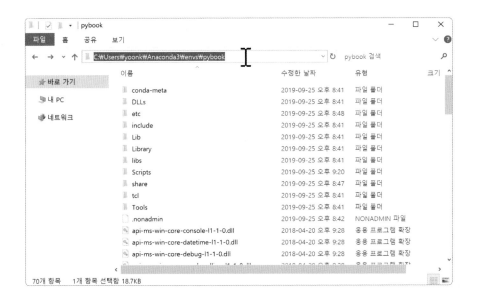

05. 이제 이 경로에 있는 Lib\site-packages\pytagcloud\fonts 폴더로 이동한 뒤, 다운로드 받은 나눔 고딕 폰트를 복사합니다.

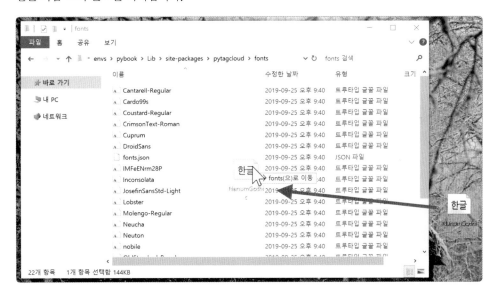

[Tip] 맥 OS, 리눅스 OS의 경우 /Users/yoonk/anaconda3/envs/pybook/lib/python3.8/site-packages/ pytagcloud/fonts의 경로에 위와 동일한 방법을 적용해줍니다.

06. fonts.json 파일 수정하기 현재 폴더에 있는 fonts.json 파일을 편집합니다. 메모장 혹은 기타 텍스트 편집기 프로그램을 이용하여 파일을 열고 모든 코드를 지운 후 아래와 같은 코드를 입력합니다.

```
[{
    "name": "NanumGothic",
    "ttf": "NanumGothic.ttf",
    "web": "http://fonts.googleapis.com/css?family=Nanum+Gothic"
}]
```

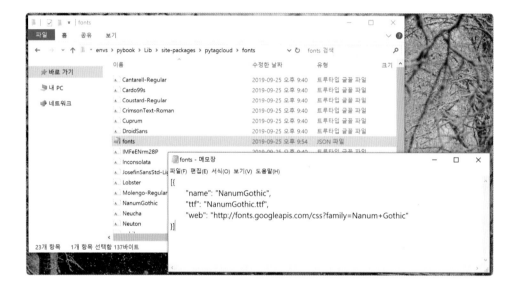

위의 과정을 모두 완료하였으면 이제 pytagcloud를 사용하여 키워드 정보 객체(Counter)로부터 가장 빈도수가 높은 n개의 키워드를 추출해보겠습니다.

다음 코드에서는 빈도수를 40개로 설정하였고, 디자인 관련 파라미터인 maxsize는 80으로 설정하였습니다. 그리고 주피터 노트북에서 이미지를 바로 출력하기 위해 Image 클래스를 사용합니다. 실행 결과는 모든 본문 페이지의 키워드를 시각화한 것입니다.

≫ pytagcloud 사용하기

```python
import random
import pytagcloud
import webbrowser
```

```
# 가장 출현 빈도수가 높은 40개의 단어를 선정합니다.
ranked_tags = remove_char_counter.most_common(40)

# pytagcloud로 출력할 40개의 단어를 입력합니다. 단어 출력의 최대 크기는 80으로 제한합니다.
taglist = pytagcloud.make_tags(ranked_tags, maxsize=80)

# pytagcloud 이미지를 생성합니다. 폰트는 나눔 고딕을 사용합니다.
pytagcloud.create_tag_image(taglist, 'wordcloud.jpg', size=(900, 600),
fontname='NanumGothic', rectangular=False)

# 생성한 이미지를 주피터 노트북상에서 출력합니다.
from IPython.display import Image
Image(filename='wordcloud.jpg')
```

실행 결과

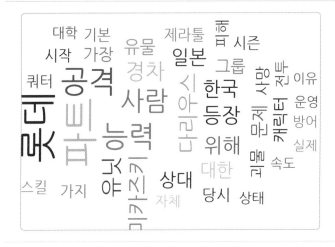

표로 정리하는 데이터 분석

핵심 내용	설명
정규표현식을 활용한 텍스트 전처리	텍스트 분석 방향에 맞는 문자를 선별하는 방법입니다. 예제에서는 한글을 추출하기 위한 정규표현식을 적용하였습니다.
형태소 분석기를 활용한 키워드 추출	konlpy 등의 형태소 분석기를 통해 데이터에서 키워드를 추출할 수 있습니다.
불용어 사전 적용	많이 등장하지만 실질적인 의미를 갖지 못하는 형태소를 '불용어'라고 정의하고, 이를 데이터에서 제거합니다.

2.3 특정 키워드가 있는 게시물 크롤링을 위해 트위터 API 사용하기

이번에는 SNS 데이터의 연관 키워드를 분석해보겠습니다. 예제에서는 가장 기본적인 관계 분석 방법인 **연관 규칙**Association Rule을 활용하여 키워드 간의 관계를 분석합니다. 그리고 이를 네트워크 그래프로 시각화하는 과정까지 학습합니다.

트위터 API 등록하기

트위터에서 제공하는 API 기능 중 특정 키워드를 포함한 게시물을 크롤링해주는 기능이 있습니다. 우리는 이 기능을 이용하여 SNS에서 '손흥민'이라는 키워드가 있는 게시물을 크롤링하겠습니다. 또한 데이터에 등장한 '손흥민'이라는 키워드와 연관된 키워드를 분석합니다.

먼저, 트위터 개발자 API를 사용하려면 다음과 같은 과정을 거쳐야 합니다.

01. 트위터 개발자 계정 등록 https://developer.twitter.com/en/apply-for-access에 접속하여 [Apply for a developer account] 버튼을 클릭하면 트위터 로그인 창이 팝업됩니다. 계정이 이미 있다면 로그인하고, 없다면 다음 과정을 따라 트위터 계정을 생성합니다.

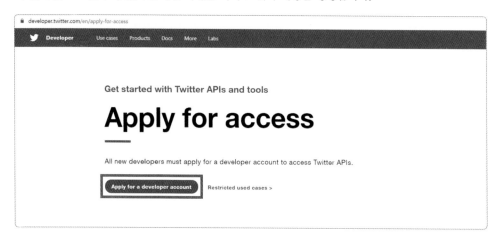

02. 아래와 같이 모든 설문을 채워 넣고 계정 등록 사유를 제출합니다.

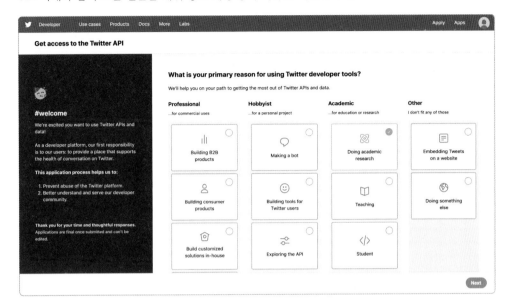

03. 소속 국가와 이름을 입력하고 [Next] 버튼을 클릭합니다.

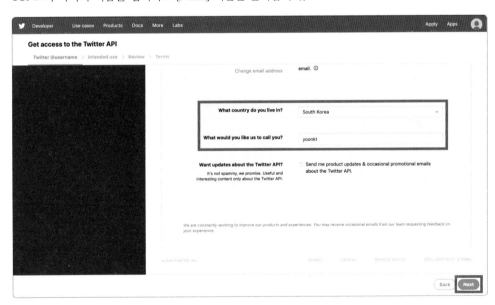

04. 입력한 사항이 맞는지 확인하고 [Next] 버튼을 클릭합니다.

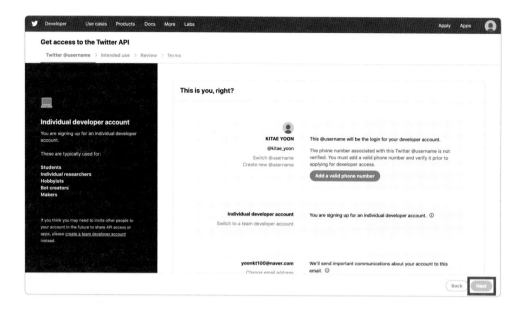

05. 제출 후 수 시간 ~ 수 일 내로 등록 확정 메일이 오고 문제없이 절차가 진행되었다면 계정 등록이 완료됩니다.

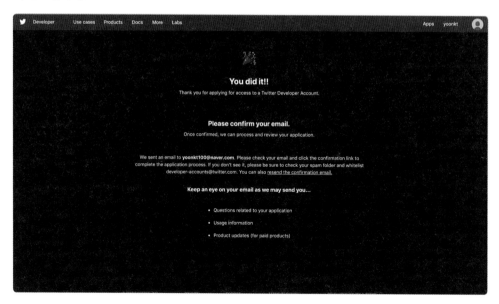

06. 개발자 앱 등록 개발자 등록 확인 메일을 받았다면 이제 개발자 앱을 등록합니다. https://developer.twitter.com/en/apps에 접속하여 오른쪽 상단의 [Apps] 버튼을 클릭합니다. 여기에서 [Create an app] 버튼을 클릭해 앱을 등록할 수 있습니다.

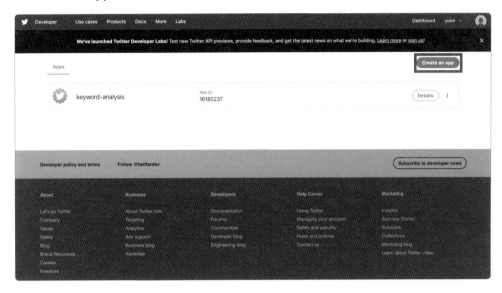

07. 등록 화면에서는 'App Name', 'Application Description', 'Website URL' 등과 같은 정보를 입력합니다.

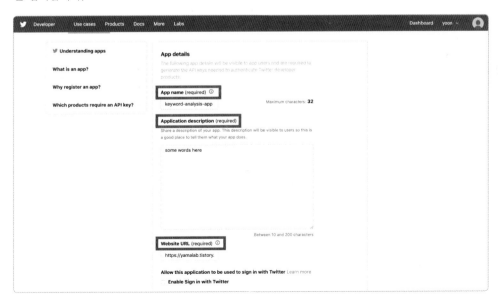

08. 입력란 중, 'required'로 되어있는 정보란을 반드시 채워주도록 합니다.

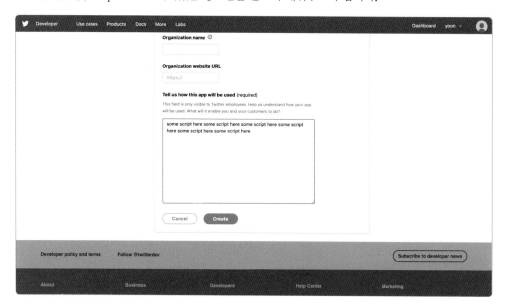

09. 요구 정보를 모두 입력하면 앱 등록이 완료됩니다.

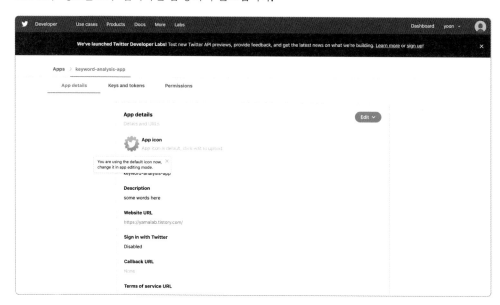

10. 등록이 완료된 화면에서 [Keys and tokens] 탭을 클릭한 뒤, 다음 그림과 같은 중요 정보를 확인합니다. 만약 이 정보들이 생성되지 않았다면 [Create] 버튼을 클릭해 보안 문자열을 새로 생성합니다.

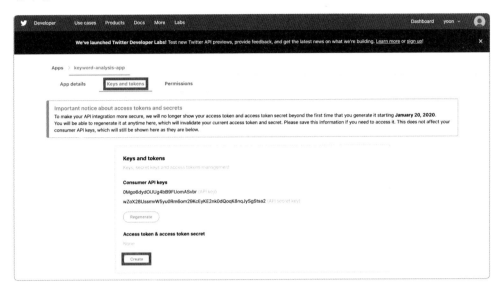

11. [Create] 버튼으로 'Access token & access token secret'을 생성하였다면, 아래와 같이 4개의 정보를 확인할 수 있습니다.

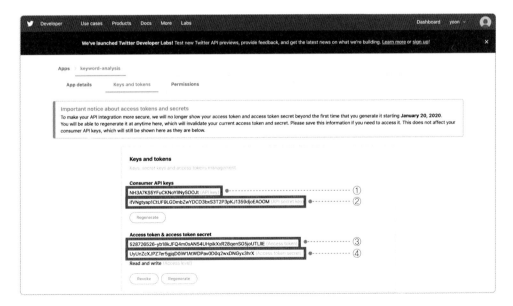

① Consumer Key (API Key)

② Consumer Secret (API Secret)

③ Access Token

④ Access Token Secret

파이썬 API 설정하기

이제 트위터 API를 사용할 수 있게 되었습니다. 파이썬에서 트위터 API를 사용하기 위해서는 다음과 같이 아나콘다에서 tweepy 라이브러리를 설치해야 합니다.

```
[Anaconda Powershell Prompt]

(pybook) C:\User\yoonk> pip install tweepy
```

트위터의 키워드 크롤링 기능을 사용하기에 앞서 트위터 앱에서 발급받은 KEY와 TOKEN 정보를 입력해야 합니다. 다음의 코드에 입력한 {your_key} 대신 자신이 발급받은 정보를 입력합니다. **11.**에서 확인한 4가지 정보입니다. 그리고 코드를 실행하면 tweepy의 OAuthHandler 클래스가 자동으로 개인정보 인증을 완료합니다.

>>> **파이썬 API 사용하기**

```python
import tweepy

# 발급 완료된 KEY를 {your_key} 대신 입력합니다.
CONSUMER_KEY = "{your_key}"
CONSUMER_SECRET = "{your_key}"
ACCESS_TOKEN_KEY = "{your_key}"
ACCESS_TOKEN_SECRET = "{your_key}"

# 개인정보 인증을 요청하는 Handler입니다.
auth = tweepy.OAuthHandler(CONSUMER_KEY, CONSUMER_SECRET)

# 인증 요청을 수행합니다.
auth.set_access_token(ACCESS_TOKEN_KEY, ACCESS_TOKEN_SECRET)
```

```
# twitter API를 사용하기 위한 준비입니다.
api = tweepy.API(auth)

# twitter API를 사용하여 '손흥민'이 포함된 트윗들을 크롤링한 뒤, entities에서 'user_
mentions', 'hashtags'를 추출합니다.
keyword = "손흥민"
tweets = api.search(keyword)
for tweet in tweets:
    print(tweet.entities['user_mentions'])
    print(tweet.entities['hashtags'])
    print(tweet.text)
```

위 코드에서 보는 바와 같이 특정 키워드 크롤링은 search() 함수로 수행하며, 여기에 entities()
함수를 적용하면 메타데이터에 접근할 수 있습니다. 다음은 메타데이터에서 user_mentions,
hashtags, text 정보를 출력한 것입니다.

실행 결과

```
[{'screen_name': 'sportsgkorea', 'name': '스포츠니어스', 'id': 756458099506974720, 'id_
str': '756458099506974720', 'indices': [3, 16]}]
[]
RT @sportsgkorea: '우리 홍'도 흥해랏 https://t.co/GdMKWGwdUh
[]
[{'text': '손흥민', 'indices': [108, 112]}]
- 흥민 의조선수 ( 국대 선수님들 파요  )
- 토트넘도 좋아요

★ 진입장벽 엄청 낮아요! 치대주세요:)
★ 디엠도 하고 친해지고 싶어요!
★ 여기에 흔적 남겨주시면 팔로+디엠갈게요

#손흥민… https://t.co/HEEhzP05Ky
[]
[]
'우리 홍'도 흥해랏 https://t.co/GdMKWGwdUh
[]
…
```

2.4 트위터 API로 '손흥민'과 연관된 키워드 분석하기

이번 예제에서 사용할 **연관 분석**Association Rule이란 데이터의 집합으로부터 특정한 규칙들을 찾아내는 분석 방법입니다. 이를테면 다음 [표 2-1]과 같은 장바구니 데이터가 있다면 '기저귀를 구매하는 사람들은 휴지도 함께 구매한다'라는 규칙을 예로 들 수 있습니다. 이 때, '기저귀를 구매한다'는 조건절, 그리고 '휴지를 구매한다'는 결과절이라고 합니다. 이러한 규칙을 평가할 수 있는 지표로는 지지도support와 신뢰도confidence, 그리고 향상도lift와 같은 지표들이 있습니다.

Index	데이터	Index	데이터
1	기저귀, 맥주, 속옷, 휴지	6	맥주, 기저귀
2	맥주, 땅콩, 오징어	7	속옷, 기저귀, 휴지
3	기저귀, 티셔츠, 수건	8	휴지, 속옷
4	맥주, 오징어, 휴지	9	수건, 휴지
5	기저귀, 휴지	10	수건, 기저귀, 휴지

[표 2-1] 장바구니 데이터

여기서 잠깐

☆ **연관 규칙의 평가 지표**

[표 2-1]에서 '기저귀를 구매한다'는 조건절을 A, '휴지를 구매한다'는 결과절을 B라고 표현할 때, A의 **지지도**는 support A = P(A)라고 나타낼 수 있습니다. 10회의 거래 중 '기저귀'가 6번 등장했기 때문에 0.6 = 6/10으로 계산됩니다. 규칙에 대한 지지도 support A → B는 P(A∩B) = 0.4로 계산할 수 있습니다.

신뢰도는 confidence A → B : P(B|A) = P(A∩B) / P(A)와 같은 조건부 확률로 나타낼 수 있으며, 이는 조건절 A가 일어난 데이터에서 B가 포함된 비율을 의미합니다. P(A∩B)인 트랜잭션의 개수는 4개이므로, P(B|A)는 0.4/0.6 = 0.66으로 계산됩니다.

향상도는 lift A → B : P(B|A) / P(B) = P(A∩B) / P(A) * P(B)으로 나타낼 수 있습니다. 일반적으로 향상도는 1보다 큰 것이 좋습니다. [표 2-1]의 A → B 규칙에서의 향상도는 약 0.95 정도입니다.

SNS에서 '손흥민'과 연관된 키워드는 무엇일까?

아래 그림은 키워드 간의 연관 규칙 점수를 네트워크 그래프로 표현한 것입니다. 데이터 수집 당시에 손흥민 선수가 새롭게 모델로 발탁되었던 광고와 관련된 키워드, 그리고 국가대표 축구와 관련된 키워드로 크게 두 가지의 연관 키워드 네트워크가 형성된 것을 볼 수 있습니다. 또한 다른 키워드와 연관이 없는 독립된 키워드들도 다수 존재하는 것을 확인할 수 있습니다.

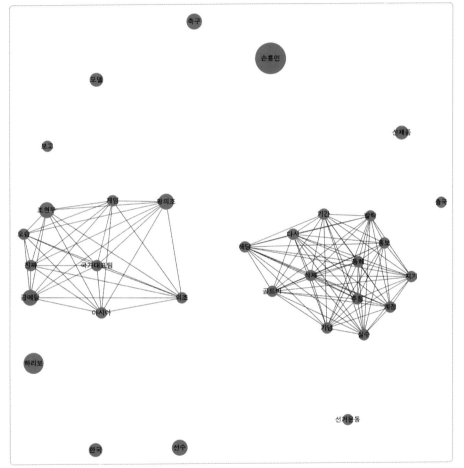

분석 결과: SNS 데이터에서 추출한 '손흥민' 관련 키워드의 연관 규칙

API 호출: 트위터 API로 데이터 가져오기

앞서 '트위터 API 등록하기'에서 살펴보았던 방법으로 '손흥민'이라는 키워드를 포함한 트윗 데이터를 수집해봅시다.

먼저, 크롤링된 메타데이터에서 텍스트 데이터만을 수집합니다. 다음 코드처럼 Cursor 객체를 이용하면 1000개의 트윗 데이터를 수집할 수 있습니다.

>>> **API 데이터로 데이터 프레임 생성하기**

```python
# -*- coding: utf-8 -*-

%matplotlib inline

import pandas as pd
import numpy as np
import matplotlib.pyplot as plt

import tweepy

# 발급 완료된 키를 {your_key} 대신 입력합니다.
CONSUMER_KEY = "{your_key}"
CONSUMER_SECRET = "{your_key}"
ACCESS_TOKEN_KEY = "{your_key}"
ACCESS_TOKEN_SECRET = "{your_key}"

# 개인정보 인증을 요청하는 Handler입니다.
auth = tweepy.OAuthHandler(CONSUMER_KEY, CONSUMER_SECRET)

# 인증 요청을 수행합니다.
auth.set_access_token(ACCESS_TOKEN_KEY, ACCESS_TOKEN_SECRET)

# 트위터 API를 사용하기 위한 준비입니다.
api = tweepy.API(auth)

# 크롤링된 데이터를 저장할 데이터 프레임입니다.
columns = ['created', 'tweet_text']
df = pd.DataFrame(columns=columns)
```

```
# 크롤링을 수행할 갯수를 입력하고, Cursor 객체를 사용하여 크롤링을 수행합니다.
max_tweets = 1000
searched_tweets = [status for status in tweepy.Cursor(api.search, q=keyword).
    items(max_tweets)]

# '손흥민'이 포함된 1000개의 트윗들에서, 'text', 'created_at' 정보를 데이터 프레임으로 저장합니다.
for tweet in searched_tweets:
    tweet_json = tweet._json
    tweet_text = tweet_json['text']
    created = tweet_json['created_at']
    row = [created, tweet_text]
    series = pd.Series(row, index=df.columns)
    df = df.append(series, ignore_index=True)
```

이를 데이터 프레임 형태로 정리한 결과는 다음과 같습니다.

실행 결과

	created	tweet_text
0	2019-04-01 10:55:00	Legends At New Spurs Stadium\nTottenham Hotspu…
1	2019-04-01 10:52:30	RT @PerSON7a: TS트릴리온, 축구국가대표 손흥민 선수 TS샴푸 모델로 기…
2	2019-04-01 10:49:33	RT @SON78PAY019: 손흥민이 이쁘지~ 깐 밤같애~\n\nㅋㅋㅋㅋㅋㅋㅋㅋ…
3	2019-04-01 10:49:03	귀여워♥ #손흥민 https://t.co/hstR1vALAf
4	2019-04-01 10:45:26	RT @mediatodaynews: 경남도민일보 "(프로축구연맹은) 경기장 안에서 …

Step 2 추출: 키워드 추출하기

키워드 추출 단계에서는 한글 문자열을 기준으로 키워드 추출을 수행합니다. 데이터에서 한글 문자열만을 추출한 결과는 다음과 같습니다. text_cleaning() 함수로 데이터 프레임에 정규표현식을 적용합니다.

```
import re

# 텍스트 정제 함수: 한글 이외의 문자는 전부 제거합니다.
def text_cleaning(text):
    hangul = re.compile('[^ ㄱ-ㅣ가-힣]+') # 한글의 정규표현식을 나타냅니다.
    result = hangul.sub('', text)
    return result

# 'tweet_text' 피처에 이를 적용합니다.
df['ko_text'] = df['tweet_text'].apply(lambda x: text_cleaning(x))
df.head()
```

실행 결과

	created	tweet_text	ko_text
0	2019-04-01 10:55:00	Legends At New Spurs Stadium\nTottenham Hotspu...	
1	2019-04-01 10:52:30	RT @PerSON7a: TS트릴리온, 축구국가대표 손흥민 선수 TS샴푸 모델로 기...	트릴리온 축구국가대표 손흥민 선수 샴푸 모델로 기용 출처 한국경제 네이버 뉴스
2	2019-04-01 10:49:33	RT @SON78PAY019: 손흥민이 이쁘지~ 깐 밤같애~\n\nㅋㅋㅋㅋㅋㅋㅋ...	손흥민이 이쁘지 깐 밤같애ㅋㅋㅋㅋㅋㅋㅋㅋㅋㅋㅋㅋㅋㅋㅋㅋㅋㅋ뭐 ...
3	2019-04-01 10:49:03	귀여워♥ #손흥민 https://t.co/hstR1vALAf	귀여워 손흥민
4	2019-04-01 10:45:26	RT @mediatodaynews: 경남도민일보 "(프로축구연맹은) 경기장 안에서 ...	경남도민일보 프로축구연맹은 경기장 안에서 선거운동을 하는 것은 손흥민에게 영국 ...

이번에는 형태소 데이터를 연관 분석에 용이한 데이터 형태로 만들기 위해 말뭉치를 만들지 않고 **하나의 열 데이터 단위**로 키워드를 추출합니다. 이 과정에서는 Okt 클래스의 nouns를 사용하여 명사 단위의 키워드를 추출합니다. 이 모든 과정은 다음의 get_nouns()라는 함수에 정의하였습니다.

```python
from konlpy.tag import Okt
from collections import Counter

# 한국어 약식 불용어 사전 예시 파일입니다. 출처 - (https://www.ranks.nl/stopwords/korean)
korean_stopwords_path = "../data/korean_stopwords.txt"
with open(korean_stopwords_path, encoding='utf8') as f:
    stopwords = f.readlines()
stopwords = [x.strip() for x in stopwords]

def get_nouns(x):
    nouns_tagger = Okt()
    nouns = nouns_tagger.nouns(x)

    # 한 글자 키워드를 제거합니다.
    nouns = [noun for noun in nouns if len(noun) > 1]

    # 불용어를 제거합니다.
    nouns = [noun for noun in nouns if noun not in stopwords]

    return nouns

# 'ko_text' 피처에 이를 적용합니다.
df['nouns'] = df['ko_text'].apply(lambda x: get_nouns(x))
print(df.shape)
df.head()
```

실행 결과

(525, 4)

	created	tweet_text	ko_text	nouns
0	2019-04-01 10:55:00	Legends At New Spurs Stadium\nTottenham Hotspu...		[]
1	2019-04-01 10:52:30	RT @PerSON7a: TS트릴리온, 축구국가대표 손흥민 선수 TS샴푸 모델로 기...	트릴리온 축구국가대표 손흥민 선수 샴푸 모델로 기용 출처 한국경제 네이버 뉴스	[트릴, 리온, 축구, 국가대표, 손흥민, 선수, 샴푸, 모델, 기용, 출처, 한국...
2	2019-04-01 10:49:33	RT @SON78PAY019: 손흥민이 이쁘지~ 깐 밤같애 ~\n\nㅋㅋㅋㅋㅋㅋㅋ...	손흥민이 이쁘지 깐 밤같애ㅋㅋ ㅋㅋㅋㅋㅋㅋㅋㅋㅋㅋㅋㅋ ㅋㅋㅋㅋㅋㅋㅋㅋㅋㅋㅋ뭐 ...	[손흥민, 말씀]

| 3 | 2019-04-01 10:49:03 | 귀여워🖤 #손흥민 https://t.co/hstR1vALAf | 귀여워 손흥민 | [손흥민] |
| 4 | 2019-04-01 10:45:26 | RT @mediatodaynews: 경남도민일보 "(프로축구연맹 은) 경기장 안에서 … | 경남도민일보 프로축구연맹은 경기장 안에서 선거운동을 하는 것은 손흥민에게 영국 … | [경남, 도민, 일보, 프로축구, 연맹, 경기장, 선거운동, 손흥 민, 영국, 관중,… |

Step 3 분석: 연관 분석을 이용한 키워드 분석하기

Step 2 추출까지 실행한 결과, 키워드 데이터를 연관 분석의 '장바구니 데이터'와 유사한 형태로 정리할 수 있었습니다. apyori라는 라이브러리를 사용하면 이러한 형태의 데이터에서 연관 규칙을 쉽게 실행할 수 있습니다. 우선, 아래처럼 아나콘다 프롬프트를 실행하여 apyori 라이브러리를 설치합시다.

```
[Anaconda Powershell Prompt]

(pybook) C:\User\yoonk> pip install apyori
```

그리고 다음과 같이 apyori 라이브러리를 사용해 연관 규칙의 지지도, 신뢰도, 향상도, 나아가 규칙의 조건절과 결과절까지 확인할 수 있습니다.

>>> **파이썬에서 연관 분석 사용하기**

```python
from apyori import apriori

# 장바구니 형태의 데이터(트랜잭션 데이터)를 생성합니다.
transactions = [
    ['손흥민', '시소코'],
    ['손흥민', '케인'],
    ['손흥민', '케인', '포체티노']
]

# 연관 분석을 수행합니다.
results = list(apriori(transactions))
for result in results:
    print(result)
```

RelationRecord(items=frozenset({'손흥민'}), support=1.0, ordered_statistics=[OrderedStatistic(items_base=frozenset(), items_add=frozenset({'손흥민'}), confidence=1.0, lift=1.0)])

RelationRecord(items=frozenset({'시소코'}), support=0.3333333333333333, ordered_statistics=[OrderedStatistic(items_base=frozenset(), items_add=frozenset({'시소코'}), confidence=0.3333333333333333, lift=1.0)])

RelationRecord(items=frozenset({'케인'}), support=0.6666666666666666, ordered_statistics=[OrderedStatistic(items_base=frozenset(), items_add=frozenset({'케인'}), confidence=0.6666666666666666, lift=1.0)])

...

위 코드에서 사용된 apriori() 함수는 Apriori 알고리즘을 적용하여 연관 규칙을 계산하는 함수입니다. Apriori 알고리즘이란 데이터에서 생성될 수 있는 가능한 모든 연관 규칙 중에 빈발 집합Frequent sets만을 우선적으로 고려하여 규칙 생성의 과정을 간소화한 것입니다. 일반적인 연관 분석은 데이터에서 생성될 수 있는 모든 규칙을 계산하기 때문에 Apriori와 같은 빈도 제한 알고리즘을 사용하는 것이 더욱 효율적입니다.

Apriori는 초월 집합Superset이라는 개념을 도입하여 규칙의 형태를 제한합니다. {(A), {A,B}, (A,B,C)...}라는 규칙의 집합이 있다고 할 때, (A, B)와 (A,B,C)를 A의 초월 집합이라고 합니다. 만약 규칙 (A)의 지지도가 의미 있는 수준을 넘지 못한다면 초월 집합들의 지지도는 더욱 작을 것입니다. 이 때문에 A의 초월 집합들은 굳이 계산할 필요가 없는 규칙들이 됩니다. 따라서 (A)의 초월 집합들을 제한하면 일종의 가지치기처럼 규칙의 형태를 효율적으로 제한할 수 있습니다.

아래의 코드는 분석 결과와 관련된 파라미터를 설정하는 방법입니다. 규칙의 최소 지지도, 최소 신뢰도, 최소 향상도와 더불어 규칙의 크기까지 조절이 가능합니다. 이러한 조건을 설정함으로써 연관 분석을 조금 더 효율적으로 수행할 수 있습니다.

```python
# 지지도 0.5, 신뢰도 0.6, 향상도 1.0 이상이면서 (손흥민, 케인)처럼 규칙의 크기가 2 이하인 규칙을
추출합니다.
list(apriori(transactions,
            min_support=0.5,
            min_confidence=0.6,
            min_lift=1.0,
            max_length=2))
```

[RelationRecord(items=frozenset({'손흥민'}), support=1.0, ordered_statistics=[OrderedStatistic(items_base=frozenset(), items_add=frozenset({'손흥민'}), confidence=1.0, lift=1.0)]), RelationRecord(items=frozenset({'케인'}), support=0.6666666666666666, ordered_statistics=[OrderedStatistic(items_base=frozenset(), items_add=frozenset({'케인'}), confidence=0.6666666666666666, lift=1.0)]), RelationRecord(items=frozenset({'손흥민', '케인'}), support=0.6666666666666666, ordered_statistics=[OrderedStatistic(items_base=frozenset({'손흥민'}), items_add=frozenset({'케인'}), confidence=0.6666666666666666, lift=1.0), OrderedStatistic(items_base=frozenset({'케인'}), items_add=frozenset({'손흥민'}), confidence=1.0, lift=1.0)])]

이제 연관 분석을 트위터 키워드에 적용합니다. 우선 df['nouns'].tolist()로 데이터를 apyori에 활용 가능한 리스트 데이터로 변환합니다. 그리고 적당한 superset의 규칙을 설정해준 뒤, 연관 규칙을 추출합니다.

≫≫ 트위터 연관 키워드 분석하기

```
# 트랜잭션 데이터를 추출합니다.
transactions = df['nouns'].tolist()
# 공백 문자열을 방지합니다.
transactions = [transaction for transaction in transactions if transaction]
print(transactions)
```

[['트릴', '리온', '축구', '국가대표', '손흥민', '선수', '샴푸', '모델', '기용', '출처', '한국', '경제', '네이버', '뉴스'], ['손흥민', '말씀'], ['손흥민', '경남', '도민', '일보', '프로축구', '연맹', '경기장', '선거운동', '손흥민', '영국', '관중', '인종차별', '행위', '보고', '축구장', '선거운동', '규정', '위반', '이야기'], ['선택', '손흥민', '축구'], ['토트넘', '골수팬', '승부사', '제일', '선수', '손흥민', '입다'], ['계정', '지기', '실수', '삭제', '다시', '하리보', '손흥민', '홍보', '모델', '발탁', '기념', '해당', '추첨', '통해', '하리보', '골드바', '기간'], ['안녕하십니까', '손흥민', '트위터', '매우', '오늘', '경기도', '관심'], ['계정', '지기', '실수', '삭제', '다시', '하리보', '손흥민', '홍보', '모델', '발탁', '기념', '해당', '추첨', '통해', '하리보', '골드바', '기간'], ['출국', '손흥민'], ['출국', '손흥민'], ['한국', '축구', '국가대표팀', '조현우', '손흥민', '황의조', '선수', '아시아', '게임', '금메달', '조현우', '손흥민', '황의조', '금메달', '모습', '의조', '진짜'], ['한국', '축구', '국가대표팀', '조현우', '손흥민', '황의조', '선수', '아시아', '게임', '금메달', '조현우', '손흥민', '황의조', '금메달'…]]

```
# 연관 분석을 수행합니다.
results = list(apriori(transactions,
                       min_support=0.05,
                       min_confidence=0.1,
                       min_lift=5,
                       max_length=2))
print(results)
```

실행 결과

[RelationRecord(items=frozenset({'게임', '국가대표팀'}), support=0.14285714285714285, ordered_statistics=[OrderedStatistic(items_base=frozenset({'게임'}), items_add=frozenset({'국가대표팀'}), confidence=1.0, lift=7.0), OrderedStatistic(items_base=frozenset({'국가대표팀'}), items_add=frozenset({'게임'}), confidence=1.0, lift=7.0)]), RelationRecord(items=frozenset({'금메달', '게임'}), support=0.14285714285714285, ordered_statistics=[OrderedStatistic(items_base=frozenset({'게임'}), items_add=frozenset({'금메달'}), confidence=1.0, lift=7.0), OrderedStatistic(items_base=frozenset({'금메달'}), items_add=frozenset({'게임'}), confidence=1.0, lift=7.0)])...]

이 결과를 새로운 데이터 프레임 network_df로 생성합니다. 이 데이터 프레임의 각 열은 연관 규칙의 조건절(source), 결과절(target), 그리고 규칙의 지지도(support)로 지정하였습니다.

```
# 데이터 프레임 형태로 정리합니다.
columns = ['source', 'target', 'support']
network_df = pd.DataFrame(columns=columns)

# 규칙의 조건절을 'source', 결과절을 'target', 지지도를 'support'라는 데이터 프레임의 피처로
변환합니다.
for result in results:
    if len(result.items) == 2:
        items = [x for x in result.items]
        row = [items[0], items[1], result.support]
        series = pd.Series(row, index=network_df.columns)
        network_df = network_df.append(series, ignore_index=True)

network_df.head()
```

	source	target	support
0	게임	국가대표팀	0.142857
1	금메달	게임	0.142857
2	모습	게임	0.142857
3	아시아	게임	0.142857
4	게임	의조	0.142857

이번에는 키워드 각각의 빈도를 계산하여 저장해봅시다. 다음 코드는 말뭉치에서 키워드 빈도수를 계산하는 과정입니다. 이 과정에서 한 글자 키워드는 모두 제거하였고, 더불어 빈도수가 50 미만인 키워드도 제거하였습니다. 이러한 데이터는 node라는 데이터 프레임으로 생성하였습니다.

>>> 키워드 빈도 추출하기

```
# 말뭉치를 추출합니다.
tweet_corpus = "".join(df['ko_text'].tolist())

from konlpy.tag import Okt
from collections import Counter

# 명사 키워드를 추출합니다.
nouns_tagger = Okt()
nouns = nouns_tagger.nouns(tweet_corpus)
count = Counter(nouns)

# 한 글자 키워드를 제거합니다.
remove_char_counter = Counter({x : count[x] for x in count if len(x) > 1})

# 키워드와 키워드 빈도 점수를 'node', 'nodesize'라는 데이터 프레임의 피처로 생성합니다.
node = pd.DataFrame(remove_char_counter.items(), columns=['node', 'nodesize'])
# 시각화의 편의를 위해 'nodesize' 50 이하는 제거합니다.
node = node_df[node_df['nodesize'] >= 50]
node.head()
```

	node	nodesize
0	축구	140
1	손흥민	560
2	선수	140
3	모델	105
4	한국	105

Step 4 시각화: 연관 키워드 네트워크 시각화하기

이제 network_df, node 이렇게 2개의 데이터 프레임으로 네트워크 시각화를 수행합니다. 이 역시 간단한 코드로 실행 가능합니다. 우선 다음과 같이 networkx 라이브러리를 설치합니다.

```
[Anaconda Powershell Prompt]

(pybook) C:\User\yoonk> pip install networkx
```

그리고 아래 코드와 같이 네트워크 그래프를 생성해봅니다. 마치 matplotlib에서 그래프 객체를 생성하듯 nx.Graph()로 객체를 생성합니다. 그리고 node 데이터에 add_node()를 적용하여 그래프의 노드를 생성합니다.

>>> 연관 키워드 네트워크 시각화하기

```python
import networkx as nx
plt.figure(figsize=(25,25))

# networkx 그래프 객체를 생성합니다.
G = nx.Graph()

# node의 키워드 빈도수를 데이터로 하여 네트워크 그래프의 '노드' 역할을 하는 원을 생성합니다.
for index, row in node.iterrows():
    G.add_node(row['node'], nodesize=row['nodesize'])
```

```
# network_df의 연관 분석 데이터를 기반으로 네트워크 그래프의 '관계' 역할을 하는 선을 생성합니다.
for index, row in network_df.iterrows():
    G.add_weighted_edges_from([(row['source'], row['target'], row['support'])])

# 그래프 디자인과 관련된 파라미터를 설정합니다.
pos = nx.spring_layout(G, k=0.6, iterations=50)
sizes = [G.nodes[node]['nodesize']*25 for node in G]
nx.draw(G, pos=pos, node_size=sizes)

# 윈도우 사용자는 AppleGothic 대신,'Malgun Gothic'. 그 외 OS는 OS에서 한글을 지원하는 기본
폰트를 입력합니다.
nx.draw_networkx_labels(G, pos=pos, font_family='AppleGothic', font_size=25)

# 그래프를 출력합니다.
ax = plt.gca()
plt.show()
```

그러면 아래의 그래프에서 보이는 빨간 동그라미들이 생성됩니다. 노드 사이를 연결하는 선은
network_df 데이터에 add_weighted_edges_from() 함수를 적용하여 생성할 수 있습니다.

실행 결과

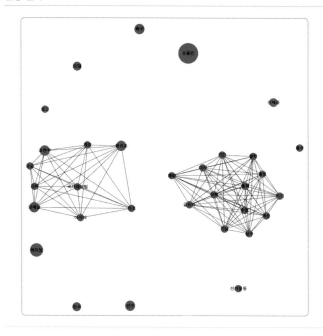

⚠ 그래프를 그릴 때 한 가지 주의할 것은 draw_networkx_labels에 들어가는 font_family 파라미터입니다. 만약 한글을 지원하지 않는 폰트를 입력하는 경우, 그래프에서 글자가 깨지는 현상이 발생할 수 있습니다. 맥 OS 이용자의 경우 'AppleGothic'처럼 한글을 지원하는 기본 폰트를 입력해야 하고, 윈도우 사용자는 'Malgun Gothic', 그리고 그 외 OS에서도 한글을 지원하는 기본 폰트를 입력해야 합니다.

▮▮▮ 표로 정리하는 데이터 분석

핵심 내용	설명
연관 규칙 분석	트랜잭션 데이터에 연관 규칙을 적용하고, 키워드 간의 지지도(support), 신뢰도(confidence), 향상도(lift)를 검토해보아야 합니다.
Apriori 알고리즘 적용	큰 규모의 데이터를 처리하기 위해서는 Apriori와 같은 알고리즘을 도입해야 합니다. Apriori는 superset을 이용하여 빈도가 낮은 하위 집합을 가지치기하는 방법입니다.

1. 아래의 데이터셋을 기반으로 ①~③번 문제를 해결해봅시다.

>>> **online_retail 데이터셋**

```
# -*- coding: utf-8 -*-
%matplotlib inline

import pandas as pd
import numpy as np
import matplotlib.pyplot as plt
import seaborn as sns

# Actual transactions from UK retailer
df = pd.read_csv("../data/online_retail.csv",
                dtype={'CustomerID': str,'InvoiceID': str},
                encoding="ISO-8859-1")
df['InvoiceDate'] = pd.to_datetime(df['InvoiceDate'],
                                format="%m/%d/%Y %H:%M")
df = df.dropna()
df.head()
```

실행 결과

	Invoice No	Stock Code	Description	Quantity	Invoice Date	Unit Price	Customer ID	Country
0	536365	85123A	WHITE HANGING HEART T-LIGHT HOLDER	6	2010-12-01 08:26:00	2.55	17850	United Kingdom
1	536365	71053	WHITE METAL LANTERN	6	2010-12-01 08:26:00	3.39	17850	United Kingdom

2	536365	84406B	CREAM CUPID HEARTS COAT HANGER	8	2010-12-01 08:26:00	2.75	17850	United Kingdom
3	536365	84029G	KNITTED UNION FLAG HOT WATER BOTTLE	6	2010-12-01 08:26:00	3.39	17850	United Kingdom
4	536365	84029E	RED WOOLLY HOTTIE WHITE HEART.	6	2010-12-01 08:26:00	3.39	17850	United Kingdom

① Description 피처의 텍스트 정보를 확인합니다.

② 텍스트 데이터셋에서 단어를 추출합니다.

③ 추출한 단어를 이용하여 워드 클라우드를 출력합니다.

미래를 예측하는 데이터 분석

'2054년 워싱턴. 범죄가 일어나기 전 범죄를 예측해 범죄자를 단죄하는 최첨단 치안 시스템 프리크라임이 시민들을 보호한다. 프리크라임 시스템은 범죄가 일어날 시간과 장소, 범행을 저지를 사람까지 미리 예측해내고, 이를 바탕으로 프리크라임 특수경찰이 미래의 범죄자들을 체포한다.'

2002년 개봉한 SF영화 〈마이너리티 리포트〉의 범죄 예측 시스템 '프리크라임'에 대한 소개입니다. 우리는 **예측 분석**을 통해 이와 비슷한 일을 할 수 있습니다. 예측 분석이란 데이터를 분석하여 특정 결과를 미리 예측해보는 것입니다. 이번 Chapter에서는 이러한 예측 분석의 종류를 알아보겠습니다.

이 장의 핵심 개념

1. 지도 학습과 비(非)지도 학습의 개념을 이해합니다.

2. 회귀 분석으로 예측을 수행합니다.

3. 시계열 데이터의 트렌드를 예측합니다.

4. 수학적 기법을 활용하여 평점을 예측합니다.

미리보는 데이터 분석

✓ 프로야구 선수의 다음 해 연봉 예측

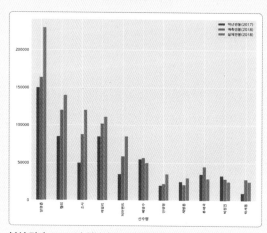

분석 결과: 2017년 연봉과 2018년 연봉, 그리고 예측연봉 그래프

✓ 재미로 알아보는 내일의 비트코인 시세

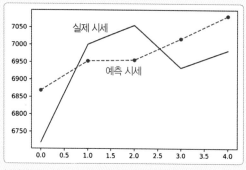

분석 결과: 5일간의 비트코인 시세 예측 그래프

3.1 프로야구 선수의 다음 해 연봉 예측하기

예제에 들어가기에 앞서 예측 분석의 가장 대표적인 방법인 **회귀 분석**을 살펴보겠습니다. 회귀 분석이란 독립변수(X)와 종속변수(Y) 간의 관계를 찾아내는 것입니다. 아래 그래프와 같은 일차 방정식(Y = wX + b)을 예로 들 수 있습니다.

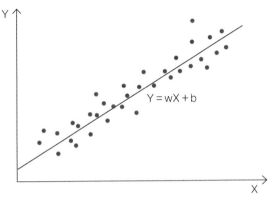

[그림 3-1] 회귀 분석과 일차 방정식

위 그래프에서 회귀 분석이란 실제 데이터(빨간 점들)와 거리가 최소가 되는 방정식(선)을 찾아내는 것입니다. 즉, 방정식의 계수 w와 b를 잘 정하는 것이라고 할 수 있습니다. 그렇다면 회귀 분석을 데이터 분석에 어떻게 적용하는 것일까요? 이를 우리에게 익숙한 표 형태의 데이터로 살펴봅시다.

아래의 표에서 '나이', '몸무게' 피처는 방정식의 X1, X2, 그리고 '키'는 방정식의 Y로 정의할 수 있습니다. 여기에 X1의 영향력을 나타내는 w1, X2의 영향력을 나타내는 w2, 상수 b를 사용하면 Y = w1X1 + w2X2 + b라는 방정식이 완성됩니다.

Index	X1 (나이)	X2 (몸무게)	Y (키)
1	23	65.3	175.5
2	14	32.5	141.0
3	17	71.1	166.4
4	18	63.3	???

[표 3-1] 나이, 몸무게, 키 데이터

회귀 분석은 표의 1~3번 데이터로 계수를 추정하는 것이라고 할 수 있습니다. 이를 통해 방정식의 계수를 추정하면 아직 알려지지 않은 4번 데이터의 키를 예측할 수 있습니다.

여기서 1~3번 데이터는 **학습 전용 데이터셋**, 그리고 4번 데이터는 **테스트 전용 데이터셋**이라고 합니다. 그리고 이러한 학습 방식을 **지도 학습**이라고 합니다. 지도 학습의 과정은 수험생의 공부 과정에 비유할 수 있습니다. 수험생은 모의고사를 정답과 함께 공부한 뒤, 이를 평가하는 실제 수능을 보기 때문입니다.

↗ 분석 미리보기

프로야구 선수들의 다음 해 연봉을 예측해보자.

이번 예제에서는 회귀 분석으로 야구 선수들의 다음 해 연봉을 예측하는 과정을 설명합니다. 아래의 그래프는 예제의 분석 결과를 미리 살펴본 것입니다.

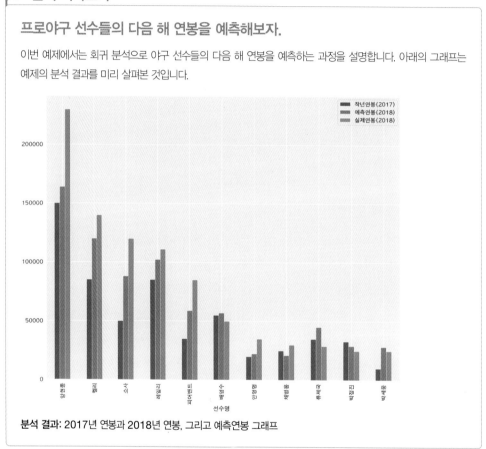

분석 결과: 2017년 연봉과 2018년 연봉, 그리고 예측연봉 그래프

Step 1 탐색: 프로야구 연봉 데이터 살펴보기

예제에서 사용할 연봉 데이터셋의 기본 정보를 살펴봅시다. 데이터의 기초 탐색결과는 다음과 같습니다. 프로야구 연봉 데이터셋은 총 152개이며, 22개 피처로 구성되어 있습니다. 이 22개의 피처는 선수가 가지고 있는 기록(승, 패, 홈런 등의 수치)들에 대한 세부 정보를 나타냅니다.

[Tip] 본 데이터는 http://www.statiz.co.kr의 연봉 데이터를 수집한 것입니다.

››› 프로야구 연봉 데이터셋의 기본 정보 구하기

```
# -*- coding: utf-8 -*-
%matplotlib inline

import pandas as pd
import numpy as np
import matplotlib.pyplot as plt

# Data Source : http://www.statiz.co.kr/
picher_file_path = '../data/picher_stats_2017.csv'
batter_file_path = '../data/batter_stats_2017.csv'
picher = pd.read_csv(picher_file_path)
batter = pd.read_csv(batter_file_path)

picher.columns
```

실행 결과

```
Index(['선수명', '팀명', '승', '패', '세', '홀드', '블론', '경기', '선발', '이닝', '삼진/9',
       '볼넷/9', '홈런/9', 'BABIP', 'LOB%', 'ERA', 'RA9-WAR', 'FIP', 'kFIP', 'WAR',
       '연봉(2018)', '연봉(2017)'],
      dtype='object')
```

```
picher.head()
```

실행 결과

	선수명	팀명	승	패	세	홀드	블론	경기	선발	이닝	…	홈런/9	BABIP	LOB%	ERA	RA9-WAR	FIP	kFIP	WAR	연봉(2018)	연봉(2017)
0	켈리	SK	16	7	0	0	0	30	30	190,0	…	0,76	0,342	73,7	3,60	6,91	3,69	3,44	6,62	140000	85000
1	소사	LG	11	11	1	0	0	30	29	185,1	…	0,53	0,319	67,1	3,88	6,80	3,52	3,41	6,08	120000	50000
2	양현종	KIA	20	6	0	0	0	31	31	193,1	…	0,79	0,332	72,1	3,44	6,54	3,94	3,82	5,64	230000	150000
3	차우찬	LG	10	7	0	0	0	28	28	175,2	…	1,02	0,298	75,0	3,43	6,11	4,20	4,03	4,63	100000	100000
4	레일리	롯데	13	7	0	0	0	30	30	187,1	…	0,91	0,323	74,1	3,80	6,13	4,36	4,31	4,38	111000	85000

```
print(picher.shape)
```

실행 결과

```
(152, 22)
```

이번 예제에서 예측할 회귀 분석의 목표(Y값)는 데이터의 '연봉(2018)' 피처입니다. 다음 코드는 이를 히스토그램과 상자 그림Box Plot으로 시각화한 것입니다.

여기서 잠깐

☆ **상자 그림(Box Plot)**

상자 그림은 데이터의 사분위값 특성을 이용하여 데이터의 분포를 파악하는 그림 표현 방법입니다. 그림 가운데의 Q2는 데이터의 중앙값median을 의미하며, 박스 모양의 위(Q1) 아래(Q3) 부분은 각각 데이터에서 25%, 75%에 해당하는 부분을 의미합니다. 그리고 박스 바깥 위쪽의 점선은 Q1에 1.5 × IQR의 값을 더한 위치이며 박스 바깥 아래쪽 점선은 Q3에 1.5 × IQR을 뺀 위치입니다. 이 두 점선을 위쪽 안 울타리upper inner fence와 아래쪽 안 울타리lower inner fence라고 부릅니다. matplotlib로 출력할 수 있는 상자 그림에서는 안 울타리 내의 최소값과 최대값을 직선으로 표현합니다. 그리고 안 울타리를 벗어난 데이터는 점의 형태로 표현합니다. 이를 통해 점으로 표현된 데이터는 일반적인 범주를 조금 벗어나는 데이터로 인식할 수 있습니다.

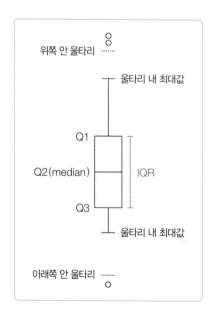

```
picher['연봉(2018)'].describe()
```

실행 결과

```
count       152.000000
mean      18932.236842
std       30940.732924
min        2700.000000
25%        4000.000000
50%        7550.000000
75%       18500.000000
max      230000.000000
Name: 연봉(2018), dtype: float64
```

```
picher['연봉(2018)'].hist(bins=100) # 2018년 연봉 분포를 출력합니다.
```

실행 결과

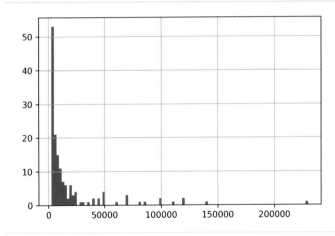

※ 단위는 만 원(10,000원)

```
picher.boxplot(column=['연봉(2018)']) # 연봉의 상자 그림을 출력합니다.
```

실행 결과

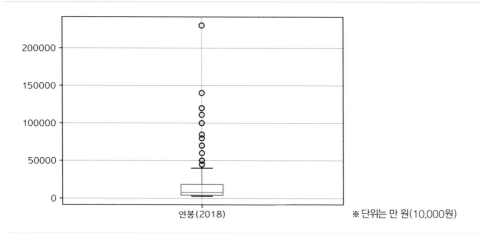

연봉(2018)　　　　　　　　　　※ 단위는 만 원(10,000원)

히스토그램에서는 연봉의 분포를 파악할 수 있으며, 상자 그림에서는 연봉의 일반적인 범주를 파악할 수 있습니다. 흔히 말하는 '수십억대 연봉'을 받는 프로 선수는 별로 많지 않으며, 5억 원 미만의 연봉이 일반적인 것으로 보이는군요.

다음으로 각각의 피처들은 어떤 특성을 가지고 있는지 살펴봅시다. 아래의 실행 결과는 '선수명'이나 '팀명'과 같이 그래프로 표현할 수 없는 피처들을 제외한 뒤, 모든 수치형 피처의 분포를 시각화한 것입니다. 이를 통해 몇몇 피처들은 매우 불균형한 분포를 가지고 있다는 것을 알 수 있습니다.

>>> 회귀 분석에 사용할 피처 살펴보기

```
picher_features_df = picher[['승', '패', '세', '홀드', '블론', '경기', '선발', '이닝', '삼
진/9', '볼넷/9', '홈런/9', 'BABIP', 'LOB%', 'ERA', 'RA9-WAR', 'FIP', 'kFIP', 'WAR', '연봉
(2018)', '연봉(2017)']]

# 피처 각각에 대한 히스토그램을 출력합니다.
def plot_hist_each_column(df):
    plt.rcParams['figure.figsize'] = [20, 16]
    fig = plt.figure(1)
```

```
# df의 열 개수 만큼의 subplot을 출력합니다.
for i in range(len(df.columns)):
    ax = fig.add_subplot(5, 5, i+1)
    plt.hist(df[df.columns[i]], bins=50)
    ax.set_title(df.columns[i])
plt.show()

plot_hist_each_column(picher_features_df)
```

실행 결과

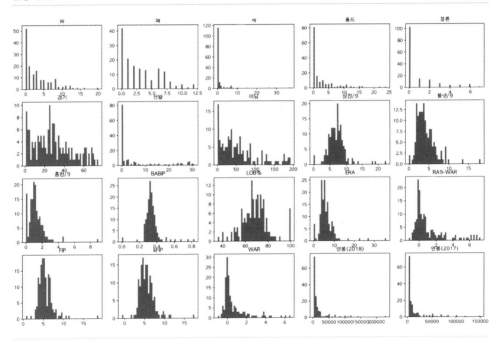

또 한 가지 그래프를 통해 알 수 있는 것은 각 피처 간의 단위가 다르다는 것입니다. 예를 들어 '홈 런/9'라는 피처는 x축이 0~8 사이의 값인 반면, '이닝'이라는 피처는 0~200 사이의 값을 포함하고 있습니다. 이러한 데이터는 피처의 정규화 혹은 스케일링이 되어있지 않은 데이터입니다.

☆ **피처의 정규화**

피처의 정규화는 좁은 의미로 **피처 스케일링**Feature Scaling을 의미합니다. 만약 '키'와 '몸무게'라는 2개의 피처로 나이를 예측하는 회귀 분석을 한다고 할 때, 회귀 분석은 '키를 나타내는 상수'에 의해 더 큰 영향을 받을 수 있습니다. 같은 단위라면 몸무게보다는 키의 값이 더 크기 때문입니다. 이러한 피처들의 단위를 0~1 사이, 혹은 상대적 값을 표현할 수 있는 수치로 맞춰주는 것이 피처 스케일링입니다. 전체 데이터 내에서의 상대적인 계산을 통해 150~180이었던 키를 0~1 사이의 값으로 표현하고 몸무게도 0~1 사이의 값으로 표현하는 것을 예로 들 수 있습니다.

Step 2 예측: 투수의 연봉 예측하기

다음 코드에서는 여러 가지 피처 스케일링의 방법 중 표준화 방법을 적용하였습니다. 표준화는 정규 분포에서의 z-값을 구하는 과정과 동일합니다.

[Tip] z-값은 ((X) − (X의 평균) / X의 표준편차로 구합니다.

>>> 피처들의 단위 맞춰주기: 피처 스케일링

```python
# 판다스 형태로 정의된 데이터를 출력할 때 scientific-notation이 아닌 float 모양으로 출력되게
해줍니다.
pd.options.mode.chained_assignment = None

# 피처 각각에 대한 스케일링을 수행하는 함수를 정의합니다.
def standard_scaling(df, scale_columns):
    for col in scale_columns:
        series_mean = df[col].mean()
        series_std = df[col].std()
        df[col] = df[col].apply(lambda x: (x-series_mean)/series_std)
    return df

# 피처 각각에 대한 스케일링을 수행합니다.
scale_columns = ['승', '패', '세', '홀드', '블론', '경기', '선발', '이닝', '삼진/9',
        '볼넷/9', '홈런/9', 'BABIP', 'LOB%', 'ERA', 'RA9-WAR', 'FIP', 'kFIP', 'WAR',
        '연봉(2017)']
picher_df = standard_scaling(picher, scale_columns)
```

```
picher_df = picher_df.rename(columns={'연봉(2018)': 'y'})
picher_df.head(5)
```

실행 결과

	선수명	팀명	승	패	세	홀드	블론	경기	선발	이닝 …	홀런/9	BABIP	LOB%	ERA	RA9-WAR	FIP	kFIP	WAR	y	연봉(2017)
0	켈리	SK	3.313623	1.227145	-0.306452	-0.585705	-0.543592	0.059433	2.452068	2.645175 …	-0.442382	0.016783	0.446615	-0.587056	3.174630	-0.971030	-1.058125	4.503142	140000	2.734705
1	소사	LG	2.019505	2.504721	-0.098500	-0.585705	-0.543592	0.059433	2.349505	2.547755 …	-0.668521	-0.241686	-0.122764	-0.519855	3.114968	-1.061888	-1.073265	4.094734	120000	1.337303
2	양현종	KIA	4.348918	0.907751	-0.306452	-0.585705	-0.543592	0.111056	2.554632	2.706808 …	-0.412886	-0.095595	0.308584	-0.625456	2.973948	-0.837415	-0.866361	3.761956	230000	5.329881
3	차우찬	LG	1.760682	1.227145	-0.306452	-0.585705	-0.543592	-0.043811	2.246942	2.350927 …	-0.186746	-0.477680	0.558765	-0.627856	2.740722	-0.698455	-0.760385	2.998081	100000	3.333592
4	레일리	롯데	2.537153	1.227145	-0.306452	-0.585705	-0.543592	0.059433	2.452068	2.587518 …	-0.294900	-0.196735	0.481122	-0.539055	2.751570	-0.612941	-0.619085	2.809003	111000	2.734705

연속형이 아닌 범주형 피처들은 어떻게 정규화할 수 있을까요? 범주형 피처에는 **원-핫 인코딩**이라는 방법을 적용해야 합니다. 판다스에서는 get_dummies()라는 함수로 간단하게 원-핫 인코딩을 적용할 수 있습니다. 다음 실행 결과는 원-핫 인코딩의 적용 결과입니다.

여기서 잠깐

☆ **원-핫 인코딩(One-Hot Encoding)**

[0.2, 1.2, 100, ...] 같은 연속형 피처는 컴퓨터가 계산할 수 있는 형태입니다. 하지만 '과일 종류' 같은 범주형 피처는 컴퓨터가 계산할 수 없습니다. 이러한 피처를 컴퓨터가 이해할 수 있는 형태로 바꿔주어야 합니다. 가장 대표적인 변환 방식은 원-핫 인코딩입니다. 만약 '과일 종류'라는 범주가 5개라면 아래의 그림 같은 5개의 벡터로 표현할 수 있습니다.

		사과	오렌지	키위	멜론	참외
		↓	↓	↓	↓	↓
사과	=	1	0	0	0	0
오렌지	=	0	1	0	0	0
키위	=	0	0	1	0	0
멜론	=	0	0	0	1	0
참외	=	0	0	0	0	1

```
# 팀명 피처를 원-핫 인코딩으로 변환합니다.
team_encoding = pd.get_dummies(picher_df['팀명'])
picher_df = picher_df.drop('팀명', axis=1)
picher_df = picher_df.join(team_encoding)
team_encoding.head(5)
```

실행 결과

	KIA	KT	LG	NC	SK	두산	롯데	삼성	한화
0	0	0	0	0	1	0	0	0	0
1	0	0	1	0	0	0	0	0	0
2	1	0	0	0	0	0	0	0	0
3	0	0	1	0	0	0	0	0	0
4	0	0	0	0	0	0	1	0	0

이제 회귀 분석 모델을 학습시킬 준비가 거의 완료되었습니다. 한 가지 더 준비할 것은 모델의 **학습 데이터셋**(학습 전용 데이터셋)과 모델의 **테스트 데이터셋**(테스트 전용 데이터셋)으로 데이터를 분리하는 것입니다.

파이썬에서는 sklearn이라는 모듈의 train_test_split() 함수로 이를 수행할 수 있습니다. 다음 코드의 실행 결과, (X_train, y_train):(X_test, y_test) = 8:2의 비율로 총 4개의 데이터가 생성됩니다. X_train과 y_train은 학습 데이터셋, 그리고 X_test와 y_test는 테스트 데이터셋을 의미합니다.

```
from sklearn import linear_model
from sklearn.model_selection import train_test_split
from sklearn.metrics import mean_squared_error
from math import sqrt

# 학습 데이터와 테스트 데이터로 분리합니다.
X = picher_df[picher_df.columns.difference(['선수명', 'y'])]
y = picher_df['y']
X_train, X_test, y_train, y_test = train_test_split(X, y, test_size=0.2, random_state=19)
```

이제 회귀 분석을 수행하는 코드를 살펴보겠습니다. 다음 코드에서는 sklearn 라이브러리의 LinearRegression()으로 모델 오브젝트를 선언한 뒤, 해당 오브젝트에 model = lr.fit(X_train, y_train) 코드를 실행시킵니다. 그러면 아래의 결과처럼 학습이 완료된 회귀식의 계수를 출력할 수 있습니다.

>>> **회귀 분석 계수 학습 & 학습된 계수 출력**

```
# 회귀 분석 계수를 학습합니다. (회귀 모델 학습)
lr = linear_model.LinearRegression()
model = lr.fit(X_train, y_train)

# 학습된 계수를 출력합니다.
print(lr.coef_)
```

실행 결과

```
[ -1481.01733901    -416.68736601   -94136.23649209    -1560.86205158
   1572.00472193    -747.04952389    -1375.53830289     -523.54687556
   3959.10653661     898.37638984    10272.48746451     77672.53804469
  -2434.38947427    -892.11801281      449.91117164      7612.15661812
   1271.04500059   -2810.55645139     5396.97279896     -4797.30275904
   -250.69773139     236.02530053    19130.59021357       854.02604585
   1301.61974637    3613.84063182     -935.07281796     18144.60099745]
```

Step 3 **평가: 예측 모델 평가하기**

회귀 분석은 statsmodel 라이브러리의 OLS 클래스로도 실행이 가능합니다. OLS 클래스의 summary() 함수를 사용하면 다음의 실행 결과처럼 계수에 대한 자세한 분석 내용을 살펴볼 수 있습니다.

```
import statsmodels.api as sm

# statsmodel 라이브러리로 회귀 분석을 수행합니다.
X_train = sm.add_constant(X_train)
model = sm.OLS(y_train, X_train).fit()
model.summary()
```

실행 결과

Dep. Variable:	y	**R-squared:**	0.928
Model:	OLS	**Adj. R-squared:**	0.907
Method:	Least Squares	**F-statistic:**	44.19
Date:	Sat, 09 Mar 2019	**Prob (F-statistic):**	7.70e-42
Time:	19:19:52	**Log-Likelihood:**	-1247.8
No. Observations:	121	**AIC:**	2552.
Df Residuals:	93	**BIC:**	2630.
Df Model:	27		
Covariance Type:	nonrobust		

	coef	std err	t	P>|t|	[0.025	0.975]
const	1.678e+04	697.967	24.036	0.000	1.54e+04	1.82e+04
BABIP	-1481.0173	1293.397	-1.145	0.255	-4049.448	1087.414
ERA	-416.6874	2322.402	-0.179	0.858	-5028.517	4195.143
FIP	-9.414e+04	9.43e+04	-0.998	0.321	-2.81e+05	9.31e+04
KIA	303.1852	2222.099	0.136	0.892	-4109.462	4715.833
KT	3436.0520	2133.084	1.611	0.111	-799.831	7671.935
LG	1116.9978	2403.317	0.465	0.643	-3655.513	5889.509
LOB%	-1375.5383	1564.806	-0.879	0.382	-4482.933	1731.857
NC	1340.5004	2660.966	0.504	0.616	-3943.651	6624.652
RA9-WAR	3959.1065	2931.488	1.351	0.180	-1862.247	9780.460
SK	2762.4237	2243.540	1.231	0.221	-1692.803	7217.650

WAR	1.027e+04	2532.309	4.057	0.000	5243.823	1.53e+04
kFIP	7.767e+04	7.95e+04	0.977	0.331	−8.03e+04	2.36e+05
경기	−2434.3895	2953.530	−0.824	0.412	−8299.515	3430.736
두산	971.9293	2589.849	0.375	0.708	−4170.998	6114.857
롯데	2313.9585	2566.009	0.902	0.370	−2781.627	7409.544
볼넷/9	7612.1566	6275.338	1.213	0.228	−4849.421	2.01e+04
블론	1271.0450	1242.128	1.023	0.309	−1195.576	3737.666
삼성	−946.5092	2482.257	−0.381	0.704	−5875.780	3982.762
삼진/9	5396.9728	7286.221	0.741	0.461	−9072.019	1.99e+04
선발	−4797.3028	5489.352	−0.874	0.384	−1.57e+04	6103.463
세	−250.6977	1295.377	−0.194	0.847	−2823.059	2321.663
승	236.0253	2215.264	0.107	0.915	−4163.049	4635.100
연봉(2017)	1.913e+04	1270.754	15.055	0.000	1.66e+04	2.17e+04
이닝	854.0260	6623.940	0.129	0.898	−1.23e+04	1.4e+04
패	1301.6197	1935.935	0.672	0.503	−2542.763	5146.003
한화	5477.8879	2184.273	2.508	0.014	1140.355	9815.421
홀드	−935.0728	1637.923	−0.571	0.569	−4187.663	2317.518
홈런/9	1.814e+04	1.68e+04	1.082	0.282	−1.52e+04	5.14e+04

Omnibus:	28.069	Durbin−Watson:	2.025
Prob(Omnibus):	0.000	Jarque−Bera (JB):	194.274
Skew:	−0.405	Prob(JB):	6.52e−43
Kurtosis:	9.155	Cond. No.	3.92e+16

위 실행 결과에서는 결정 계수(R-squared), 혹은 수정 결정 계수(Adj. R-squared)라는 점수를 눈여겨볼 필요가 있습니다. 이 점수들은 회귀 분석이 얼마나 잘 되었는지 평가하는 지표이며, '회귀 분석으로 추정한 모델이 주어진 데이터를 얼마나 잘 설명하는가?'에 대한 점수입니다. 이 점수들이 1에 가까울수록 데이터를 잘 설명하는 모델이라고 할 수 있습니다.

다음으로 F 통계량(F-statistic)이라는 수치를 살펴봅니다. F 통계량은 회귀식의 유의성 검정에 사용되는 값으로 F 통계량에 대한 p-value인 Prob(F-statistic) 수치와 함께 살펴봐야 합니다. 일반적으로 p-value가 0.05 이하면 'F 통계량이 유의한 의미를 가진다'라는 결론을 내려도 무방하며 이는 회귀 분석이 유의미한 결과를 가진다는 것입니다.

또한 표의 P〉|t|라는 정보는 각 피처의 검정 통계량(t-statistics)이 얼마나 유의미한지에 대한 p-value를 나타내는 것입니다. 위 분석에서는 'WAR', '연봉(2017)', '한화' 3개 피처의 p-value가 0.05 미만으로 나타났기 때문에 회귀 분석에서 유의미한 피처들이라는 결론을 내릴 수 있습니다.

다음으로 지금까지 학습한 coef(계수) 값들을 시각화하여 살펴봅시다.

⟫⟫ 어떤 피처가 가장 영향력이 강한 피처일까

```
# 한글 출력을 위한 사전 설정 단계입니다.
mpl.rc('font', family='NanumGothicOTF')
plt.rcParams['figure.figsize'] = [20, 16]

# 회귀 계수를 리스트로 반환합니다.
coefs = model.params.tolist()
coefs_series = pd.Series(coefs)

# 변수명을 리스트로 반환합니다.
x_labels = model.params.index.tolist()

# 회귀 계수를 출력합니다.
ax = coefs_series.plot(kind='bar')
ax.set_title('feature_coef_graph')
ax.set_xlabel('x_features')
ax.set_ylabel('coef')
ax.set_xticklabels(x_labels)
```

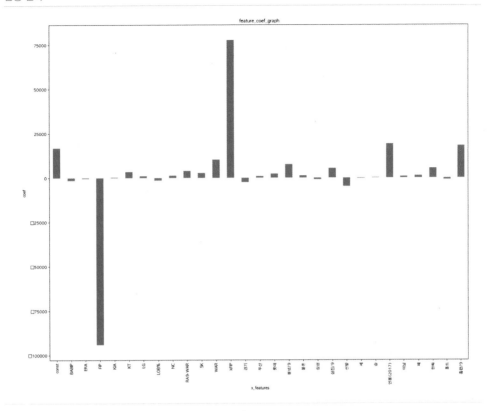

이에 대한 위 코드의 시각화 결과, FIP, WAR, 홈런, 작년 연봉 피처가 가장 영향력이 큰 것으로 보입니다. 현재까지의 피처 탐색결과는 다음과 같이 정리할 수 있습니다.

피처명	유의미한 피처인가?	영향력이 큰 피처인가?
FIP	×	○
WAR	○	○
홈런	×	○
작년 연봉	○	○
팀(한화)	○	△

다음으로 아래의 출력 결과는 수정 결정 계수(R2 score)를 sklean의 LinearRegression 클래스로 출력해봅시다.

>>> **예측 모델의 평가하기: R2 score**

```
# 학습 데이터와 테스트 데이터로 분리합니다.
X = picher_df[picher_df.columns.difference(['선수명', 'y'])]
y = picher_df['y']
X_train, X_test, y_train, y_test = train_test_split(X, y, test_size=0.2, random_
                                                    state=19)

# 회귀 분석 모델을 학습합니다.
lr = linear_model.LinearRegression()
model = lr.fit(X_train, y_train)

# 회귀 분석 모델을 평가합니다.
print(model.score(X_train, y_train)) # train R2 score를 출력합니다.
print(model.score(X_test, y_test)) # test R2 score를 출력합니다.
```

실행 결과

```
0.9276949405576705
0.8860171644977815
```

실행 결과의 각 값은 학습 데이터셋과 테스트 데이터셋에 대한 평가 점수를 의미하며, 이 두 점수는 최대한 벌어지지 않는 것이 좋습니다. 만약 학습 점수가 테스트 점수에 비해 높다면 과적합overfit이 발생한 것입니다. 모의고사에만 특화된 공부를 한 나머지, 실제 시험의 새로운 유형에 적응하지 못하는 경우라고 비유할 수 있습니다.

회귀 모델을 평가할 때는 RMSE^{Root Mean Square Error} score라는 측정 지표를 활용할 수도 있습니다. 이 점수는 실제값과 예측값의 차이를 절대적인 수치로 나타낸 것입니다. 이 값이 높으면 높을수록 예측이 부정확하다는 것을 의미합니다. 다음 코드는 RMSE score를 출력한 것입니다.

```
# 회귀 분석 모델을 평가합니다.
y_predictions = lr.predict(X_train)
print(sqrt(mean_squared_error(y_train, y_predictions))) # train RMSE score를 출력합니다.
y_predictions = lr.predict(X_test)
print(sqrt(mean_squared_error(y_test, y_predictions))) # test RMSE score를 출력합니다.
```

실행 결과

```
7282.718684746374
14310.696436889144
```

 미니 퀴즈 3-1

Train score, 그리고 Test score의 차이점은 무엇일까요? 그리고 어떤 점수가 더 높아야 할까요?

학습 데이터셋을 통해 계산한 점수와 테스트 데이터셋을 통해 계산한 점수 간에는 어떤 차이가 있는 것인지 적어봅시다. 그리고 이 두 점수의 차이가 크다면 어떤 상황을 의미하는 것인지 생각해봅시다.

이번에는 피처들의 상관 관계를 살펴보기 위해 heatmap 방식의 시각화를 사용하겠습니다. 이를 통해 승-이닝, kFIP-FIP, RA9_WAR-WAR 등의 피처 쌍에서 높은 연관성을 발견할 수 있습니다.

>>> 피처들의 상관 관계 분석하기

```
import seaborn as sns

# 피처 간의 상관계수 행렬을 계산합니다.
corr = picher_df[scale_columns].corr(method='pearson')
show_cols = ['win', 'lose', 'save', 'hold', 'blon', 'match', 'start',
        'inning', 'strike3', 'ball4', 'homerun', 'BABIP', 'LOB',
        'ERA', 'RA9-WAR', 'FIP', 'kFIP', 'WAR', '2017']

# corr 행렬 히트맵을 시각화합니다.
plt.rc('font', family='NanumGothicOTF')
sns.set(font_scale=1.5)
```

```
hm = sns.heatmap(corr.values,
        cbar=True,
        annot=True,
        square=True,
        fmt='.2f',
        annot_kws={'size': 15},
        yticklabels=show_cols,
        xticklabels=show_cols)

plt.tight_layout()
plt.show()
```

실행 결과

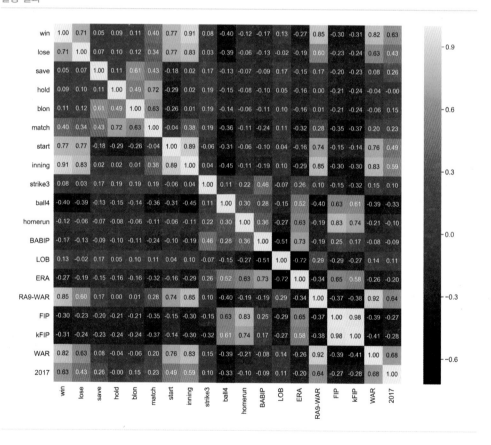

하지만 회귀 분석은 피처 간의 '독립성'을 전제로 하는 분석 방법이기 때문에 올바른 회귀 분석을 하려면 이러한 피처 쌍을 제거해야 합니다. 그래서 **다중 공선성**이라는 것을 살펴봐야 합니다. 다중 공선성이란 변수 간 상관 관계가 높아 분석에 부정적인 영향을 미치는 것을 의미합니다. 다중 공선성을 살펴봄으로써 여러 피처 간의 연관성을 고려했을 때 어떤 피처를 제거하는 것이 옳은 판단일지 혹은 제거하는 것 자체가 맞는 판단인지에 대한 기준을 제시해줄 수 있습니다.

다중 공선성은 **분산팽창요인**Variance Inflation Factor(VIF)이라는 계수로 평가할 수 있습니다. 일반적으로 VIF 계수가 10~15 정도를 넘으면 그 피처는 다중 공선성의 문제가 발생했다고 판단합니다.

다중 공선성을 평가하는 코드는 다음과 같습니다. [variance_inflation_factor(X.values, i) for i in range(X.shape[1])]라는 반복문을 통해 데이터의 각 피처마다 variance_inflation_factor() 함수를 적용해줍니다. 이를 실행한 결과, 많은 개수의 피처가 다중 공선성 문제를 가진 것을 알 수 있습니다.

>>> 회귀 분석 예측 성능을 높이기 위한 방법: 다중 공선성 확인

```
from statsmodels.stats.outliers_influence import variance_inflation_factor

# 피처마다의 VIF 계수를 출력합니다.
vif = pd.DataFrame()
vif["VIF Factor"] = [variance_inflation_factor(X.values, i) for i in range(X.
        shape[1])]
vif["features"] = X.columns
vif.round(1)
```

실행 결과

	VIF Factor	features
0	3.2	BABIP
1	10.6	ERA
2	14238.3	FIP
3	1.1	KIA
4	1.1	KT
5	1.1	LG
6	4.3	LOB%
7	1.1	NC

8	13.6	RA9-WAR
9	1.1	SK
10	10.4	WAR
11	10264.1	kFIP
12	14.6	경기
13	1.2	두산
14	1.1	롯데
15	57.8	볼넷/9
16	3.0	블론
17	1.2	삼성
18	89.5	삼진/9
19	39.6	선발
20	3.1	세
21	8.0	승
22	2.5	연봉(2017)
23	63.8	이닝
24	5.9	패
25	1.1	한화
26	3.8	홀드
27	425.6	홈런/9

☀ **미니 퀴즈 3-2**

적절한 피처를 선정하여 다시 학습해봅시다.

위의 예제로부터 알게 된 사실은 다음과 같습니다. WAR, 연봉(2017), FIP, WAR, 볼넷/9, 삼진/9, 홈런/9)이라는 피처들이 회귀식에 큰 영향을 미치고, 그중에서 유의미한 피처는 'WAR', '연봉(2017)' 정도라는 것입니다. 또한 'FIP', 'kFIP'와 같이 강한 상호 연관성을 가진 피처들은 높은 VIF 수치를 보인다는 것도 알 수 있었습니다. 이러한 요소들을 고려하여 사용할 피처를 다시 선별한 뒤 회귀 분석을 수행해봅시다. 이 때의 Train score, Test score가 어떻게 향상되는지, 새로운 피처들의 다중 공선성은 얼마나 되는지를 살펴봅시다.

시각화: 분석 결과 시각화하기

마지막 단계에서는 회귀 분석을 통해 얻어낸 예측연봉과 2018년의 실제연봉 데이터를 비교하는 시각화 자료를 만들어봅시다.

다음의 코드는 회귀 분석 모델의 predict() 함수를 사용하여 2018년의 연봉을 예측하고, 이를 원래의 데이터 프레임에 '예측연봉'이라는 새로운 열로 합치는 과정입니다. 전체 코드를 실행하면 [선수명, 실제연봉(2018), 예측연봉(2018), 작년연봉(2017)]을 columns로 하는 데이터 프레임을 출력할 수 있습니다. 단, 데이터 프레임을 생성할 때 한 가지 추가된 조건은 '재계약하여 연봉이 변화한 선수만을 대상으로 한다'는 조건입니다. 재계약 하지 않은 선수는 연봉에 변화가 없으므로 예측의 의미가 없기 때문입니다.

>>> **예측연봉과 실제연봉 비교하기**

```python
# 2018년 연봉을 예측하여 데이터 프레임의 열로 생성합니다.
X = picher_df[['FIP', 'WAR', '볼넷/9', '삼진/9', '연봉(2017)']]
predict_2018_salary = lr.predict(X)
picher_df['예측연봉(2018)'] = pd.Series(predict_2018_salary)

# 원래의 데이터 프레임을 다시 불러옵니다.
picher = pd.read_csv(picher_file_path)
picher = picher[['선수명', '연봉(2017)']]

# 원래의 데이터 프레임에 2018년 연봉 정보를 합칩니다.
result_df = picher_df.sort_values(by=['y'], ascending=False)
result_df.drop(['연봉(2017)'], axis=1, inplace=True, errors='ignore')
result_df = result_df.merge(picher, on=['선수명'], how='left')
result_df = result_df[['선수명', 'y', '예측연봉(2018)', '연봉(2017)']]
result_df.columns = ['선수명', '실제연봉(2018)', '예측연봉(2018)', '작년연봉(2017)']

# 재계약하여 연봉이 변화한 선수만을 대상으로 관찰합니다.
result_df = result_df[result_df['작년연봉(2017)'] != result_df['실제연봉(2018)']]
result_df = result_df.reset_index()
result_df = result_df.iloc[:10, :]
result_df.head(10)
```

	index	선수명	실제연봉(2018)	예측연봉(2018)	작년연봉(2017)
0	0	양현종	230000	163930.148696	150000
1	1	켈리	140000	120122.822204	85000
2	2	소사	120000	88127.019455	50000
3	4	레일리	111000	102253.697589	85000
4	7	피어밴드	85000	58975.725734	35000
5	13	배영수	50000	56873.662417	55000
6	21	안영명	35000	22420.790838	20000
7	22	채병용	30000	21178.955105	25000
8	23	류제국	29000	45122.360087	35000
9	24	박정진	25000	29060.748299	33000

이에 대한 데이터 프레임의 시각화 결과는 아래와 같습니다. 그래프에서 볼 수 있듯이 학습한 회귀 모델은 연봉 상승의 전체적인 경향을 비교적 잘 맞춰내고 있습니다. 피처가 몇 개 되지 않는 간단한 회귀 분석이라는 것을 생각해보면 기대한 것보다는 정확한 예측 결과라고 할 수 있습니다.

```
# 선수별 연봉 정보(작년연봉, 예측연봉, 실제연봉)를 막대 그래프로 출력합니다.
mpl.rc('font', family='NanumGothicOTF')
result_df.plot(x='선수명', y=['작년연봉(2017)', '예측연봉(2018)', '실제연봉(2018)'],
          kind="bar")
```

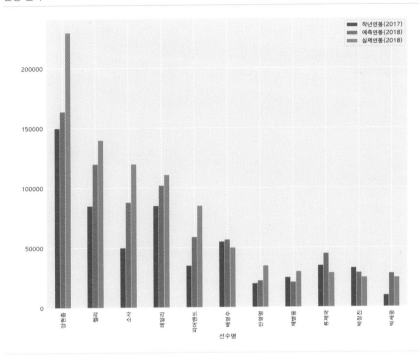

지금까지 데이터 분석에서 가장 기초적인 예측 분석 방법인 회귀 분석을 알아보았습니다. 회귀 분석은 '머신러닝'을 비롯한 데이터 분석 기법 전반에 걸쳐 아주 중요한 개념이기 때문에 중점적인 내용들을 반드시 이해하고 넘어갑시다.

▗▚▖ 표로 정리하는 데이터 분석

주요 키워드	핵심 내용	설명
데이터의 분리	학습 전용 데이터셋과 테스트 전용 데이터셋의 분리	회귀 분석 모델을 학습 전용 데이터셋으로 나누어 학습하고, 이를 테스트 전용 데이터셋으로 평가합니다. 이 과정을 '지도 학습'이라고 부릅니다.
피처의 정규화	데이터의 피처 스케일링	피처 간의 단위를 맞춰주는 피처 스케일링 작업을 수행합니다.
범주형 피처의 변환	원-핫 인코딩	연산 불가능한 범주형 피처를 연산 가능한 벡터 형태의 피처로 변환합니다.
회귀 분석의 평가	R2 score, RMSE score	R2 score, RMSE score 등의 평가 지표를 통해 회귀 분석이 얼마나 잘 되었는지 평가합니다.
다중 공선성 분석	피처 간의 독립성 검정	VIF 계수를 통해 피처 간의 다중 공선성 문제를 검증합니다.

3.2 비트코인 시세 예측하기

다음으로 살펴볼 예제는 비트코인 시세 예측입니다. 비트코인 시세처럼 연속적인 시간에 따라 다르게 측정되는 데이터를 **시계열 데이터**라 하며, 이를 분석하는 것을 '시계열 데이터 분석'이라고 합니다. 시계열 데이터 분석은 심작 박동 데이터처럼 규칙적 시계열 데이터를 분석하는 것과 비트코인 시세 예측처럼 불규칙적 시계열 데이터를 분석하는 것으로 구분할 수 있습니다.

 분석 미리보기

재미로 알아보는 내일의 비트코인 시세

아래 그래프는 1년간의 비트코인 데이터를 기반으로 향후 5일간 비트코인 데이터의 시세 변화를 미리 예측한 것입니다.

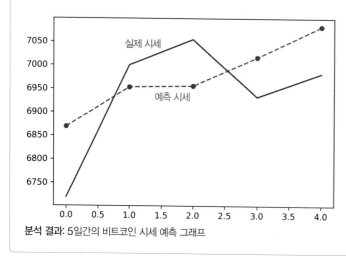

분석 결과: 5일간의 비트코인 시세 예측 그래프

Step 1 탐색: 시간 정보가 포함된 데이터 살펴보기

우선 비트코인 데이터를 탐색합니다. 다음 코드로 데이터셋을 살펴보면, 비트코인 데이터는 총 365개의 행으로 이루어진 것을 알 수 있습니다. 또한 데이터는 결측값 없이 날짜와 가격에 대한 2개의 피처로 구성되어 있습니다. 이러한 데이터셋을 **시계열 데이터셋**이라고 합니다.

[Tip] 만약 예제에 사용되는 데이터를 책을 읽는 시점의 데이터로 사용하고자 한다면 www.blockchain.com/ko/charts/market-price에서 최신 데이터를 다운로드받을 수 있습니다.

```python
# -*- coding: utf-8 -*-
%matplotlib inline

import pandas as pd
import numpy as np
import matplotlib.pyplot as plt

# Data Source: https://www.blockchain.com/ko/charts/market-price?timespan=60days
file_path = '../data/market-price.csv'
bitcoin_df = pd.read_csv(file_path, names = ['day', 'price'])

# 기본 정보를 출력합니다.
print(bitcoin_df.shape)
print(bitcoin_df.info())
bitcoin_df.tail()
```

실행 결과

```
(365, 2)
<class 'pandas.core.frame.DataFrame'>
RangeIndex: 365 entries, 0 to 364
Data columns (total 2 columns):
day      365 non-null object
price    365 non-null float64
dtypes: float64(1), object(1)
memory usage: 5.8+ KB
None
```

	day	price
360	2018-08-22 00:00:00	6575.229167
361	2018-08-23 00:00:00	6434.881667
362	2018-08-24 00:00:00	6543.645714
363	2018-08-25 00:00:00	6719.429231
364	2018-08-26 00:00:00	6673.274167

그리고 아래의 코드는 시계열 정보를 데이터 프레임의 index로 설정하여 가격의 추이를 시각화한 것입니다.

```python
# to_datetime으로 day 피처를 시계열 피처로 변환합니다.
bitcoin_df['day'] = pd.to_datetime(bitcoin_df['day'])

# day 데이터 프레임의 index로 설정합니다.
bitcoin_df.index = bitcoin_df['day']
bitcoin_df.set_index('day', inplace=True)

# 일자별 비트코인 시세를 시각화합니다.
bitcoin_df.plot()
plt.show()
```

실행 결과

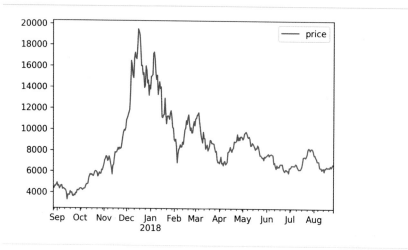

Step 2 예측: 파이썬 라이브러리를 활용해 시세 예측하기

이번 절에서 첫 번째로 사용할 시계열 예측 분석 방법은 **ARIMA** 분석 방법입니다. ARIMA는 전통적인 시계열 예측 방법으로 크게 두 가지 개념을 포함하고 있습니다. 첫 번째는 AR[Autoregression] 모델로 자기 자신의 과거를 정보로 사용하는 개념입니다. 이는 '현재의 상태는 이전의 상태를 참고해서 계산된다'라는 아이디어를 전제로 합니다.

두 번째 개념은 MA^Moving Average 모델로 '이전 항에서의 오차를 이용하여 현재 항의 상태를 추론하겠다'라는 방법입니다. 그리고 이 둘을 합친 것을 **ARMA** 모델이라고 하며, 조금 더 나아간 **ARIMA**^Autoregressive Integrated Moving Average 모델은 ARMA 모델에 추세 변동의 경향성^Momentum까지 반영한 방법입니다.

파이썬에서는 statsmodel 모듈로 ARIMA 분석을 수행할 수 있습니다. 다음 코드는 ARIMA 분석의 실행 과정입니다. ARIMA 클래스에 order=(2, 1, 2)라고 입력되어진 파라미터는 'AR이 몇 번째 과거까지를 바라보는지에 대한 파라미터(2), 차분^Difference에 대한 파라미터(1), MA가 몇 번째 과거까지를 바라보는지에 대한 파라미터(2)'를 의미하는 것입니다.

차분이란 현재 상태의 변수에서 바로 전 상태의 변수를 빼주는 것을 의미하며, 시계열 데이터의 불규칙성을 조금이나마 보정해주는 역할을 합니다. 또한 앞서 말한 ARIMA 모델의 경향성을 의미합니다.

이제 아래의 실행 결과를 분석해봅시다. 실행 결과의 표를 살펴보면 상수항을 제외한 모든 계수의 p-value가 0.05 이하로 유의미한 것으로 나타납니다. 이것은 AR과 MA 모두 2로 설정하는 것이 꽤나 의미 있는 분석 결과를 도출한다는 것입니다.

>>> **ARIMA 모델 활용하기: 모델 학습**

```
from statsmodels.tsa.arima_model import ARIMA
import statsmodels.api as sm

# (AR=2, 차분=1, MA=2) 파라미터로 ARIMA 모델을 학습합니다.
model = ARIMA(bitcoin_df.price.values, order=(2,1,2))
model_fit = model.fit(trend='c', full_output=True, disp=True)
print(model_fit.summary())
```

실행 결과

ARIMA Model Results

Dep. Variable:	D.y	No. Observations:	364
Model:	ARIMA(2, 1, 2)	Log Likelihood	−2780.074
Method:	css−mle	S.D. of innovations	501.536
Date:	Thu, 04 Jul 2019	AIC	5572.148
Time:	21:41:22	BIC	5595.531
Sample:	1	HQIC	5581.442

	coef	std err	z	P>|z|	[0.025	0.975]
const	6.3813	26.944	0.237	0.813	−46.428	59.191
ar.L1.D.y	0.4496	0.029	15.512	0.000	0.393	0.506
ar.L2.D.y	−0.9622	0.023	−42.313	0.000	−1.007	−0.918
ma.L1.D.y	−0.3889	0.031	−12.697	0.000	−0.449	−0.329
ma.L2.D.y	0.9393	0.039	23.874	0.000	0.862	1.016

Roots

	Real	Imaginary	Modulus	Frequency
AR.1	0.2336	−0.9923j	1.0194	−0.2132
AR.2	0.2336	+0.9923j	1.0194	0.2132
MA.1	0.2070	−1.0108j	1.0318	−0.2178
MA.2	0.2070	+1.0108j	1.0318	0.2178

여기서 잠깐

☆ **ARIMA 분석의 파라미터**

예제의 분석 결과와는 별개로 order 파라미터 p, d, q는 일반적인 가이드라인이 존재합니다. 보통은 p와 q의 합이 2 미만인 경우, 혹은 p와 q의 곱이 0을 포함한 짝수인 경우가 좋은 파라미터의 조합이라고 알려져 있습니다.

다음으로 ARIMA 모델의 학습 결과를 알아보겠습니다. 아래의 실행 결과 중 첫 번째 그래프는 학습한 모델에 학습 데이터셋을 넣었을 때의 시계열 예측 결과입니다. plot_predict()라는 함수로 이러한 시각화를 자동으로 수행할 수 있습니다.

≫ ARIMA 모델 활용하기: 모델의 성능 & 예측 결과 시각화

```
fig = model_fit.plot_predict() # 학습 데이터에 대한 예측 결과입니다. (첫 번째 그래프)
residuals = pd.DataFrame(model_fit.resid) # 잔차의 변동을 시각화합니다. (두 번째 그래프)
residuals.plot()
```

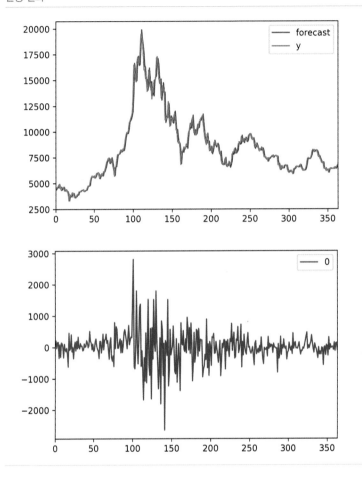

두 번째 그래프는 실제값과 예측값 사이의 오차 변동을 나타내는 그래프입니다. 만약 이 그래프의 폭이 일정하다면 좋은 예측 모델을 학습시킨 것이라고 생각할 수 있습니다. 하지만 실행 결과에서는 오차 변동이 매우 불안정한 것으로 보입니다.

다음으로 ARIMA 모델을 평가해봅시다. 모델을 평가하기 위해서는 테스트 전용 데이터가 필요한데 이번 예제에서는 5일 동안의 미래를 테스트 데이터로 사용하겠습니다. 불규칙적 시계열 예측의 경우에는 먼 미래를 예측하는 것이 큰 의미가 없으므로 '앞으로 N일 동안 어느정도로 상승/하락할 것이다' 정도의 대략적인 경향 예측만을 수행하는 것이 일반적이기 때문입니다.

모델 평가의 과정은 다음과 같습니다.

① model_fit.forecast(steps=5)로 향후 5일의 가격을 예측하여 pred_y로 정의한다.

② '../data/market-price-test.csv'에서 실제 향후 5일의 가격을 test_y로 정의한다.

③ 모델이 예측한 상한값, 하한값을 pred_y_upper, pred_y_lower로 정의한다.

④ 정의한 모든 값을 비교하여 5일 동안의 상승 경향 예측이 얼마나 맞았는지를 평가한다.

≫ ARIMA 모델 활용하기: 실제 데이터와의 비교

```python
forecast_data = model_fit.forecast(steps=5) # 학습 데이터셋으로부터 5일 뒤를 예측합니다.

# 테스트 데이터셋을 불러옵니다.
test_file_path = '../data/market-price-test.csv'
bitcoin_test_df = pd.read_csv(test_file_path, names=['ds', 'y'])

pred_y = forecast_data[0].tolist() # 마지막 5일의 예측 데이터입니다. (2018-08-27 ~ 2018-08-31)
test_y = bitcoin_test_df.y.values # 실제 5일 가격 데이터입니다. (2018-08-27 ~ 2018-08-31)
pred_y_lower = [] # 마지막 5일의 예측 데이터의 최소값입니다.
pred_y_upper = [] # 마지막 5일의 예측 데이터의 최대값입니다.
for lower_upper in forecast_data[2]:
    lower = lower_upper[0]
    upper = lower_upper[1]
    pred_y_lower.append(lower)
    pred_y_upper.append(upper)
```

그리고 다음 코드는 이를 그래프로 시각화한 것입니다. 파란색 그래프는 모델이 예상한 최고 가격, 즉 상한가의 그래프입니다. 그리고 빨간색은 모델이 예측한 하한가 그래프이고, 초록색은 실제 5일 간의 가격 그래프, 노란색은 모델이 예측한 5일간의 가격 그래프를 나타낸 것입니다.

```python
plt.plot(pred_y, color="gold") # 모델이 예측한 가격 그래프입니다.
plt.plot(pred_y_lower, color="red") # 모델이 예측한 최저 가격 그래프입니다.
plt.plot(pred_y_upper, color="blue") # 모델이 예측한 최고 가격 그래프입니다.
plt.plot(test_y, color="green") # 실제 가격 그래프입니다.
```

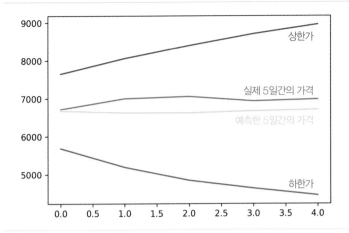

이번에는 상한가와 하한가를 제외한 뒤, 그래프를 살펴보았습니다. 그래프의 상승 경향을 살펴보면
그다지 좋지 않은 예측을 한 것으로 보입니다. 하지만 '5일 동안 상승할 것이다'라는 아주 큰 트렌드
정도는 예측할 수 있었습니다.

```
plt.plot(pred_y, color="gold") # 모델이 예상한 가격 그래프입니다.
plt.plot(test_y, color="green") # 실제 가격 그래프입니다.
```

실행 결과

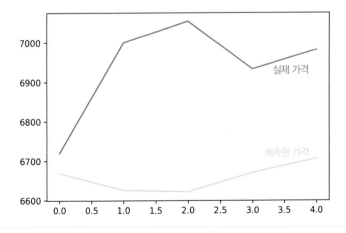

이번에는 ARIMA보다 조금 더 정확한 트렌드 예측 분석을 제공하는 라이브러리 'Facebook Prophet'을 사용해봅시다. Prophet은 Additive 모델이라는 모델링 방법에 기반한 시계열 예측 모델로서 시계열 데이터의 트렌드성(연간/월간/일간)을 예측하는 것에 초점이 맞추어져 있습니다. 다음 명령어로 Prophet 라이브러리를 설치해봅시다.

```
[Anaconda Powershell Prompt]

(pybook) C:\Users\yoonk> conda install -c conda-forge fbprophet
```

여기서 잠깐

☆ Additive 모델

Additive 모델은 선형 회귀 분석의 단점을 극복하기 위해 개량된 분석 방법의 하나입니다. 시계열 분석 역시 회귀 분석의 한 갈래이기 때문에 회귀 분석의 단점을 가지고 있습니다. 하지만 회귀 분석의 단점을 극복하기 위해 이 모델은 각 피처마다 비선형적 적합을 가능하게 하는 일련의 방법을 적용합니다. 이는 다소 어려운 내용이므로 자세한 내용을 알고 싶다면 https://peerj.com/preprints/3190/을 참고하길 바랍니다.

fbprophet 라이브러리를 사용하기 위해서는 데이터 프레임의 피처를 'ds'와 'y'로 변경해야 합니다. 그리고 Prophet이라는 클래스를 선언한 뒤, fit() 함수로 모델을 학습시킵니다. 모델 생성에 포함되는 파라미터의 의미는 다음과 같습니다.

- **seasonality_mode:** 연간, 월간, 주간, 일간 등의 트렌드성을 반영하는 것을 의미하는 파라미터입니다.
- **changepoint_prior_scale:** 트렌드가 변경되는 문맥을 반영하는 파라미터입니다. 수치가 높을수록 모델은 과적합에 가까워집니다.

아래 코드는 Facebook Prophet을 활용하여 시계열 모델을 학습하는 코드입니다.

>>> **Facebook Prophet 활용하기**

```
from fbprophet import Prophet

# prophet을 사용하기 위해서는 다음과 같이 피처명을 변경해야 합니다: 'ds', 'y'
bitcoin_df = pd.read_csv(file_path, names=['ds', 'y'])
```

```
prophet = Prophet(seasonality_mode='multiplicative',
            yearly_seasonality=True,
            weekly_seasonality=True, daily_seasonality=True,
            changepoint_prior_scale=0.5)
prophet.fit(bitcoin_df)
```

그리고 다음 코드 중 make_future_dataframe(periods=5, freq='d'), prophet.predict(future_data)를 실행하면 학습 데이터셋 기반의 5일 단위 예측 데이터를 얻을 수 있습니다. 아래의 실행 결과는 데이터에 존재하지 않는 5일 단위의 미래를 예측한 것입니다.

```
# 5일을 내다보며 예측합니다.
future_data = prophet.make_future_dataframe(periods=5, freq='d')
forecast_data = prophet.predict(future_data)
forecast_data[['ds', 'yhat', 'yhat_lower', 'yhat_upper']].tail(5)
```

실행 결과

	ds	yhat	yhat_lower	yhat_upper
365	2018-08-27	6868.850910	6221.567267	7562.957505
366	2018-08-28	6953.100528	6316.073545	7612.836267
367	2018-08-29	6955.494928	6255.320153	7709.794007
368	2018-08-30	7015.995983	6250.178249	7805.851140
369	2018-08-31	7081.080511	6356.615182	7903.602542

다음은 fbprophet 모델의 학습 결과를 시각화한 결과입니다. 그래프의 검은 점은 실제 가격을 나타낸 것이고, 파란 선은 예측 가격을 나타낸 것입니다. 이 모델 역시 ARIMA 모델과 마찬가지로 학습 데이터셋에 대해서는 거의 정확한 예측을 하고 있습니다. 하지만 시계열 데이터 분석에서 학습 데이터를 잘 예측하는 것은 큰 의미가 없다고 할 수 있습니다.

```
fig1 = prophet.plot(forecast_data)
```

실행 결과

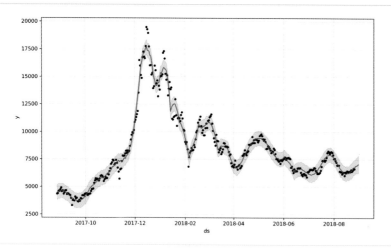

그리고 다음의 그래프는 fbprophet에서 제공하는 트렌드 정보 시각화 그래프입니다. 앞서 seasonality_mode 파라미터를 설정해놓은 경우에만 이 시각화가 가능합니다. 우리는 이를 통해 시계열 데이터가 어떤 흐름을 가지고 변화하는지를 살펴볼 수 있습니다. 전체적인 데이터의 트렌드는 아래의 첫 번째 그래프로 살펴볼 수 있고, 이어지는 그래프에서는 year, weekly, daily 순의 트렌드를 확인할 수 있습니다.

```
fig2 = prophet.plot_components(forecast_data)
```

실행 결과

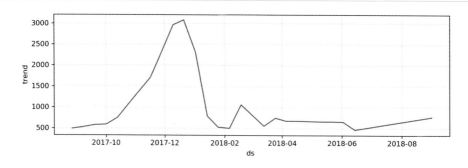

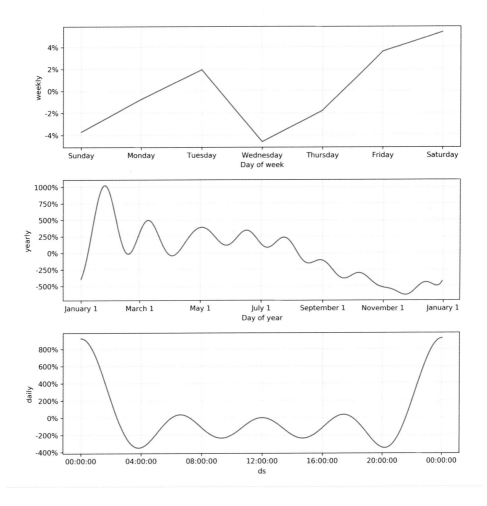

ARIMA 모델을 평가한 것과 동일한 방법으로 테스트 데이터셋을 평가해봅시다. 다음 코드의 실행 결과, ARIMA 모델보다는 prophet 모델이 실제 price값에 더 근접한 예측을 하는 것처럼 보입니다. 이를 RMSE와 함께 더 자세히 살펴봅시다.

>>> **Facebook Prophet 활용하기: 실제 데이터와의 비교**

```
bitcoin_test_df = pd.read_csv(test_file_path, names=['ds', 'y'])

# 마지막 5일의 예측 데이터입니다. (2018-08-27 ~ 2018-08-31)
pred_y = forecast_data.yhat.values[-5:]
```

```
# 실제 5일 가격 데이터입니다. (2018-08-27 ~ 2018-08-31)
test_y = bitcoin_test_df.y.values
# 마지막 5일 예측 데이터의 최소값입니다.
pred_y_lower = forecast_data.yhat_lower.values[-5:]
# 마지막 5일의 예측 데이터의 최대값입니다.
pred_y_upper = forecast_data.yhat_upper.values[-5:]

plt.plot(pred_y, color="gold") # 모델이 예상한 가격 그래프입니다.
plt.plot(pred_y_lower, color="red") # 모델이 예상한 최저 가격 그래프입니다.
plt.plot(pred_y_upper, color="blue") # 모델이 예상한 최고 가격 그래프입니다.
plt.plot(test_y, color="green") # 실제 가격 그래프입니다.
```

실행 결과

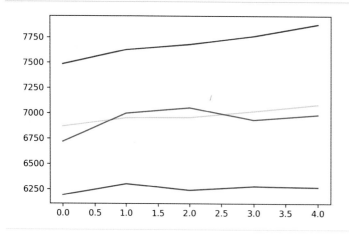

다음으로 이 모델의 Test RMSE를 ARIMA 모델과 비교해봅시다. ARIMA 모델의 Test RMSE는
309 정도였던 것에 반해 이 모델의 Test RMSE는 101 정도로 감소하였습니다. 또한 '5일 동안 얼
마만큼 상승할 것이다'라는 트렌드를 꽤나 정확하게 예측한 것으로 보입니다.

```
plt.plot(pred_y, color="gold") # 모델이 예상한 가격 그래프입니다.
plt.plot(test_y, color="green") # 실제 가격 그래프입니다.
```

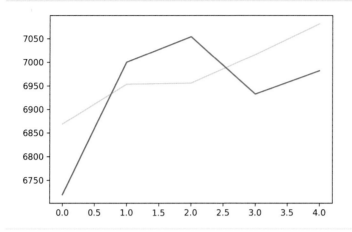

```
rmse = sqrt(mean_squared_error(pred_y, test_y))
print(rmse)
```

101.10270853692928

Step 3 활용: 더 나은 결과를 위한 방법

이번 분석 단계에서는 모델의 성능을 조금 더 향상시킬 수 있는 방법들에 대해 알아보겠습니다.

첫 번째로 고려해볼 방법은 **상한값 혹은 하한값을 지정해 주는 것**입니다. 바닥과 천장이 없는 주가 데이터의 경우에는 의미가 없을 수 있지만 일반적인 시계열 데이터에서는 상한값 혹은 하한값을 설정해 주는 것이 모델의 성능을 높여줄 수 있는 방법 중 하나입니다.

Prophet 모델에서는 future_data['cap'] = 20,000을 통해 데이터셋에 상한선을 설정할 수 있습니다. 다음 코드와 실행 결과는 상한선을 적용한 학습 결과를 시각화한 것입니다. 겉으로 보기에는 원래의 결과와 별 차이가 없어 보입니다.

```
bitcoin_df = pd.read_csv(file_path, names=['ds', 'y'])

# 상한가를 설정합니다.
bitcoin_df['cap'] = 20000

# 상한가 적용을 위한 파라미터를 다음과 같이 설정합니다.
prophet = Prophet(seasonality_mode='multiplicative',
          growth='logistic',
          yearly_seasonality=True,
          weekly_seasonality=True, daily_seasonality=True,
          changepoint_prior_scale=0.5)
prophet.fit(bitcoin_df)

# 5일을 내다보며 예측합니다.
future_data = prophet.make_future_dataframe(periods=5, freq='d')

# 상한가를 설정합니다.
future_data['cap'] = 20000
forecast_data = prophet.predict(future_data)

fig = prophet.plot(forecast_data)
```

실행 결과

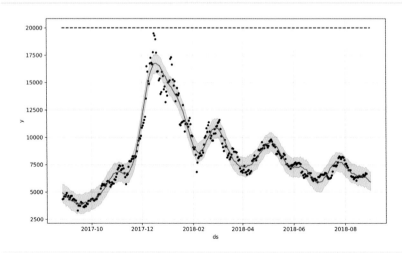

이번에는 아래의 코드로 예측값과 실제값을 비교해봅시다.

>>> **예측과 실제 비교 그래프**

```
bitcoin_test_df = pd.read_csv(test_file_path, names=['ds', 'y'])

# 모델이 예측한 마지막 5일의 가격 데이터를 가져옵니다.
pred_y = forecast_data.yhat.values[-5:]
test_y = bitcoin_test_df.y.values
pred_y_lower = forecast_data.yhat_lower.values[-5:]
pred_y_upper = forecast_data.yhat_upper.values[-5:]

plt.plot(pred_y, color="gold") # 모델이 예측한 가격 그래프입니다.
plt.plot(pred_y_lower, color="red") # 모델이 예측한 하한가 그래프입니다.
plt.plot(pred_y_upper, color="blue") # 모델이 예측한 상한가 그래프입니다.
plt.plot(test_y, color="green") # 실제 가격 그래프입니다.
```

실행 결과

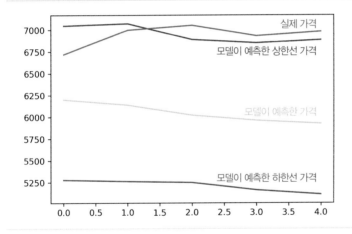

예측 모델이 형편없는 결과를 예측했다는 것을 알 수 있습니다. 모델이 예측한 상한가(파란색)보다
실제 가격(녹색)이 더 높기 때문입니다. 게다가 이번에는 '5일 동안 상승/하락할 것이다'라는 큰 범
위의 트렌드를 예측하는 것조차 실패했습니다. 상한가라는 개념이 큰 의미가 없는 비트코인 데이터
의 경우에는 상한선을 설정한 것이 오히려 독이 되었다고 볼 수 있습니다.

이제, 모델의 성능을 향상시키는 다른 방법 중 하나인 **이상치 제거 기법**을 살펴보겠습니다. 이상치란 평균적인 수치에 비해 지나치게 높거나 낮은 수치의 데이터를 의미합니다. 이전 예제에서 살펴보았던 상자 그림의 울타리 밖 영역에 있는 데이터들을 이상치 데이터라고 합니다.

fbprophet 모델이 이상치를 제거한 데이터로 학습하려면 이상치에 해당하는 데이터를 None으로 설정해주면 됩니다. 다음 코드에서는 18,000 이상을 이상치라고 설정하였습니다. 그리고 나머지 부분은 이전과 동일하게 실행합니다. 그래프만 놓고 본다면 이전과 큰 차이가 없어 보입니다.

>>> **이상치 제거하기**

```
# 18,000 이상의 데이터는 이상치라고 판단합니다.
bitcoin_df = pd.read_csv(file_path, names=['ds', 'y'])
bitcoin_df.loc[bitcoin_df['y'] > 18000, 'y'] = None

# prophet 모델을 학습합니다.
prophet = Prophet(seasonality_mode='multiplicative',
            yearly_seasonality=True,
            weekly_seasonality=True, daily_seasonality=True,
            changepoint_prior_scale=0.5)
prophet.fit(bitcoin_df)

# 5일 단위의 미래를 예측합니다.
future_data = prophet.make_future_dataframe(periods=5, freq='d')
forecast_data = prophet.predict(future_data)

# 예측 결과를 그래프로 출력합니다.
fig = prophet.plot(forecast_data)
```

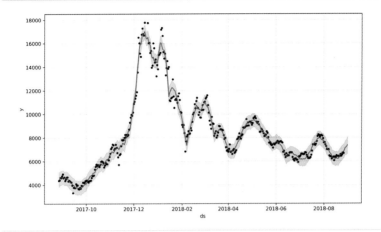

마찬가지 방법으로 예측값과 실제값을 그래프로 나타내봅시다.

```
plt.plot(pred_y, color="gold") # 모델이 예측한 가격 그래프입니다.
plt.plot(test_y, color="green") # 실제 가격 그래프입니다.

# 테스트 데이터의 RMSE를 출력합니다.
rmse = sqrt(mean_squared_error(pred_y, test_y))
print(rmse)
```

실행 결과

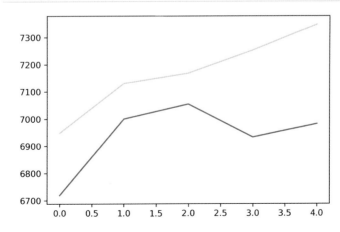

Test RMSE : 252.17892671748956

이를 살펴본 결과, 이상치를 제거하는 것이 정확도(RMSE)면에서는 떨어지지만 '트렌드'를 예측하는 측면에서는 이전 모델보다 더 낫다고 볼 수 있습니다.

표로 정리하는 데이터 분석

주요 키워드	핵심 내용	설명
시계열 데이터 분석	시계열 데이터 분석의 정의	연도, 월, 일자 같은 시간성을 띄는 데이터를 학습하여 미래의 수치를 예측하는 분석입니다.
ARIMA 모델링	시계열 예측 분석 방법	ARIMA 모델은 '얼마만큼의 나를 돌아보며', '얼마만큼의 차분을 이용하여 규칙성을 줄 것이며', '얼마만큼의 오차를 관찰할 것인지'를 활용한 시계열 예측 분석의 방법입니다.
모델의 평가	학습 데이터셋과 테스트 데이터셋의 분리	특정한 시간 혹은 일자를 기준으로 학습 데이터셋과 테스트 데이터셋을 분리합니다.
모델 개선의 방법	상한선과 하한선 설정, 이상치 제거	더 나은 분석을 위해 상한선과 하한선을 설정하거나 이상치를 제거하는 방법을 사용할 수 있습니다.

3.3 미래에 볼 영화의 평점 예측하기

데이터 분석을 통해 아직 사람들이 보지 않았지만 좋아할 만한 영화들을 추천할 수 있을까요? 넷플릭스Netflix 같은 서비스들은 이러한 것들을 평점 예측 기법으로 제공하고 있습니다. 이번 절에서는 이러한 평점 예측 기법을 알아보겠습니다.

〽️ 분석 미리보기

내가 볼 영화의 예상 평점은?

아래의 실행 결과는 특정 영화 팬이 관람한 21개 영화의 평점을 예측한 결과입니다. 그리고 이를 실제 평점과 비교하였습니다. 어떤가요? 두 평점이 비슷해 보이나요? 이번에도 분석의 절차를 따라가며 결과의 타당성을 직접 확인해봅시다.

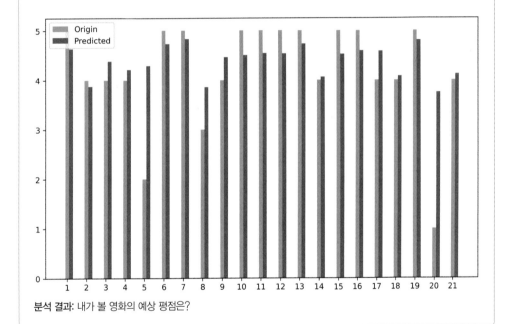

분석 결과: 내가 볼 영화의 예상 평점은?

Step 1 **탐색: MovieLens 데이터 살펴보기**

MovieLens 데이터는 총 3개의 데이터셋으로 분리되어 있으며 데이터셋을 구성하는 피처는 아래와 같습니다.

데이터셋	피처
rating 데이터	user_id(유저 번호) movie_id(영화 번호) rating(점수) time(데이터 등록 시간)
movie 데이터	movie_id(영화 번호) title(영화 제목) genre(장르)
user 데이터	user_id(유저 번호) gender(성별) age(나이) occupation(직업–개인정보1) zipcode(주소 코드–개인정보2)

각 데이터는 ':' 구분자로 열을 구분하였기 때문에 read_csv() 함수를 사용할 때 delimiter=':' 파라미터를 포함해야 합니다. 3개의 데이터(rating_data, movie_data, user_data)를 각각 head() 함수로 살펴본 결과는 다음과 같습니다.

>>> **MovieLens 데이터셋의 기본 정보 구하기**

```
# -*- coding: utf-8 -*-
%matplotlib inline

import time
import operator

import pandas as pd
import numpy as np
import matplotlib.pyplot as plt
import seaborn as sns

# Data Source : https://grouplens.org/datasets/movielens
```

```
rating_file_path = "../data/ml-1m/ratings.dat"
movie_file_path = "../data/ml-1m/movies.dat"
user_file_path = "../data/ml-1m/users.dat"

rating_data = pd.io.parsers.read_csv(rating_file_path,
                       names=['user_id', 'movie_id', 'rating', 'time'],
                       delimiter='::')
movie_data = pd.io.parsers.read_csv(movie_file_path,
                       names=['movie_id', 'title', 'genre'],
                       delimiter='::')
user_data = pd.io.parsers.read_csv(user_file_path,
                       names=['user_id', 'gender', 'age', 'occupation', 'zipcode'],
                       delimiter='::')
```

```
rating_data.head()
```

실행 결과

	user_id	movie_id	rating	time
0	1	1193	5	978300760
1	1	661	3	978302109
2	1	914	3	978301968
3	1	3408	4	978300275
4	1	2355	5	978824291

```
rating_data.head()
```

실행 결과

	movie_id	title	genre
0	1	Toy Story (1995)	Animation|Children's|Comedy
1	2	Jumanji (1995)	Adventure|Children's|Fantasy
2	3	Grumpier Old Men (1995)	Comedy|Romance

3	4	Waiting to Exhale (1995)		Comedy|Drama
4	5	Father of the Bride Part II (1995)		Comedy

```
rating_data.head()
```

실행 결과

	user_id	gender	age	occupation	zipcode
0	1	F	1	10	48067
1	2	M	56	16	70072
2	3	M	25	15	55117
3	4	M	45	7	02460
4	5	M	25	20	55455

Step 2 분석: 탐색적 데이터 분석하기

이번에는 탐색적 분석을 통해 영화 데이터를 살펴봅니다. 다음의 실행 결과는 영화의 개수와 연도별 탐색에 대한 출력 결과입니다. 영화의 개수는 약 4,000여 개 정도라는 것을 알 수 있고, 1990년대 후반부터 2000년대 초반의 영화가 가장 많은 것을 알 수 있습니다. 영화의 연도 정보는 movie_data['title'].apply(lambda x: x[-5:-1]) 코드를 통해 추출한 것으로 영화의 제목 뒤에 따라붙는 연도 정보를 이용한 것입니다.

>>> **분석할 영화의 정보 탐색하기**

```
# 총 영화의 개수를 출력합니다.
print("total number of movie in data :", len(movie_data['movie_id'].unique()))

# 연도별 영화 개수가 많은 Top 10 연도를 출력합니다.
movie_data['year'] = movie_data['title'].apply(lambda x: x[-5:-1])
movie_data['year'].value_counts().head(10)
```

```
total number of movie in data : 3883

1996    345
1995    342
1998    337
1997    315
1999    283
1994    257
1993    165
2000    156
1986    104
1992    102
Name: year, dtype: int64
```

미니 퀴즈 3-3

영화 데이터에 대한 탐색적 데이터 분석을 더 실행해봅시다. 위의 내용을 응용하여 영화의 연대별 개수를 탐색해보세요.

다음으로 영화 데이터에서 가장 많이 등장한 장르가 무엇인지를 탐색해봅시다. movie_data의 피처인 genre는 '드라마 | 코미디 | 액션'처럼 '|'이라는 구분자를 포함하여 여러 장르를 하나의 문자열에 포함하고 있습니다. 따라서 데이터에 등장하는 모든 개별 장르를 세기 위해서는 split() 함수로 genre 데이터를 분리해야 합니다. 각 장르마다의 등장 개수는 dictionary 자료로 저장합니다. 실행 코드는 다음과 같습니다.

››› 장르의 속성 탐색하기

```python
# 가장 많이 등장한 장르의 속성을 추출합니다. (예시: Drama)
unique_genre_dict = {}
for index, row in movie_data.iterrows():

    # genre 피처를 '|' 구분자로 분리합니다.
    genre_combination = row['genre']
    parsed_genre = genre_combination.split("|")
```

```
# 구분자로 분리한 장르의 속성을 unique_genre_dict에 각각 계산하여 저장합니다.
for genre in parsed_genre:
    if genre in unique_genre_dict:
        unique_genre_dict[genre] += 1
    else:
        unique_genre_dict[genre] = 1
```

```
# unique_genre_dict를 이용하여 장르의 속성을 그래프로 출력합니다.
plt.rcParams['figure.figsize'] = [20, 16]
sns.barplot(list(unique_genre_dict.keys()), list(unique_genre_dict.values()),
            alpha=0.8)
plt.title('Popular genre in movies')
plt.ylabel('Count of Genre', fontsize=12)
plt.xlabel('Genre', fontsize=12)
plt.show()
```

실행 결과

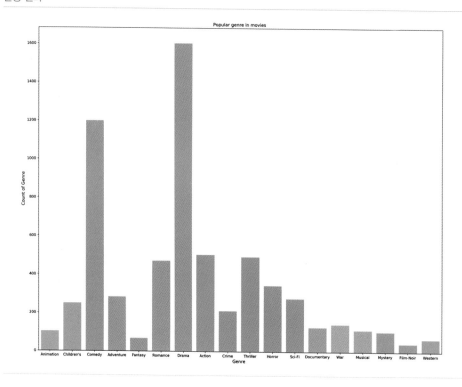

그리고 분석 대상이 되는 유저의 수를 탐색해보면 총 6,040명으로 나타납니다.

»» **분석할 유저의 정보 탐색하기**

```
# 유저의 수를 탐색합니다.
print("total number of user in data :", len(user_data['user_id'].unique()))
```

실행 결과

```
total number of user in data : 6040
```

이 외에도 미니 퀴즈를 통해 유저 데이터에 대한 몇 가지 추가적인 탐색적 데이터 분석을 수행해봅시다.

☼ **미니 퀴즈 3-4**

유저 데이터에 대한 탐색적 데이터 분석을 실행해봅시다. 아래의 질문들에 답해보세요.

① 유저의 성별 탐색

② 유저의 연령대 탐색

지금까지 user_data, movie_data 데이터의 특징을 살펴본 것은 '평점 예측'의 측면에서는 중요한 탐색이라고 볼 수 없었습니다. 하지만 rating 데이터는 평점 예측 데이터 분석에 중요한 데이터이기 때문에 조금 더 자세히 탐색을 수행할 필요가 있습니다.

아래의 코드는 각 영화가 얼마나 많은 평가를 받았는지를 탐색합니다. 실행 결과 그래프는 'movie_id'를 기준으로 groupby() 한 뒤, 'rating'에 count() 함수를 적용한 결과입니다. x축은 각 영화가 평가받은 횟수, y축은 각 영화가 평가받은 횟수를 의미합니다. 이를 통해 약 3,800여 개의 영화 중 100개 미만의 평가를 받은 영화가 1,700여 개나 된다는 것을 알 수 있습니다. 이러한 영화들을 대상으로 한 '예상 평점' 분석은 관람객에게 큰 의미가 있을 것입니다.

```
# 각 영화가 평가받은 횟수를 탐색합니다.
movie_rate_count = rating_data.groupby('movie_id')['rating'].count().values
plt.rcParams['figure.figsize'] = [8, 8]
fig = plt.hist(movie_rate_count, bins=200)
plt.ylabel('Count', fontsize=12)
plt.xlabel("Movie's rated count", fontsize=12)
plt.show()

print("total number of movie in data :", len(movie_data['movie_id'].unique()))
print("total number of movie rated below 100 :", len(movie_rate_count[movie_rate_
count < 100]))
```

실행 결과

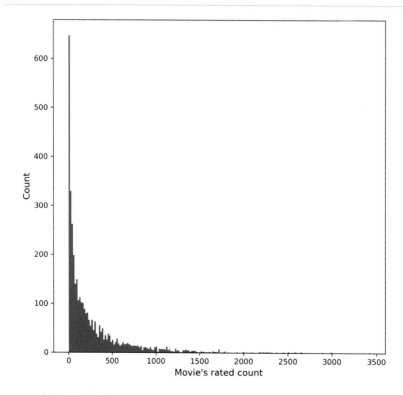

```
total number of movie in data : 3883
total number of movie rated below 100 : 1687
```

다음은 각 영화의 평균 평점을 알아보겠습니다. 아래의 코드에서는 agg() 함수로 각 영화당 rating 의 개수와 평균값을 계산합니다. 평균값에 대한 시각화는 실행 결과와 같습니다. 대부분의 평점은 2 점 ~ 4점 사이로 나타났으며, 이를 통해 대부분의 영화 평점은 2점~4점 사이의 값으로 예측될 것 이라는 가설을 수립할 수 있습니다.

```
# 영화별 평균 평점을 탐색합니다.
movie_grouped_rating_info = rating_data.groupby("movie_id")['rating'].agg(['count',
    'mean'])
movie_grouped_rating_info.columns = ['rated_count', 'rating_mean']

movie_grouped_rating_info['rating_mean'].hist(bins=150, grid=False)
```

실행 결과

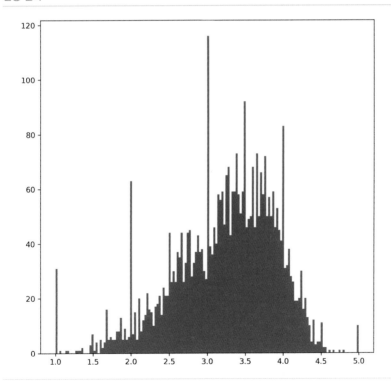

위의 예제와 동일한 방식으로 유저 그룹 단위의 평점 속성을 분석해보세요.

 ① 유저별로 평가한 영화 개수

 ② 유저별로 평가한 평균 영화 점수

 ③ 유저별로 평가한 영화 점수의 편차

유저별로 평가한 평균 영화 점수 시각화는 아래의 그래프처럼 나와야 합니다.

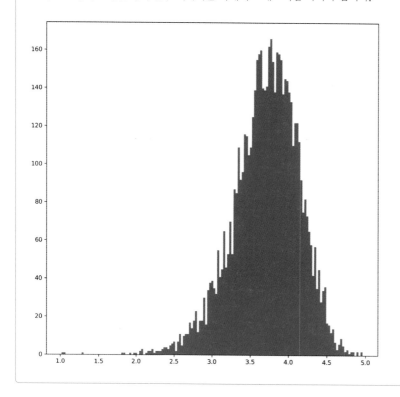

이제 이번 절의 진짜 목적인 영화 평점 예측을 수행해봅시다. 현재 분석 중인 MovieLens 데이터는 **U-I-R**User-Item-Rating 데이터셋입니다. 이러한 데이터는 **행렬**로 나타내기에 매우 용이하며, 다음의 실행 결과처럼 시각화할 수 있습니다. 행렬 그래프의 행과 열은 각각 user와 movie를 의미하며 점을 표현하는 컬러는 Rating 값을 의미합니다.

>>> **user-movie 형태의 표로 살펴보기**

```
# unstack() 함수로 user_id, movie_id를 축으로 하는 데이터를 생성합니다.
rating_table = rating_data[['user_id', 'movie_id', 'rating']].set_index(["user_id",
"movie_id"]).unstack()

# user-movie 표를 시각화합니다.
plt.rcParams['figure.figsize'] = [10, 10]
plt.imshow(rating_table)
plt.grid(False)
plt.xlabel("Movie")
plt.ylabel("User")
plt.title("User-movie Matrix")
plt.show()
```

실행 결과

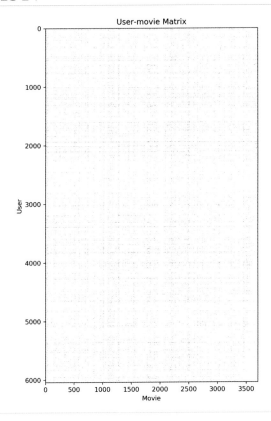

그런데 위의 그래프는 대부분의 공간에 색이 없는 행렬(희소 행렬)이라는 것을 알 수 있습니다. 이는 대부분의 Rating 점수가 아직 채워지지 않았다는 것을 의미합니다. 비어있는 Rating을 채워 넣을 수 있는 가장 대표적인 방법은 행렬의 빈 공간을 채우는 **행렬 완성**Matrix Completion 기법입니다.

	movie1	movie2	···········	movie(n-1)	movie(n)
user 1	5	?	···········	4	?
user 2	?	4.3	···········	?	?
user 3	1	?	···········	?	?
⋮	⋮	⋮	···········	⋮	⋮

[그림 3-2] U-I-R 데이터의 희소 행렬 시각화

Step 3 예측: 수학적 기법을 활용해 평점 예측하기

행렬 완성은 **행렬 분해**Matrix Factorization 방법을 이용합니다. 행렬 분해는 수학적 성질을 이용하여 하나의 행렬을 여러 개의 행렬 곱으로 나타내는 방법입니다. 본 예제에서는 행렬 분해 중에서도 가장 활용도가 높은 특이값 분해Singular Value Decomposition, SVD라는 방법을 활용하여 영화 평점을 예측할 것입니다.

SVD란 m×n의 행렬 A를 아래의 [그림 3-3]과 같은 3개의 행렬 U,S,V로 나누는 것을 의미합니다. 그리고 이를 반대로 이용하면 3개의 행렬로 원래의 행렬 A를 근사할 수 있습니다.

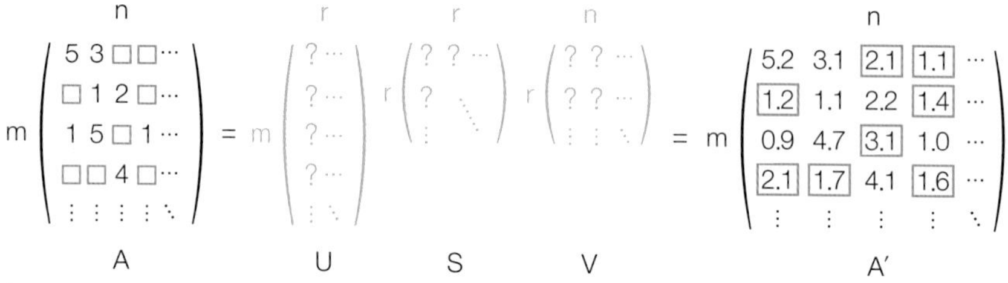

[그림 3-3] SVD를 이용한 행렬 분해

행렬 완성의 과정은 다음과 같습니다.

① 3개로 나눠진 행렬 U, S, V의 값을 임의의 숫자로 초기화합니다. 위의 [그림 3-3]에서 '?'로 표현한 부분입니다.

② 임의의 값으로 채워진 3개 행렬을 곱하여 새로운 행렬 A′를 계산합니다.

③ 새롭게 만들어진 행렬 A'의 값, 그리고 원래의 행렬 A의 값을 비교합니다. 그림에서는 (5, 3, 1, 2…)와 (5.2, 3.1, 1.1, 2.2…)을 비교하는 것입니다.

④ 이 값들이 최대한 비슷해지는 '?'를 학습한 뒤, 행렬 A' 빈 공간을 채워 넣습니다.

이제 코드로 이를 살펴보겠습니다. 우선 SVD를 사용하기 위해 surprise 라이브러리를 설치합니다.

```
[Anaconda Powershell Prompt]

(pybook) C:\Users\yoonk> pip install surprise
```

라이브러리 사용법은 아래의 코드와 같습니다. 먼저 평점의 범위가 1~5인 Reader 객체를 생성합니다. 그리고 load_from_df() 함수와 build_full_trainset() 함수를 이용하여 rating 데이터를 surprise 라이브러리의 데이터셋 형태로 변환해줍니다. 마지막으로 SVD라는 클래스를 선언한 뒤, model.fit(train_data)로 행렬 완성 모델을 학습합니다. 일반적인 성능의 컴퓨터에서는 약 1분에서 5분 사이의 시간이 소요될 수 있습니다.

≫≫ MovieLens 데이터에 SVD 적용하기

```python
from surprise import SVD, Dataset, Reader, accuracy
from surprise.model_selection import train_test_split

# SVD 라이브러리를 사용하기 위한 학습 데이터를 생성합니다.
reader = Reader(rating_scale=(1, 5))
data = Dataset.load_from_df(rating_data[['user_id', 'movie_id', 'rating']], reader)
train_data = data.build_full_trainset()

# SVD 모델을 학습합니다.
train_start = time.time()
model = SVD(n_factors=8,
            lr_all=0.005,
            reg_all=0.02,
            n_epochs=100)
model.fit(train_data)
train_end = time.time()
print("training time of model: %.2f seconds" % (train_end - train_start))
```

```
training time of model: 92.23 seconds
```

다음으로 학습한 모델의 평점 예측 결과를 살펴보기 위해 한 명의 데이터를 선정합니다. 예제에서는 user_id가 4인 유저를 선정하였습니다.

>>> **영화의 점수를 예측할 타겟 유저 선정하기**

```
# user_id가 4인 유저의 영화 평가 데이터입니다.
target_user_id = 4
target_user_data = rating_data[rating_data['user_id']==target_user_id]
target_user_data.head(5)
```

실행 결과

	user_id	movie_id	rating	time
233	4	3468	5	978294008
234	4	1210	3	978293924
235	4	2951	4	978294282
236	4	1214	4	978294260
237	4	1036	4	978294282

4번 유저가 평가한 영화의 목록을 추출하는 과정은 다음과 같습니다. 아래 출력 결과는 유저의 영화 관람 히스토리를 {movie_id : rating} 형태로 추출한 것입니다.

```
# user_id 4인 유저가 평가한 영화 히스토리 정보를 추출합니다.
target_user_movie_rating_dict = {}

for index, row in target_user_data.iterrows():
    movie_id = row['movie_id']
    target_user_movie_rating_dict[movie_id] = row['rating']

print(target_user_movie_rating_dict)
```

{3468: 5, 1210: 3, 2951: 4, 1214: 4, 1036: 4, 260: 5, 2028: 5, 480: 4, 1196: 2, 1198: 5, 1954: 5, 1097: 4, 3418: 4, 3702: 4, 2366: 4, 1387: 5, 3527: 1, 1201: 5, 2692: 5, 2947: 5, 1240: 5}

이제 예측 모델에 4번 유저의 정보를 입력하여 '아직 보지 않은 영화들의 평점'을 예측해봅시다. 이를 위해 model.test( ) 함수를 사용합니다. 이 함수의 입력 데이터인 test_data는 (target_user_id, movie_id, rating) 형태의 리스트여야 합니다. 다음 코드에서는 4번 유저가 아직 보지 않은 영화의 리스트로 test_data를 구성하였습니다. model.test(test_data)를 실행하면 4번 유저가 아직 보지 않은 영화들의 예측 평점을 반환합니다.

»» 타겟 유저가 보지 않은 영화 중, 예상 평점이 높은 10개 선정

```python
# 타겟 유저(user_id가 4인 유저)가 보지 않은 영화 정보를 테스트 데이터로 생성합니다.,
test_data = []
for index, row in movie_data.iterrows():
    movie_id = row['movie_id']
    rating = 0
    if movie_id in target_user_movie_rating_dict:
        continue
    test_data.append((target_user_id, movie_id, rating))


# 타겟 유저의 평점 점수를 예측합니다.
target_user_predictions = model.test(test_data)


# 예측된 점수 중, 타겟 유저의 영화별 점수를 target_user_movie_predict_dict로 저장합니다.
def get_user_predicted_ratings(predictions, user_id, user_history):
    target_user_movie_predict_dict = {}
    for uid, mid, rating, predicted_rating, _ in predictions:
        if user_id == uid:
            if mid not in user_history:
                target_user_movie_predict_dict[mid] = predicted_rating
    return target_user_movie_predict_dict


target_user_movie_predict_dict = get_user_predicted_ratings(predictions=target_
                                    user_predictions,
                                    user_id=target_user_id,
                                    user_history=target_user_movie_rating_dict)
```

```
# target_user_movie_predict_dict에서 예측된 점수 중, 타겟 유저의 Top 10 영화를 선정합니다.
target_user_top10_predicted = sorted(target_user_movie_predict_dict.items(),
                                     key=operator.itemgetter(1), reverse=True)[:10]
target_user_top10_predicted
```

아래의 실행 결과는 target_user_predictions에서 평점순으로 Top 10 영화의 id를 출력한 것입니다.

실행 결과

```
[(213, 5),
 (326, 5),
 (527, 5),
 (602, 5),
 (858, 5),
 (904, 5),
 (912, 5),
 (923, 5),
 (969, 5),
 (1193, 5)]
```

그리고 다음의 실행 결과는 Top 10 영화의 제목을 매칭하여 출력한 것입니다.

```
# 타이틀 정보로 출력하기 위해 movie_id마다 movie_title을 딕셔너리 형태로 저장합니다.
movie_dict = {}
for index, row in movie_data.iterrows():
    movie_id = row['movie_id']
    movie_title = row['title']
    movie_dict[movie_id] = movie_title

# 앞서 계산한 Top 10 영화에 movie_title을 매핑하여 출력합니다.
for predicted in target_user_top10_predicted:
    movie_id = predicted[0]
    predicted_rating = predicted[1]
    print(movie_dict[movie_id], ":", predicted_rating)
```

```
Burnt By the Sun (Utomlyonnye solntsem) (1994) : 5
To Live (Huozhe) (1994) : 5
Schindler's List (1993) : 5
Great Day in Harlem, A (1994) : 5
Godfather, The (1972) : 5
Rear Window (1954) : 5
Casablanca (1942) : 5
Citizen Kane (1941) : 5
African Queen, The (1951) : 5
One Flew Over the Cuckoo's Nest (1975) : 5
```

Step 4 평가: 예측 모델 평가하기

이제 우리가 스스로 의문을 가져야 할 때입니다. '과연 이 예측이 얼마나 정확한 예측일까?'라는 의문입니다. 이를 해소하기 위해서는 모델이 얼마나 정확하게 행렬을 완성했는지 평가해야 합니다. 행렬 완성의 가장 보편적인 평가 방법은 RMSE를 계산하는 것입니다.

SVD 모델에서 RMSE를 출력하는 코드는 다음과 같습니다. 데이터를 학습 데이터셋과 테스트 데이터셋으로 분리한 뒤, 학습 데이터셋을 사용하여 SVD 모델을 학습합니다. 그리고 테스트 데이터로 predictions라는 예측값을 생성하여 RMSE를 계산합니다.

>>> 예측 모델의 평가 방법

```
# SVD 라이브러리를 사용하기 위한 학습 데이터를 생성합니다. 학습 데이터와 테스트 데이터를 8:2로 분할합니다.
reader = Reader(rating_scale=(1, 5))
data = Dataset.load_from_df(rating_data[['user_id', 'movie_id', 'rating']], reader)
train_data, test_data = train_test_split(data, test_size=0.2)

# SVD 모델을 학습합니다.
train_start = time.time()
model = SVD(n_factors=8,
        lr_all=0.005,
        reg_all=0.02,
        n_epochs=100)
model.fit(train_data)
```

```
train_end = time.time()
print("training time of model: %.2f seconds" % (train_end - train_start))

predictions = model.test(test_data)

# 테스트 데이터의 RMSE를 출력합니다.
print("RMSE of test dataset in SVD model:")
accuracy.rmse(predictions)
```

실행 결과

```
training time of model: 97.03 seconds
RMSE of test dataset in SVD model:
RMSE: 0.8591
```

 미니 퀴즈 3-6

surprise 패키지의 SVD에는 n_factors와 같은 파라미터들이 존재합니다. 사용자가 설정하는 이러한 파라미터를 '하이퍼 파라미터'라고 합니다. 위의 예제에서 하이퍼 파라미터를 바꿔가며 RMSE를 출력해보세요.

　① RMSE를 이용해 적당한 하이퍼 파라미터 n_factors를 찾아봅시다.
　② 하이퍼 파라미터 n_factors 설정 변화에 따른 RMSE 그래프를 출력해보세요.

이번에는 4번 유저의 예측 평점과 실제 평점을 비교하는 시각화 그래프를 출력해봅시다. 아래의 코드는 4번 유저가 영화를 아직 보지 않았다는 가정하에 실제로 보았던 21개 영화의 가상 예측 평점을 계산한 것입니다.

```python
# 타겟 유저 정보를 테스트 데이터로 생성합니다.
test_data = []
for index, row in movie_data.iterrows():
    movie_id = row['movie_id']
    if movie_id in target_user_movie_rating_dict:
        rating = target_user_movie_rating_dict[movie_id]
        test_data.append((target_user_id, movie_id, rating))



# 타겟 유저의 평점 점수를 예측합니다.
target_user_predictions = model.test(test_data)

# 예측된 점수 중, 타겟 유저의 영화별 점수를 target_user_movie_predict_dict로 저장합니다.
def get_user_predicted_ratings(predictions, user_id, user_history):
    target_user_movie_predict_dict = {}
    for uid, mid, rating, predicted_rating, _ in predictions:
        if user_id == uid:
            if mid in user_history:
                target_user_movie_predict_dict[mid] = predicted_rating
    return target_user_movie_predict_dict

# target_user_movie_predict_dict에서 예측된 점수 중, 타겟 유저의 Top 10 영화를 선정합니다.
target_user_movie_predict_dict = get_user_predicted_ratings(predictions=target_
                                    user_predictions,
                                    user_id=target_user_id,
                                    user_history=target_user_movie_rating_dict)
                                                target_user_movie_predict_dict
```

실행 결과

```
{260: 4.383354119283634,
 480: 3.563833894900237,
 1036: 3.7514429277813637,
 1097: 4.438219524247531,
 1196: 4.071821719944433,
 1198: 4.388493788585411,
 1201: 4.433966075847567,
 1210: 3.6523494542922457,
 1214: 4.506227322220238,
 1240: 4.152640037607795,
```

```
1387: 4.483113413636387,
1954: 4.1614079539768944,
2028: 4.580413873901978,
2366: 4.295487724020996,
2692: 4.300224362296124,
2947: 4.185420505608703,
2951: 4.1809248227978,
3418: 4.198270279143383,
3468: 4.809074199608102,
3527: 3.34962402092317,
3702: 4.119786913461233}
```

4번 유저가 실제로 관람했던 21개 영화에 대한 가상 예측 평점, 실제 평점, 그리고 영화의 제목을 하나로 출력한 결과는 다음과 같습니다.

>>> **실제 평점과의 비교 시각화하기**

```python
# 예측 점수와 실제 점수를 영화 타이틀에 매핑합니다.
origin_rating_list = []
predicted_rating_list = []
movie_title_list = []
idx = 0
for movie_id, predicted_rating in target_user_movie_predict_dict.items():
    idx = idx + 1
    predicted_rating = round(predicted_rating, 2)
    origin_rating = target_user_movie_rating_dict[movie_id]
    movie_title = movie_dict[movie_id]
    print("movie", str(idx), ":", movie_title, "-", origin_rating, "/", predicted_rating)
    origin_rating_list.append(origin_rating)
    predicted_rating_list.append(predicted_rating)
    movie_title_list.append(str(idx))
```

실행 결과

```
movie 1 : Star Wars: Episode IV - A New Hope (1977) - 5 / 4.38
movie 2 : Jurassic Park (1993) - 4 / 3.56
movie 3 : Die Hard (1988) - 4 / 3.75
movie 4 : E.T. the Extra-Terrestrial (1982) - 4 / 4.44
movie 5 : Star Wars: Episode V - The Empire Strikes Back (1980) - 2 / 4.07
movie 6 : Raiders of the Lost Ark (1981) - 5 / 4.39
```

movie 7 : Good, The Bad and The Ugly, The (1966) - 5 / 4.43

movie 8 : Star Wars: Episode VI - Return of the Jedi (1983) - 3 / 3.65

movie 9 : Alien (1979) - 4 / 4.51

movie 10 : Terminator, The (1984) - 5 / 4.15

movie 11 : Jaws (1975) - 5 / 4.48

movie 12 : Rocky (1976) - 5 / 4.16

movie 13 : Saving Private Ryan (1998) - 5 / 4.58

movie 14 : King Kong (1933) - 4 / 4.3

movie 15 : Run Lola Run (Lola rennt) (1998) - 5 / 4.3

movie 16 : Goldfinger (1964) - 5 / 4.19

movie 17 : Fistful of Dollars, A (1964) - 4 / 4.18

movie 18 : Thelma & Louise (1991) - 4 / 4.2

movie 19 : Hustler, The (1961) - 5 / 4.81

movie 20 : Predator (1987) - 1 / 3.35

movie 21 : Mad Max (1979) - 4 / 4.12

아래의 그래프는 지금까지의 분석 결과를 시각화한 것입니다. 약 1~2개의 정도의 영화를 제외하면 실제 평점과 가상 예측 평점이 크게 다르지 않은 것을 알 수 있습니다.

>>> 실제 평점과의 비교 시각화하기

```python
# 실제 점수와 예측 점수를 리스트로 추출합니다.
origin = origin_rating_list
predicted = predicted_rating_list

# 영화의 개수만큼 막대 그래프의 index 개수를 생성합니다.
plt.rcParams['figure.figsize'] = (10,6)
index = np.arange(len(movie_title_list))
bar_width = 0.2

# 실제 점수와 예측 점수를 bar 그래프로 출력합니다.
rects1 = plt.bar(index, origin, bar_width,
            color='orange',
            label='Origin')
rects2 = plt.bar(index + bar_width, predicted, bar_width,
            color='green',
            label='Predicted')
plt.xticks(index, movie_title_list)
plt.legend()
plt.show()
```

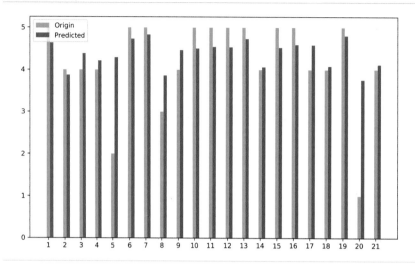

⊪⊪ 표로 정리하는 데이터 분석

주요 키워드	핵심 내용	설명
행렬 완성	평점 예측을 위해 행렬의 빈 공간을 완성하는 것	U-I-R(User-Item-Rating) 데이터셋은 행렬로 나타낼 수 있으며, 행렬의 R(Rating)을 예측하는 것이 행렬 완성의 목적입니다.
행렬 분해	SVD를 이용한 행렬 분해	행렬 분해를 역이용하여 행렬을 완성할 수 있습니다. 그중, SVD라는 방법이 가장 널리 사용됩니다.
예상 평점의 정확도	행렬의 예측 요소(Rating)를 RMSE로 평가하는 방법	원래의 행렬을 A, SVD로 생성된 행렬을 A'라고 할 때, A에서 값이 존재하는 Rating의 값들과 A'에서 예측된 Rating의 값들을 비교하여 RMSE를 계산할 수 있습니다.

1. 아래의 데이터셋을 기반으로 ①~④번 문제를 해결해보세요.

>>> **BostonHousing 데이터셋**

```
# -*- coding: utf-8 -*-
%matplotlib inline

import pandas as pd
import numpy as np
import matplotlib.pyplot as plt
import seaborn as sns

# Data Source : http://lib.stat.cmu.edu/datasets/boston_corrected.txt
file_path = '../data/BostonHousing2.csv'
housing = pd.read_csv(file_path)
housing = housing.rename(columns={'CMEDV': 'y'})
housing.head()
```

실행 결과

	TOWN	LON	LAT	y	CRIM	ZN	INDUS	CHAS	NOX	RM	AGE	DIS	RAD	TAX	PTRATIO	B	LSTAT
0	Nahant	−70,955	42,2550	24,0	0,00632	18,0	2,31	0	0,538	6,575	65,2	4,0900	1	296	15,3	396,90	4,98
1	Swampscott	−70,950	42,2875	21,6	0,02731	0,0	7,07	0	0,469	6,421	78,9	4,9671	2	242	17,8	396,90	9,14
2	Swampscott	−70,936	42,2830	34,7	0,02729	0,0	7,07	0	0,469	7,185	61,1	4,9671	2	242	17,8	392,83	4,03
3	Marblehead	−70,928	42,2930	33,4	0,03237	0,0	2,18	0	0,458	6,998	45,8	6,0622	3	222	18,7	394,63	2,94
4	Marblehead	−70,922	42,2980	36,2	0,06905	0,0	2,18	0	0,458	7,147	54,2	6,0622	3	222	18,7	396,90	5,33

① BostonHousing 데이터셋으로 회귀 분석을 수행하기 위한 데이터셋을 분리합니다.

② 분리한 데이터셋으로 회귀 분석을 수행합니다.

③ 학습 완료된 모델의 R2 score를 평가합니다.

④ 회귀 모델 피처의 계수를 출력합니다.

데이터 분류 모델

이번 장에서는 가장 재미있고 실용적인 데이터 분석 방법인 **분류 분석**에 대해서 공부합니다. 첫 번째 예제에서는 타이타닉 데이터로 예측하는 생존자 분류 분석, 그리고 두 번째 예제에서는 리뷰 데이터를 활용한 강남역 맛집 분류 분석을 알아봅니다.

이 장의 핵심 개념

1. 분류 분석의 개념을 이해합니다.

2. 분류 분석의 평가 기준에 대해 알아봅니다.

3. 피처 엔지니어링으로 더 나은 분석을 수행합니다.

4. 감성 분류에 대해 알아봅니다.

미리보는 데이터 분석

✓ 재난에서 살아남은 사람들의 특징

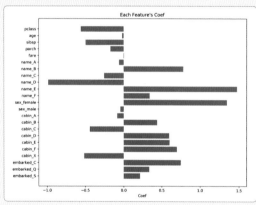

분석 결과: 생존 여부 분류 모델의 피처 영향력 그래프

✓ 맛집을 식별해주는 리뷰 키워드는 무엇일까?

깔끔하고/Adjective 0.5927178142528358	을/Josa -0.25366015507612083
맛있습니다/Adjective 0.5769878803526463	분/Noun -0.25504571112575497
맛있게/Adjective 0.5235114235362491	종업원/Noun -0.26536376012252444
잘/VerbPrefix 0.40149092170603856	조금/Noun -0.26784253891816473
먹었습니다/Verb 0.3985534075477734	명/Noun -0.27667512111534265
생생하니/Adjective 0.3300370018019412	를/Josa -0.2789661354121658
갑니다/Verb 0.306797873445845	그/Determiner -0.2813369169062724
강남/Noun 0.28374742772547235	테이블/Noun -0.2841799053790502
삼/Modifier 0.2829803592957771	시끄러워요/Adjective -0.28754346395089153
맛있어요/Adjective 0.2796787047543939	ㅠㅠㅠㅠ/KoreanParticle -0.28754346395089153
갈비살/Noun 0.2796787047543939	점/Noun -0.31256245576673186
친절해요/Adjective 0.26891924743311546	비해/Verb -0.3248478697508706
음식/Noun 0.2641572254699358.6	ㅠㅠ/KoreanParticle -0.34006346144893446
지인/Noun 0.263876327628184	서비스/Noun -0.37997616052065675
꼭/Noun 0.25829019511330165	주문/Noun -0.3863198639858679
환기/Noun 0.2551627227593666	기대이하였음/Verb -0.4066478664910899
친절하시고/Adjective 0.25022270914319966	이/Josa -0.42537727324344454
합/Noun 0.23951099136474382	는/Josa -0.44224690924911886
먹음/Noun 0.23138920870364946	은/Josa -0.5269304382033753
비싸다여/Adjective 0.23099662852083655	별로/Noun -0.5378177643512114

분석 결과: 맛집 분류의 긍정 키워드와 부정 키워드 비교

4.1 타이타닉의 생존자 가려내기

타이타닉의 생존자 그룹과 비생존자 그룹을 분류하는 예제를 4단계 step으로 살펴봅시다.

↗ 분석 미리보기

타이타닉 재난에서 살아남은 사람들의 특징

아래의 분석 결과는 **타이타닉 생존자 분류 모델**의 피처 영향력(계수) 그래프를 나타낸 것입니다. 아래 그림을 살펴보면 가장 영향력이 큰 변수는 name A~F, 그리고 Cabin A~X인 것을 확인할 수 있습니다. 어째서 나이나 성별, 혹은 지불 요금 같은 피처보다도 이름^{name}과 선실 번호^{cabin}가 더욱 중요한 것일까요? 이어지는 분석을 통해 그 이유를 알아봅시다.

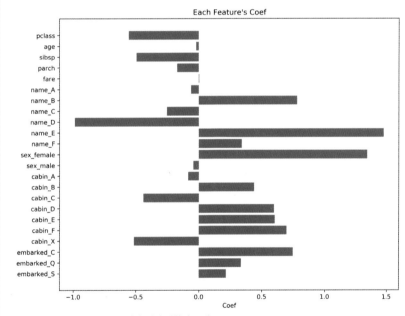

분석 결과: 생존 여부 분류 모델의 피처 영향력 그래프

탐색: 타이타닉 데이터 살펴보기

타이타닉 데이터셋의 구성은 다음과 같습니다.

- pclass : Passenger Class, 승객 등급

- survived : 생존 여부(생존은 1, 아닌 경우는 0)

- name : 승객 이름

- sex : 승객 성별

- age : 승객 나이

- sibsp : 동승한 형제 또는 배우자 수

- parch : 동승한 부모 또는 자녀 수

- ticket : 티켓 번호

- fare : 승객 지불 요금

- cabin : 선실 이름

- embarked : 승선항(C=쉘 부르크, Q=퀸즈타운, S=사우스 햄튼)

- body : 사망자 확인 번호

- home.dest : 고향/목적지

분석에 사용할 데이터는 총 2개의 파일로 구성되어 있습니다. 하나는 분류 모델의 학습을 위한 **학습 데이터셋**, 그리고 나머지 하나는 테스트를 위한 **테스트 데이터셋**입니다. 그리고 각 데이터의 age, cabin, body, home.dest 피처에는 결측치가 존재합니다. 다음의 코드로 이를 확인해봅시다.

>>> **타이타닉 데이터셋의 기본 정보 구하기**

```python
# -*- coding: utf-8 -*-
%matplotlib inline

import pandas as pd
import numpy as np
import matplotlib.pyplot as plt
import seaborn as sns

df_train = pd.read_csv("../data/titanic_train.csv")
```

```
df_test = pd.read_csv("../data/titanic_test.csv")
df_train.head(5)
```

	pclass	survived	name	sex	age	sibsp	parch	ticket	fare	cabin	embarked	body	home.dest
0	2	1	Mellinger, Miss. Madeleine Violet	female	13.0	0	1	250644	19,5000	NaN	S	NaN	England / Bennington, VT
1	2	1	Wells, Miss. Joan	female	4.0	1	1	29103	23,0000	NaN	S	NaN	Cornwall / Akron, OH
2	2	1	Duran y More, Miss. Florentina	female	30.0	1	0	SC/PARIS 2148	13,8583	NaN	C	NaN	Barcelona, Spain / Havana, Cuba
3	3	0	Scanlan, Mr. James	male	NaN	0	0	36209	7,7250	NaN	Q	NaN	NaN
4	3	1	Bradley, Miss. Bridget Delia	female	22.0	0	0	334914	7,7250	NaN	Q	NaN	Kingwilliamstown, Co Cork, Ireland Glens Falls...

```
print(df_train.info())
print("-----------------")
print(df_test.info())
```

```
<class 'pandas.core.frame.DataFrame'>
RangeIndex: 916 entries, 0 to 915
Data columns (total 13 columns):
pclass      916 non-null int64
survived    916 non-null int64
name        916 non-null object
sex         916 non-null object
age         741 non-null float64
sibsp       916 non-null int64
parch       916 non-null int64
ticket      916 non-null object
fare        916 non-null float64
cabin       214 non-null object
embarked    914 non-null object
body        85 non-null float64
home.dest   527 non-null object
```

```
dtypes: float64(3), int64(4), object(6)
memory usage: 93.1+ KB
None
----------------
<class 'pandas.core.frame.DataFrame'>
RangeIndex: 393 entries, 0 to 392
Data columns (total 13 columns):
pclass        393 non-null int64
survived      393 non-null int64
name          393 non-null object
sex           393 non-null object
age           305 non-null float64
sibsp         393 non-null int64
parch         393 non-null int64
ticket        393 non-null object
fare          393 non-null float64
cabin          81 non-null object
embarked      393 non-null object
body           36 non-null float64
home.dest     218 non-null object
dtypes: float64(3), int64(4), object(6)
memory usage: 40.0+ KB
None
```

먼저 name, ticket, body, home.dest, cabin 피처를 제거합니다. 이 피처들은 지금 당장 분석에 활용할 수 없거나(name, cabin), 큰 의미를 가지고 있지 않은 피처(ticket, home.dest, body)이기 때문입니다.

>>> 불필요한 피처 제거하기

```
# 데이터셋에서 name, ticket, body, cabin, home.dest 피처를 제거합니다.
df_train = df_train.drop(['name', 'ticket', 'body', 'cabin', 'home.dest'], axis=1)
df_test = df_test.drop(['name', 'ticket', 'body', 'cabin', 'home.dest'], axis=1)
```

다음으로 각 피처가 분류 분석에 미칠 영향에 대해 탐색해봅시다. 이를 탐색하는 가장 좋은 방법은 데이터를 그룹(생존자 그룹/비생존자 그룹)으로 나누어 피처의 그룹 간 차이를 탐색하는 것입니다. 생존 여부(생존=1, 아닌 경우=0)인 survived를 그룹으로 하여 pclass 피처의 그룹별 분포를 출력한 결과는 아래와 같습니다. seaborn의 countplot이라는 함수를 사용하면 아래와 같은 그래프를 출력할 수 있습니다. 그룹 비율은 약 3:5 정도로 나타났고, 그룹별 pclass의 분포는 상이하게 나타났습니다. 이를 통해 pclass 피처는 생존자 분류에 유의미한 영향을 미친다는 가설을 세워 볼 수 있습니다.

>>> **탐색적 데이터 분석하기**

```
print(df_train['survived'].value_counts())
df_train['survived'].value_counts().plot.bar()
```

실행 결과

```
0    563
1    353
```

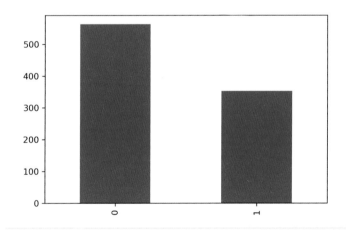

```
# survived 피처를 기준으로 그룹을 나누어 그룹별 pclass 피처의 분포를 살펴봅니다.
print(df_train['pclass'].value_counts())
ax = sns.countplot(x='pclass', hue = 'survived',  data = df_train)
```

```
3    498
1    230
2    188
```

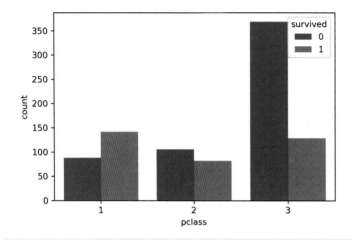

다음으로 age, sibsp와 같은 수치형 피처들에 대한 탐색을 진행합니다. 다음의 코드는 이러한 피처들을 탐색할 수 있는 자동화 함수 valid_features()를 작성한 것입니다. 함수가 실행하는 내용은 다음과 같습니다.

- 두 그룹 간의 분포를 비교하는 그래프를 출력합니다.
- 두 그룹 각각의 표준편차를 출력합니다.
- 두 그룹 간의 T-test 검정을 실시하여 출력합니다.
- 두 그룹 각각에 Shapiro-wilk 검정을 실시하여 출력합니다.

여기서 잠깐

☆ **Shapiro-wilk 검정**

Shapiro-wilk 검정이란 주어진 데이터가 얼마나 정규성을 따르는지, 즉 얼마나 정규분포에 가까운지를 측정하는 검정입니다.

```python
from scipy import stats

# 두 집단의 피처를 비교해주며 탐색작업을 자동화하는 함수를 정의합니다.
def valid_features(df, col_name, distribution_check=True):

    # 두 집단 (survived=1, survived=0)의 분포 그래프를 출력합니다.
    g = sns.FacetGrid(df, col='survived')
    g.map(plt.hist, col_name, bins=30)

    # 두 집단 (survived=1, survived=0)의 표준편차를 각각 출력합니다.
    titanic_survived = df[df['survived']==1]
    titanic_survived_static = np.array(titanic_survived[col_name])
    print("data std is", '%.2f' % np.std(titanic_survived_static))
    titanic_n_survived = df[df['survived']==0]
    titanic_n_survived_static = np.array(titanic_n_survived[col_name])
    print("data std is", '%.2f' % np.std(titanic_n_survived_static))

    # T-test로 두 집단의 평균 차이를 검정합니다.
    tTestResult = stats.ttest_ind(titanic_survived[col_name], titanic_n_
survived[col_name])
    tTestResultDiffVar = stats.ttest_ind(titanic_survived[col_name], titanic_n_
survived[col_name], equal_var=False)
    print("The t-statistic and p-value assuming equal variances is %.3f and %.3f."
% tTestResult)
    print("The t-statistic and p-value not assuming equal variances is %.3f and %.3f"
% tTestResultDiffVar)

    if distribution_check:
        # Shapiro-Wilk 검정: 분포의 정규성 정도를 검증합니다.
        print("The w-statistic and p-value in Survived %.3f and %.3f" %
stats.shapiro(titanic_survived[col_name]))
        print("The w-statistic and p-value in Non-Survived %.3f and %.3f" %
stats.shapiro(titanic_n_survived[col_name]))
```

아래의 실행 결과는 valid_features()를 실행한 것입니다. 이를 통해 살펴본 피처는 age, sibsp 두 피처입니다.

# 앞서 정의한 valid_features 함수를 실행합니다. age 피처와 sibsp 피처를 탐색합니다.
valid_features(df_train[df_train['age'] > 0], 'age', distribution_check=True)
valid_features(df_train, 'sibsp', distribution_check=False)

실행 결과

data std is 14.22
data std is 13.71
The t-statistic and p-value assuming equal variances is -0.546 and 0.585.
The t-statistic and p-value not assuming equal variances is -0.543 and 0.587
The w-statistic and p-value in Survived 0.982 and 0.001
The w-statistic and p-value in Non-Survived 0.968 and 0.000

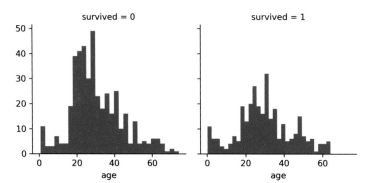

data std is 0.64
data std is 1.34
The t-statistic and p-value assuming equal variances is -2.118 and 0.034.
The t-statistic and p-value not assuming equal variances is -2.446 and 0.015

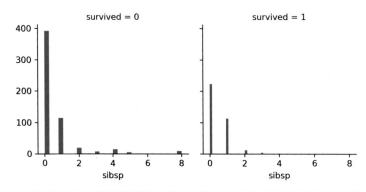

분석 결과, age 피처는 두 그룹 간의 평균 차이가 없기 때문에 생존자 분류에 미치는 영향력이 낮을 것이라고 가정해볼 수 있습니다. 반면 sibsp 피처에서는 두 그룹 간의 평균 차이가 어느 정도 존재한다는 것을 알 수 있습니다.

☀ **미니 퀴즈 4-1**

parch, fare, sex, embarked 피처에 대해 생존자/비생존자 간의 차이를 탐색해보세요.

위에서와 동일한 방법을 이용하여 생존자와 비생존자 그룹 간의 평균과 분포가 어떻게 다른지, 혹은 통계적 유의성이 얼마나 있는지 대해 살펴봅시다.

다음의 표는 지금까지 탐색한 피처의 내용을 정리한 것입니다.

탐색 대상 피처	두 그룹 간의 분포 혹은 평균의 차이가 있는가?
pclass	○
age	×
sibsp, parch	△
fare	○
sex	○
embarked	△

Step 2 분류: 생존자 분류 모델 만들기

이제 분류 모델을 만들어보겠습니다. 예측 모델과 마찬가지로 분류 모델 역시 다양한 방법이 존재합니다. 첫 번째로 시도해볼 방법은 **로지스틱 회귀 모델**Logistic regression을 이용한 분류입니다.

로지스틱 회귀 모델은 기존 회귀 분석의 예측값 Y를 0~1 사이의 값으로 제한하여 0.5보다 크면 1, 0.5보다 작으면 0이라고 분류하는 방법입니다. 로지스틱 회귀 모델은 일반적인 회귀 모델과 마찬가지로 계수 분석을 통한 피처의 영향력 해석이 용이하다는 장점이 있습니다.

로지스틱 모델을 사용하기 위해 회귀 분석을 수행할 때와 동일한 방법으로 데이터를 가공합니다. 우선 결측값을 처리합니다. 결측값이 존재하는 피처를 전처리하는 방법은 크게 두 가지입니다.

① 결측이 존재하는 데이터들을 삭제하는 방법

② 평균값, 혹은 중앙값이나 최빈값 등의 임의의 수치로 채워 넣는 방법

①은 처리가 쉽고 분석에서의 주관이 개입될 여지가 없다는 장점이 있습니다. 하지만 중요한 정보를 삭제하게 될 수도 있겠지요. ②는 데이터를 모두 분석에 활용할 수 있다는 장점이 있지만, 수치 왜곡의 가능성이 있다는 단점이 있습니다.

아래의 코드에서는 ②를 이용하여 age와 embark 피처의 결측값을 보정하였습니다. 그리고 원-핫 인코딩 방법으로 범주형 변수를 변환합니다. 현재 데이터셋은 train 데이터와 test 데이터로 분리되어있기 때문에 원-핫 인코딩을 적용하려면 하나의 데이터로 합쳐줄 필요가 있습니다. 그래서 두 데이터를 합친 whole_df에 원-핫 인코딩을 적용한 뒤, 다시 train과 test로 데이터를 분리합니다.

>>> 분류 모델을 위해 전처리하기

```
# age의 결측값을 평균값으로 대체합니다.
replace_mean = df_train[df_train['age'] > 0]['age'].mean()
df_train['age'] = df_train['age'].fillna(replace_mean)
df_test['age'] = df_test['age'].fillna(replace_mean)

# embark: 2개의 결측값을 최빈값으로 대체합니다.
embarked_mode = df_train['embarked'].value_counts().index[0]
df_train['embarked'] = df_train['embarked'].fillna(embarked_mode)
df_test['embarked'] = df_test['embarked'].fillna(embarked_mode)

# 원-핫 인코딩을 위한 통합 데이터 프레임(whole_df)을 생성합니다.
whole_df = df_train.append(df_test)
train_idx_num = len(df_train)

# pandas 패키지를 이용한 원-핫 인코딩을 수행합니다.
whole_df_encoded = pd.get_dummies(whole_df)
df_train = whole_df_encoded[:train_idx_num]
df_test = whole_df_encoded[train_idx_num:]

df_train.head()
```

	pclass	survived	age	sibsp	parch	fare	sex_female	sex_male	embarked_C	embarked_Q	embarked_S
0	2	1	13.000000	0	1	19.5000	1	0	0	0	1
1	2	1	4.000000	1	1	23.0000	1	0	0	0	1
2	2	1	30.000000	1	0	13.8583	1	0	1	0	0
3	3	0	30.231444	0	0	7.7250	0	1	0	1	0
4	3	1	22.000000	0	0	7.7250	1	0	0	1	0

이제 sklearn 모듈의 LogisticRegression 클래스로 모델을 학습합니다. 학습 코드는 아래와 같습니다.

>>> **분류 모델링: 로지스틱 회귀 모델**

```
from sklearn.linear_model import LogisticRegression
from sklearn.metrics import accuracy_score, precision_score, recall_score, f1_score

# 데이터를 학습 데이터셋, 테스트 데이터셋으로 분리합니다.
x_train, y_train = df_train.loc[:, df_train.columns != 'survived'].values, df_
train['survived'].values
x_test, y_test = df_test.loc[:, df_test.columns != 'survived'].values, df_
test['survived'].values

# 로지스틱 회귀 모델을 학습합니다.
lr = LogisticRegression(random_state=0)
lr.fit(x_train, y_train)

# 학습한 모델의 테스트 데이터셋에 대한 예측 결과를 반환합니다.
y_pred = lr.predict(x_test)
y_pred_probability = lr.predict_proba(x_test)[:,1]
```

그렇다면 이 모델이 생존자를 얼마나 잘 분류하는지는 어떻게 평가할까요? 일반적으로 분류 모델의 평가 기준은 **Confusion Matrix**라는 것을 활용합니다. 다음 그림은 이를 나타낸 것입니다. Predicted class는 모델이 예측하여 분류한 값, 그리고 Actual Class는 실제 데이터의 값입니다.

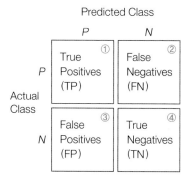

① True Positives: 1인 값을 1이라 하는 경우를 True Positives라고 합니다. 이는 관심 범주를 정확하게 분류한 것을 의미합니다.

② False Negatives: 1인 값을 0이라 하는 경우를 False Negatives라고 합니다. 이는 관심 범주가 아닌 것으로 잘못 분류한 경우입니다.

③ False Positives: 0인 값을 1이라 하는 경우를 False Positives라고 합니다. 이는 관심 범주라고 분류한 것이 잘못된 경우입니다.

④ True Negatives: 0인 값을 0이라 하는 경우를 True Negatives라고 합니다. 이는 관심 범주가 아닌 것을 아니라고 정확하게 분류한 경우입니다.

이 정보들을 이용한 분류의 평가 지표들은 다음과 같습니다.

- 정확도(Accuracy): $\dfrac{TP+TN}{TP+TN+FP+FN}$

- 정밀도(Precision): $\dfrac{TP}{TP+FP}$

- 재현도(Recall): $\dfrac{TP}{TP+FN}$

- 특이도(Specificity): $\dfrac{TN}{TN+FP}$

이 지표들을 응용한 두 가지 평가 지표가 **F1-score**와 **ROC Curve**입니다. F1-score는 정밀도와 재현도의 조화 평균값으로, 두 값을 동시에 고려할 때 사용하는 지표입니다. 그리고 ROC Curve는 아래의 그림처럼 재현도(민감도)와 특이도를 고려하여 종합적인 모델의 성능을 그래프로 나타내는 것인데, 그래프의 넓이를 계산한 AUC^{Area Under Curve}를 성능의 지표로 사용합니다. 이 값이 1에 가까울수록 좋은 분류 모델입니다.

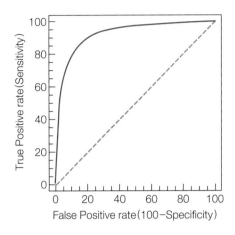

다음의 코드는 정확도, 정밀도, 특이도, F1-score 네 가지 지표로 모델을 평가한 것입니다. predict() 함수로 분류한 예측값들을 sklearn.metrics 모듈의 accuracy_score, precision_score, recall_score, f1_score 함수에 적용하면 다음과 같은 출력 결과를 얻을 수 있습니다.

≫ 분류 모델 평가하기

```
# 테스트 데이터셋에 대한 정확도, 정밀도, 특이도, f1 평가 지표를 각각 출력합니다.
print("accuracy: %.2f" % accuracy_score(y_test, y_pred))
print("Precision : %.3f" % precision_score(y_test, y_pred))
print("Recall : %.3f" % recall_score(y_test, y_pred))
print("F1 : %.3f" % f1_score(y_test, y_pred))
```

실행 결과

```
accuracy: 0.80
Precision : 0.756
Recall : 0.673
F1 : 0.712
```

그리고 다음의 코드는 Confusion Matrix를 직접 출력한 것입니다.

```
from sklearn.metrics import confusion_matrix

# Confusion Matrix를 출력합니다.
confmat = confusion_matrix(y_true=y_test, y_pred=y_pred)
print(confmat)
```

실행 결과

```
[[214  32]
 [ 48  99]]
```

마지막으로 AUC를 출력해봅시다. AUC 출력은 분류 결과인 0 혹은 1의 y값(y_pred)을 사용하는 것이 아니라, 분류 직전의 확률값(y_pred_probability)인 0~1 사이의 값을 사용해야 합니다. 아래 코드는 AUC를 출력함과 동시에 ROC Curve를 그래프로 나타낸 것입니다. 이 모델의 AUC는 약 0.837로, 생존자를 잘 분류해내는 모델이라고 평가할 수 있습니다.

>>> 로지스틱 회귀 모델의 AUC 구하기

```
from sklearn.metrics import roc_curve, roc_auc_score

# AUC(Area Under the Curve)를 계산하여 출력합니다.
false_positive_rate, true_positive_rate, thresholds = roc_curve(y_test, y_pred_
    probability)
roc_auc = roc_auc_score(y_test, y_pred_probability)
print("AUC : %.3f" % roc_auc)

# ROC curve를 그래프로 출력합니다.
plt.rcParams['figure.figsize'] = [5, 4]
plt.plot(false_positive_rate, true_positive_rate, label='ROC curve (area = %0.3f)' %
        roc_auc, color='red', linewidth=4.0)
plt.plot([0, 1], [0, 1], 'k--')
plt.xlim([0.0, 1.0])
plt.ylim([0.0, 1.0])
plt.xlabel('False Positive Rate')
plt.ylabel('True Positive Rate')
plt.title('ROC curve of Logistic regression')
plt.legend(loc="lower right")
```

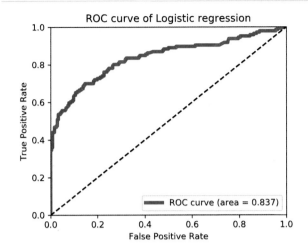

아래의 코드와 실행 결과는 로지스틱 회귀 모델과 더불어 분류 분석의 가장 대표적인 방법인 **의사결정 나무**Decision Tree **모델**을 적용한 결과입니다. 하지만 로지스틱 회귀 모델에 비해 모든 평가 지표가 낮은 것을 확인할 수 있습니다.

여기서 잠깐

☆ 의사결정 나무 모델

의사결정 나무 모델은 피처 단위로 조건을 분기하여 정답의 집합을 좁혀나가는 방법입니다. 마치 스무고개 놀이에서 정답을 찾아 나가는 과정과 유사하며, 이를 도식화하면 생김새가 '나무 모양'과 같다 하여 붙여진 이름입니다.

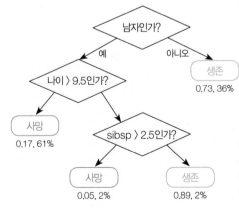

타이타닉 탑승객의 생존 여부를 나타내는 결정 트리. sibsp는 탑승한 배우자와 자녀의 수를 의미한다. 잎 아래의 숫자는 각각 생존 확률과 탑승객이 그 앞에 해당될 확률을 의미한다.

```
from sklearn.tree import DecisionTreeClassifier

# 의사결정 나무를 학습하고, 학습한 모델로 테스트 데이터셋에 대한 예측값을 반환합니다.
dtc = DecisionTreeClassifier()
dtc.fit(x_train, y_train)
y_pred = dtc.predict(x_test)
y_pred_probability = dtc.predict_proba(x_test)[:,1]

# 학습한 모델의 성능을 계산하여 출력합니다.
print("accuracy: %.2f" % accuracy_score(y_test, y_pred))
print("Precision : %.3f" % precision_score(y_test, y_pred))
print("Recall : %.3f" % recall_score(y_test, y_pred))
print("F1 : %.3f" % f1_score(y_test, y_pred))

# 학습한 모델의 AUC를 계산하여 출력합니다.
false_positive_rate, true_positive_rate, thresholds = roc_curve(y_test, y_pred_prob
      ability)
roc_auc = roc_auc_score(y_test, y_pred_probability)
print("AUC : %.3f" % roc_auc)

# ROC curve를 그래프로 출력합니다.
plt.rcParams['figure.figsize'] = [5, 4]
plt.plot(false_positive_rate, true_positive_rate, label='ROC curve (area = %0.3f)' %
        roc_auc, color='red', linewidth=4.0)
plt.plot([0, 1], [0, 1], 'k--')
plt.xlim([0.0, 1.0])
plt.ylim([0.0, 1.0])
plt.xlabel('False Positive Rate')
plt.ylabel('True Positive Rate')
plt.title('ROC curve of Logistic regression')
plt.legend(loc="lower right")
```

실행 결과

```
accuracy: 0.76
Precision : 0.688
Recall : 0.646
F1 : 0.667
AUC : 0.744
```

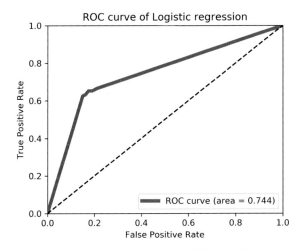

Step 3 모델 개선: 피처 엔지니어링 첫걸음

분류 모델의 성능을 더욱 끌어올리기 위해서는 어떻게 해야 할까요? 가장 먼저 생각해볼 수 있는 것은 '더 좋은 분류 기법'을 사용하는 것입니다. 혹은 '더 많은 데이터'를 사용하는 것도 좋은 방법일 것입니다. 하지만 이 방법들은 쉽게 적용할 수 있는 것들이 아닙니다.

이럴 때 분석가가 사용할 수 있는 무기는 바로 **피처 엔지니어링**Feature engineering입니다. 피처 엔지니어링이란 모델에 사용할 피처를 가공하는 분석 작업을 의미합니다. 이를 수행하기 위해 분석 과정을 처음부터 다시 시작하겠습니다. 먼저 다음의 코드와 같이 age, embark 피처의 결측값을 처리해준 뒤, whole_df라는 통합 데이터 프레임을 생성합니다.

>>> **분류 모델을 위해 전처리하기**

```
# 데이터를 다시 불러옵니다.
df_train = pd.read_csv("../data/titanic_train.csv")
df_test = pd.read_csv("../data/titanic_test.csv")
df_train = df_train.drop(['ticket', 'body', 'home.dest'], axis=1)
df_test = df_test.drop(['ticket', 'body', 'home.dest'], axis=1)

# age의 결측값을 평균값으로 대체합니다.
replace_mean = df_train[df_train['age'] > 0]['age'].mean()
df_train['age'] = df_train['age'].fillna(replace_mean)
```

```
df_test['age'] = df_test['age'].fillna(replace_mean)

# embark: 2개의 결측값을 최빈값으로 대체합니다.
embarked_mode = df_train['embarked'].value_counts().index[0]
df_train['embarked'] = df_train['embarked'].fillna(embarked_mode)
df_test['embarked'] = df_test['embarked'].fillna(embarked_mode)

# 원-핫 인코딩을 위한 통합 데이터 프레임(whole_df)을 생성합니다.
whole_df = df_train.append(df_test)
train_idx_num = len(df_train)
```

이번에는 cabin 피처와 name 피처를 가공하여 분석에 포함합니다. cabin 피처는 선실의 정보를 나타내는 데이터로, 선실을 대표하는 알파벳이 반드시 첫 글자에 등장한다는 패턴을 가지고 있습니다.

>>> **cabin 피처 활용하기**

```
print(whole_df['cabin'].value_counts()[:10])
```

실행 결과

```
C23 C25 C27         6
G6                  5
B57 B59 B63 B66     5
F4                  4
D                   4
F33                 4
F2                  4
C78                 4
B96 B98             4
C22 C26             4
Name: cabin, dtype: int64
```

이 피처의 결측 데이터는 알파벳이 없다는 의미의 'X' 알파벳으로 채워줍니다. 그리고 데이터의 수가 매우 적은 G와 T 선실 역시 'X'로 대체합니다. 마지막으로 cabin 피처에서 첫 번째 알파벳을 추출하기 위해 whole_df['cabin'].apply(lambda x: x[0]) 코드를 실행합니다.

```
# 결측 데이터의 경우는 'X'로 대체합니다.
whole_df['cabin'] = whole_df['cabin'].fillna('X')

# cabin 피처의 첫 번째 알파벳을 추출합니다.
whole_df['cabin'] = whole_df['cabin'].apply(lambda x: x[0])

# 추출한 알파벳 중, G와 T는 수가 너무 작기 때문에 마찬가지로 'X'로 대체합니다.
whole_df['cabin'] = whole_df['cabin'].replace({"G":"X", "T":"X"})

ax = sns.countplot(x='cabin', hue = 'survived',  data = whole_df)
plt.show()
```

전처리가 완료된 cabin 피처의 생존자/비생존자 그룹 간 분포는 아래와 같습니다. 이를 살펴본 결과, 두 그룹 간의 유의미한 차이가 있는 것으로 보입니다. 따라서 우리는 이 피처를 분류 모델에 사용해볼 수 있습니다.

실행 결과

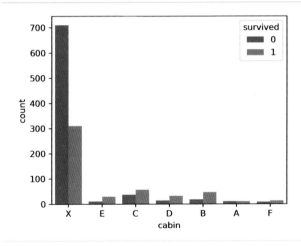

다음으로 name 피처를 살펴봅시다. 얼핏 봐서는 이름이라는 데이터를 어떻게 피처로 사용할 수 있을지 난감합니다. 하지만 데이터를 자세히 살펴보면 이 피처 또한 데이터 간의 공통점이 있음을 발견할 수 있습니다. 바로 이름의 구성 중간에 들어가는 **호칭** 정보입니다.

데이터셋의 이름 중 Bradley, Miss. Bridget Delia라는 이름을 예로 들어보겠습니다. 이 이름은 Bradley라는 성, Miss라는 호칭, Bridget Delia라는 이름으로 구성되어 있습니다. 그리고 모든 이름은 이러한 형태로 구성되어 있습니다. 당시 시대는 사회적 계급이 엄연히 존재하였기 때문에 호칭 정보는 매우 중요한 데이터로 활용될 수 있습니다. 호칭을 추출한 결과는 다음과 같습니다.

>>> **name 피처 활용하기**

```
# 이름에서 호칭을 추출합니다.
name_grade = whole_df['name'].apply(lambda x : x.split(", ",1)[1].split(".")[0])
name_grade = name_grade.unique().tolist()
print(name_grade)
```

실행 결과

```
['Miss', 'Mr', 'Master', 'Mrs', 'Dr', 'Mlle', 'Col', 'Rev', 'Ms', 'Mme', 'Sir', 'the
Countess', 'Dona', 'Jonkheer', 'Lady', 'Major', 'Don', 'Capt']
```

앞선 단계에서 추출한 호칭을 여섯 가지의 사회적 지위로 정의할 수 있습니다. 아래 코드의 give_grade() 함수로 whole_df의 name 피처를 A~F의 범주형 데이터로 변환하는 작업을 수행합니다.

>>> **name 피처 활용하기**

```
# 호칭에 따라 사회적 지위(1910년대 기준)를 정의합니다.
grade_dict = {'A': ['Rev', 'Col', 'Major', 'Dr', 'Capt', 'Sir'], # 명예직을 나타냅니다.
              'B': ['Ms', 'Mme', 'Mrs', 'Dona'], # 여성을 나타냅니다.
              'C': ['Jonkheer', 'the Countess'], # 귀족이나 작위를 나타냅니다.
              'D': ['Mr', 'Don'], # 남성을 나타냅니다.
              'E': ['Master'], # 젊은 남성을 나타냅니다.
              'F': ['Miss', 'Mlle', 'Lady']} # 젊은 여성을 나타냅니다.

# 정의한 호칭의 기준에 따라 A-F의 문자로 name 피처를 다시 정의하는 함수입니다.
def give_grade(x):
    grade = x.split(", ", 1)[1].split(".")[0]
    for key, value in grade_dict.items():
        for title in value:
            if grade == title:
                return key
    return 'G'
```

```
# 위의 함수를 적용하여 name 피처를 새롭게 정의합니다.
whole_df['name'] = whole_df['name'].apply(lambda x: give_grade(x))
print(whole_df['name'].value_counts())
```

변환된 피처의 각 범주별 개수를 출력한 결과는 다음과 같습니다.

실행 결과

```
D    758
F    263
B    201
E     61
A     24
C      2
Name: name, dtype: int64
```

미니 퀴즈 4-2

cabin 피처와 마찬가지로 name 피처에 대해 생존자/비생존자 그룹 간의 차이를 탐색해보세요.

위와 동일한 방법을 이용하여 생존자와 비생존자 그룹 간의 분포가 어떻게 다른지 시각적으로 탐색

해봅시다.

이제 모델을 학습하기 위한 마지막 전처리 단계로 모든 범주형 피처들에 원-핫 인코딩을 적용합니다.

>>> **원-핫 인코딩**

```
# 판다스 패키지를 이용한 원-핫 인코딩을 수행합니다.
whole_df_encoded = pd.get_dummies(whole_df)
df_train = whole_df_encoded[:train_idx_num]
df_test = whole_df_encoded[train_idx_num:]
df_train.head()
```

전처리가 완료된 데이터 프레임의 출력 결과는 다음과 같습니다.

실행 결과

	pclass	survived	age	sibsp	parch	fare	name _A	name _B	name _C	name _D	···	cabin _A	cabin _B	cabin _C	cabin _D	cabin _E	cabin _F	cabin _X	embarked _C	embarked _Q	embarked _S
0	2	1	13,000000	0	1	19,5000	0	0	0	0	···	0	0	0	0	0	0	1	0	0	1
1	2	1	4,000000	1	1	23,0000	0	0	0	0	···	0	0	0	0	0	0	1	0	0	1
2	2	1	30,000000	1	0	13,8583	0	0	0	0	···	0	0	0	0	0	0	1	1	0	0
3	3	0	30,231444	0	0	7,7250	0	0	0	1	···	0	0	0	0	0	0	1	0	1	0
4	3	1	22,000000	0	0	7,7250	0	0	0	0	···	0	0	0	0	0	0	1	0	1	0

'cabin', 'name'을 대상으로 피처 엔지니어링을 적용한 뒤, 다시 학습한 모델의 평가 결과는 아래와 같습니다. accuracy와 precision은 기존 모델에 비해 소폭 감소한 반면, F1 score와 AUC는 대폭 상승하였습니다. 이를 통해 분류 모델의 성능이 많이 향상되었다는 것을 알 수 있습니다.

>>> 피처 엔지니어링이 완료된 데이터셋 학습

```
# 데이터를 학습 데이터셋, 테스트 데이터셋으로 분리합니다.
x_train, y_train = df_train.loc[:, df_train.columns != 'survived'].values, df_
train['survived'].values
x_test, y_test = df_test.loc[:, df_test.columns != 'survived'].values, df_
test['survived'].values

# 로지스틱 회귀 모델을 학습합니다.
lr = LogisticRegression(random_state=0)
lr.fit(x_train, y_train)

# 학습한 모델의 테스트 데이터셋에 대한 예측 결과를 반환합니다.
y_pred = lr.predict(x_test)
y_pred_probability = lr.predict_proba(x_test)[:,1]

# 테스트 데이터셋에 대한 accuracy, precision, recall, f1 평가 지표를 각각 출력합니다.
print("accuracy: %.2f" % accuracy_score(y_test, y_pred))
print("Precision : %.3f" % precision_score(y_test, y_pred))
print("Recall : %.3f" % recall_score(y_test, y_pred))
print("F1 : %.3f" % f1_score(y_test, y_pred)) # AUC (Area Under the Curve) & ROC curve

# AUC (Area Under the Curve)를 계산하여 출력합니다.
```

```
false_positive_rate, true_positive_rate, thresholds = roc_curve(y_test, y_pred_
probability)
roc_auc = roc_auc_score(y_test, y_pred_probability)
print("AUC : %.3f" % roc_auc)

# ROC curve를 그래프로 출력합니다.
plt.rcParams['figure.figsize'] = [5, 4]
plt.plot(false_positive_rate, true_positive_rate, label='ROC curve (area = %0.3f)' %
         roc_auc, color='red', linewidth=4.0)
plt.plot([0, 1], [0, 1], 'k--')
plt.xlim([0.0, 1.0])
plt.ylim([0.0, 1.0])
plt.xlabel('False Positive Rate')
plt.ylabel('True Positive Rate')
plt.title('ROC curve of Logistic regression')
plt.legend(loc="lower right")
```

실행 결과

```
accuracy: 0.79
Precision : 0.736
Recall : 0.701
F1 : 0.718
AUC : 0.853
```

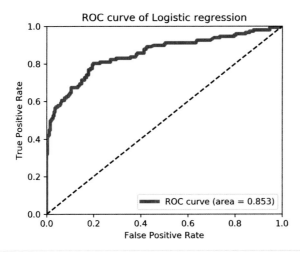

다음의 코드는 분류 모델의 피처 영향력을 그래프로 살펴본 것입니다. 우리는 이를 통해 피처 엔지니어링으로 생성된 'name', 'cabin' 피처의 영향력이 가장 크다는 것을 알 수 있습니다.

>>> **피처 영향력 살펴보기**

```
# 예측 대상인 survived 피처를 제외한 모든 피처를 리스트로 반환합니다. (그래프의 y축)
cols = df_train.columns.tolist()
cols.remove('survived')
y_pos = np.arange(len(cols))

# 각 피처별 회귀 분석 계수를 그래프의 x축으로 하여 피처 영향력 그래프를 출력합니다.
plt.rcParams['figure.figsize'] = [5, 4]
fig, ax = plt.subplots()
ax.barh(y_pos, lr.coef_[0], align='center', color='green', ecolor='black')
ax.set_yticks(y_pos)
ax.set_yticklabels(cols)
ax.invert_yaxis()
ax.set_xlabel('Coef')
ax.set_title("Each Feature's Coef")

plt.show()
```

실행 결과

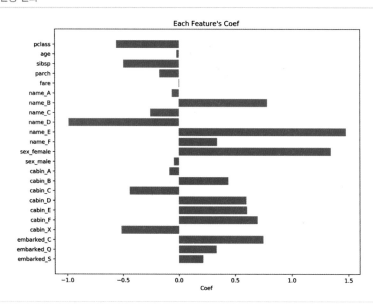

평가: 모델 검증하기

마지막 단계는 완성된 분류 모델을 검증하는 단계입니다. 이를 위해 **모델의 과적합 여부**를 검증해야 합니다. 우리가 알아볼 과적합 검증 방법은 두 가지입니다. 첫 번째는 K-fold 교차 검증K-fold cross validation, 그리고 두 번째는 학습 곡선Learning Curve을 살펴보는 방법입니다.

여기서 잠깐

☆ **K-fold 교차 검증**

학습용 데이터셋과 테스트용 데이터셋을 나눌 때, 두 데이터는 불균등하게 나눠졌을 가능성이 있습니다. K-fold 교차 검증은 이 가능성을 낮춰주는 방법으로, 데이터를 k개의 fold로 나누어 k-1개는 학습 데이터, 나머지 1개는 테스트 데이터로 사용하는 방법입니다. 아래의 그림은 k=5인 K-fold 교차 검증을 나타낸 것입니다.

Iteration 1	Test	Train	Train	Train	Train
Iteration 2	Train	Test	Train	Train	Train
Iteration 3	Train	Train	Test	Train	Train
Iteration 4	Train	Train	Train	Test	Train
Iteration 5	Train	Train	Train	Train	Test

이 그림에서는 총 5회의 학습을 통해 모델의 분할 검증을 5회 반복하는 것입니다. 만약 이 k번의 검증 과정에서 테스트 점수 간의 차이가 크지 않다면 모델은 과적합이 일어났을 가능성이 낮은 것입니다.

K-fold 교차 검증을 수행하기 위한 코드는 아래와 같습니다. 우선 sklearn.model_selection의 KFold 클래스로 cv라는 객체를 반환합니다. 그리고 이 객체의 split 함수를 for 반복문과 같이 사용하는데, 반복문에서는 전체 데이터를 k개로 분리하여 학습과 평가를 반복합니다.

>>> **K-fold 교차 검증 수행하기**

```
from sklearn.model_selection import KFold

# K-fold 교차 검증의 k를 5로 설정합니다.
k = 5
cv = KFold(k, shuffle=True, random_state=0)
auc_history = []

# K-fold를 5번의 분할 학습으로 반복합니다.
for i, (train_data_row, test_data_row) in enumerate(cv.split(whole_df_encoded)):

    # 5개로 분할된 fold 중 4개를 학습 데이터셋, 1개를 테스트 데이터셋으로 지정합니다. 매 반복시
    마다 테스트 데이터셋은 변경됩니다.
    df_train = whole_df_encoded.iloc[train_data_row]
    df_test = whole_df_encoded.iloc[test_data_row]

    # survived 피처를 y, 나머지 피처들을 x 데이터로 지정합니다.
    splited_x_train, splited_y_train = df_train.loc[:, df_train.columns !=
            'survived'].values, df_train['survived'].values
    splited_x_test, splited_y_test = df_test.loc[:, df_test.columns != 'survived'].
            values, df_test['survived'].values

    # 주어진 데이터로 로지스틱 회귀 모델을 학습합니다.
    lr = LogisticRegression(random_state=0)
    lr.fit(splited_x_train, splited_y_train)
    y_pred = lr.predict(splited_x_test)
    y_pred_probability = lr.predict_proba(splited_x_test)[:,1]

    # 테스트 데이터셋의 AUC를 계산하여 auc_history에 저장합니다.
    false_positive_rate, true_positive_rate, thresholds = roc_curve(splited_y_test,
            y_pred_probability)
    roc_auc = roc_auc_score(splited_y_test, y_pred_probability)
    auc_history.append(roc_auc)

# auc_history에 저장된 다섯 번의 학습 결과(AUC)를 그래프로 출력합니다.
plt.xlabel("Each K-fold")
plt.ylabel("AUC of splited test data")
plt.plot(range(1, k+1), auc_history) # baseline
```

아래의 실행 결과는 교차 검증의 k번째 실행마다 AUC를 리스트에 저장하고, 이를 그래프로 나타낸 것입니다. 그래프를 살펴본 결과, AUC가 큰 폭으로 변화하고 있는 것을 볼 수 있습니다. 따라서 이 모델은 다소 불안정한 모델이라고 할 수 있습니다.

다만 이러한 결과는 데이터의 개수가 적기 때문에 발생하는 현상입니다. 게다가 모든 실행에서 공통 적으로 Test AUC가 0.8 이상의 수치를 기록했기 때문에 이 분류 모델은 '과적합이 발생했지만 대 체로 높은 정확도를 가지는 모델'이라고 할 수 있습니다.

실행 결과

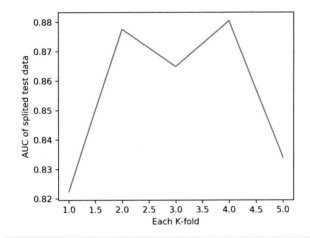

아래의 코드를 실행하기 앞서 먼저 scikitplot 모듈을 설치해봅시다.

```
[Anaconda Powershell Prompt]

(pybook) C:\Users\yoonk> pip install scikit-plot
```

학습 데이터와 테스트 데이터의 점수가 벌어지는 과적합 상황은 학습 곡선을 관찰함으로써 더 쉽게 관찰할 수 있습니다. 다음의 그래프는 학습 데이터 샘플의 개수가 증가함에 따라 학습과 테스트 두 점수가 어떻게 변화하는지를 관찰한 그래프입니다. 이를 통해 데이터가 300개 이상인 경우에는 과 적합의 위험이 낮아진다는 것을 알 수 있습니다.

>>> 학습 곡선 분석하기

```
import scikitplot as skplt
skplt.estimators.plot_learning_curve(lr, x_train, y_train)
plt.show()
```

실행 결과

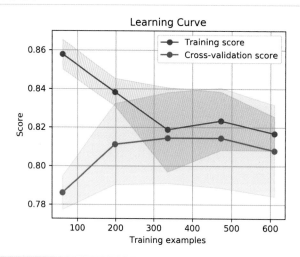

표로 정리하는 데이터 분석

주요 키워드	핵심 내용	설명
로지스틱 회귀 모델	로지스틱 회귀를 이용한 분류 모델	모델의 결과인 0~1 사이의 확률값을 0, 1로 분류하는 방법입니다. 피처 영향력을 분석하기 용이하다는 장점을 가지고 있습니다.
결측값 처리	모델 학습의 과정에서 결측값을 처리하는 방법	결측값을 처리하는 방법은 결측값을 삭제해버리는 방법, 그리고 임의의 수치로 채워 넣는 방법이 존재합니다.
분류 모델의 평가	Confusion Matrix를 기반으로 한 분류 모델의 평가지표	Confusion Matrix를 통해 계산된 Accuracy, Precision, Recall, F1-score, AUC 등의 수치로 분류 모델을 평가합니다.
분류 모델의 개선	피처 엔지니어링	피처 엔지니어링이란 모델에 사용할 피처를 가공하는 분석 작업을 의미합니다.
분류 모델의 검증	모델의 과적합을 검증하는 방법	분류 모델의 성능을 검증하기 위해서는 모델의 과적합 여부를 판단합니다. 그 방법으로 K-fold 교차 검증, 학습 곡선의 관찰 등의 방법이 있습니다.

4.2 강남역 맛집 리뷰로 알아보는 감성 분류

분류 모델의 가장 대표적인 활용 방법 중 하나는 바로 **감성 분류**입니다. 감성 분류란 문서(텍스트 데이터)를 긍정^{positive} 의견 또는 부정^{negative} 의견으로 나누어 분류하는 것입니다. 이번 절에서는 강남역 맛집 리뷰 데이터를 활용하여 감성 분류를 수행해봅니다. 더불어 어떠한 키워드가 맛집을 식별해주는 중요 키워드인지도 함께 알아봅시다.

분석 미리보기

수정 내용 확인하기

맛집을 식별해주는 리뷰 키워드는 무엇일까?

아래의 분석 결과는 감성 분류를 통해 맛집을 판단할 수 있는 **긍정 키워드와 부정 키워드**를 분석한 것입니다. 그림의 왼쪽은 긍정 키워드, 그리고 오른쪽은 부정 키워드를 나타낸 것입니다.

```
깔끔하고/Adjective 0.5927178142528358       을/Josa -0.25366015507612083
맛있습니다/Adjective 0.5769878803526463      분/Noun -0.25504571112575497
맛있게/Adjective 0.5235114235362491         종업원/Noun -0.26536376012252444
잘/VerbPrefix 0.40149092170603856          조금/Noun -0.26784253891816473
먹었습니다/Verb 0.3985534075477734           명/Noun -0.27667512111534265
생생하니/Adjective 0.3300370018019412        를/Josa -0.2789661354121658
갑니다/Verb 0.306797873445845               그/Determiner -0.2813369169062724
강남역/Noun 0.28374742772547235             테이블/Noun -0.2841799053790502
삼/Modifier 0.2829803592957771             시끄러워요/Adjective -0.28754346395089153
맛있어용/Adjective 0.2796787047543939        ㅠㅠㅠㅠ/KoreanParticle -0.28754346395089153
갈비살/Noun 0.2796787047543939              점/Noun -0.31256245576673186
친절해요/Adjective 0.26891924743311546       비해/Verb -0.3248478697508706
음식/Noun 0.26415722546993586              ㅠㅠ/KoreanParticle -0.34006346144893446
지인/Noun 0.263876327628184                서비스/Noun -0.37997616052065675
꼭/Noun 0.25829019511330165                주문/Noun -0.3863198639858679
환기/Noun 0.2551627227593666               기대이하였음/Verb -0.4066478664910899
친절하시고/Adjective 0.25022270914319966     이/Josa -0.42537727324344454
합/Noun 0.23951099136474382                는/Josa -0.44224690924911886
먹음/Noun 0.23138920870364946              은/Josa -0.5269304382033753
비싸다여/Adjective 0.23099662852083655       별로/Noun -0.5378177643512114
```

분석 결과: 맛집 분류의 긍정 키워드와 부정 키워드 비교

Step 1 크롤링: 카카오맵 리뷰 크롤링

첫 번째 단계에서는 크롤링을 이용하여 감성 분류에 필요한 데이터를 직접 수집합니다. 이번 예제에서 크롤링할 데이터는 카카오맵의 음식점 랭킹 정보입니다. 카카오맵의 페이지 구조는 다음의 그림과 같습니다. 만약 '강남역 고기집'과 같은 특정 검색어를 입력하면 링크가 포함된 음식점의 정보가 랭킹 형태로 나열됩니다.

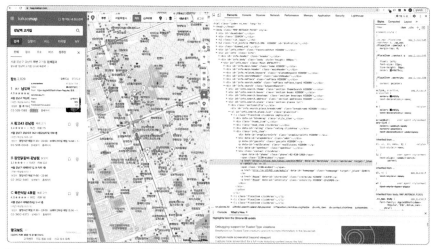

[그림 4-1] '강남역 고기집'이라고 검색한 카카오맵 페이지 검색 결과

2장의 나무위키 페이지에서와 마찬가지로, 이번 장의 예제에서도 selenium을 이용한 크롤링을 수행합니다. 카카오맵 페이지의 경우, Javascript 기반으로 페이지의 정보가 동적 로딩되기 때문에, 나무위키 페이지보다 크롤링하기에 조금 더 까다로운 편입니다.

우선 페이지의 구성을 보면, 검색어를 입력하면 그에 맞는 음식점이 결과로 나오는 형태입니다. 우리가 필요한 정보는 각 음식점의 리뷰 데이터이기 때문에, 음식점마다 달려있는 '상세보기' 링크를 통해리뷰 데이터를 수집해야 합니다. 이를 얻기 위해 상세보기 링크를 추출하는 과정이 필요합니다. 아래의 코드는 '강남역 고기집'을 검색했을 때 나오는 음식점들의 상세보기 링크를 크롤링한 것입니다.

》》 카카오맵 검색 결과로 나오는 고기집 상세페이지 url 정보 구하기

```
# -*- coding: utf-8 -*-

%matplotlib inline

import pandas as pd
import numpy as np
import matplotlib.pyplot as plt
import seaborn as sns

from selenium import webdriver
from bs4 import BeautifulSoup
import re
```

```python
import time

# brew 로 설치된 chromedriver의 path (Mac)
path = "/usr/local/bin/chromedriver"

# 윈도우용 크롬 웹드라이버 실행 경로 (Windows)
excutable_path = "chromedriver.exe"

# 크롤링할 사이트 주소를 정의합니다.
source_url = "https://map.kakao.com/"

# 크롬 드라이버를 사용합니다 (맥은 첫 줄, 윈도우는 두번째 줄 실행)
# driver = webdriver.Chrome(path)
driver = webdriver.Chrome(executable_path=excutable_path)

# 카카오 지도에 접속합니다
driver.get(source_url)

# 검색창에 검색어를 입력합니다
searchbox = driver.find_element_by_xpath("//input[@id='search.keyword.query']")
searchbox.send_keys("강남역 고기집")

# 검색버튼을 눌러서 결과를 가져옵니다
searchbutton = driver.find_element_by_xpath("//button[@id='search.keyword.submit']")
driver.execute_script("arguments[0].click();", searchbutton)

# 검색 결과를 가져올 시간을 기다립니다
time.sleep(2)

# 검색 결과의 페이지 소스를 가져옵니다
html = driver.page_source

# BeautifulSoup을 이용하여 html 정보를 파싱합니다
soup = BeautifulSoup(html, "html.parser")
moreviews = soup.find_all(name="a", attrs={"class":"moreview"})

# a태그의 href 속성을 리스트로 추출하여, 크롤링 할 페이지 리스트를 생성합니다.
page_urls = []
for moreview in moreviews:
    page_url = moreview.get("href")
    print(page_url)
```

```
        page_urls.append(page_url)

# 크롤링에 사용한 브라우저를 종료합니다.
driver.close()
```

실행 결과

```
https://place.map.kakao.com/85570955
https://place.map.kakao.com/1503746075
https://place.map.kakao.com/95713992
https://place.map.kakao.com/741391811
https://place.map.kakao.com/2011092566
https://place.map.kakao.com/2062959414
https://place.map.kakao.com/1648266796
https://place.map.kakao.com/168079537
https://place.map.kakao.com/13573220
https://place.map.kakao.com/263830255
https://place.map.kakao.com/1780387311
https://place.map.kakao.com/27238067
https://place.map.kakao.com/26431943
https://place.map.kakao.com/1907052666
https://place.map.kakao.com/2021432189
https://place.map.kakao.com/1052874675
```

그리고 다음의 [그림 4-2]는 상세 리뷰 페이지의 구조를 웹브라우저의 개발자 도구로 살펴본 것입니다.

[그림 4-2] 랭킹에 포함된 음식점의 상세 정보 페이지

다음 코드는 앞서 추출한 id를 이용하여 각 페이지에서 리뷰 데이터와 평점 데이터를 크롤링하는 코드입니다. 크롤링된 데이터에서는 4점 이상의 리뷰를 긍정 리뷰(1), 3점 이하의 리뷰를 부정 리뷰(0)라고 평가합니다.

>>> 가져온 맛집 리스트의 리뷰 정보 크롤링하기

```python
columns = ["score", "review"]
df = pd.DataFrame(columns=columns)

# driver = webdriver.Chrome(path)  # for Mac
driver = webdriver.Chrome(executable_path=excutable_path)  # for Windows
for page_url in page_urls:

    # 상세보기 페이지에 접속합니다
    driver.get(page_url)
    time.sleep(2)

    # 첫 페이지 리뷰를 크롤링합니다
    html = driver.page_source
    soup = BeautifulSoup(html, "html.parser")
    contents_div = soup.find(name="div", attrs={"class":"evaluation_review"})

    # 별점을 가져옵니다.
    rates = contents_div.find_all(name="em", attrs={"class":"num_rate"})

    # 리뷰를 가져옵니다.
    reviews = contents_div.find_all(name="p", attrs={"class":"txt_comment"})

    for rate, review in zip(rates, reviews):
        row = [rate.text[0], review.find(name="span").text]
        series = pd.Series(row, index=df.columns)
        df = df.append(series, ignore_index=True)

    # 2-5페이지의 리뷰를 크롤링합니다
    for button_num in range(2, 6):
        # 오류가 나는 경우(리뷰 페이지가 없는 경우), 수행하지 않습니다.
        try:
            another_reviews = driver.find_element_by_xpath("//a[@data-page='" +
                str(button_num) + "']")
            another_reviews.click()
            time.sleep(2)
```

```python
    # 페이지 리뷰를 크롤링합니다
    html = driver.page_source
    soup = BeautifulSoup(html, ""html.parser")
    contents_div = soup.find(name="div", attrs={"class":"evaluation_review"})

    # 별점을 가져옵니다.
    rates = contents_div.find_all(name="em", attrs={"class":"num_rate"})

    # 리뷰를 가져옵니다.
    reviews = contents_div.find_all(name="p", attrs={"class":"txt_comment"})

    for rate, review in zip(rates, reviews):
        row = [rate.text[0], review.find(name="span").text]
        series = pd.Series(row, index=df.columns)
        df = df.append(series, ignore_index=True)
    except:
        break
driver.close()

# 4점 이상의 리뷰는 긍정 리뷰, 3점 이하의 리뷰는 부정 리뷰로 평가합니다.
df['y'] = df['score'].apply(lambda x: 1 if float(x) > 3 else 0)
print(df.shape)
df.head()
```

상세 페이지를 자세히 살펴보면, 리뷰에도 페이지가 매겨져 있습니다. 이 경우, 자바스크립트의 버튼 이벤트로만 다른 페이지들의 리뷰를 가져올 수 있기 때문에, find_element_by_xpath 함수를 이용하여 자바스크립트의 버튼을 누르는 행동을 수행합니다. 이렇게 수집이 완료된 데이터셋을 head() 함수로 살펴본 결과는 다음과 같습니다.

실행 결과

	score	review	y
0	5	新鮮でおいしいです。	1
1	4	녹는다 녹아	1
2	4		1
3	5	흠잡을곳 없는 반찬이 정갈합니다	1
4	5	코로나 땜에 걱정했는데 방역수칙도 잘 지키시고 살치살이랑 등심 부드러워서 너무 좋아…	1

텍스트 전처리: 분류 모델 피처로 변환하기

다음 단계는 텍스트 데이터를 감성 분류의 피처로 사용할 수 있도록 하는 텍스트 전처리 과정입니다. 이번에도 Chapter 02에서 했던 것과 동일한 방식의 텍스트 전처리를 적용합니다. 다음 코드는 데이터에서 한글 문자열만 필터링하는 과정입니다.

>>> **한글 텍스트로 전처리하기**

```python
import re

# 텍스트 정제 함수: 한글 이외의 문자는 전부 제거합니다.
def text_cleaning(text):
    # 한글의 정규표현식으로 한글만 추출합니다.
    hangul = re.compile('[^ ㄱ-ㅣ가-힣]+')
    result = hangul.sub('', text)
    return result

# 함수를 적용하여 리뷰에서 한글만 추출합니다.
df = df[df['ko_text'].str.len() > 0]
df.head()
```

실행 결과

	score	y	ko_text
0	5	1	친절하시고 깔끔하고 좋았습니다
1	5	1	조용하고 고기도 굿
2	4	1	갈비탕과 냉면 육회비빔밥이 맛있습니다
3	4	1	대체적으로 만족하나와인의 구성이 살짝 아쉬움
4	5	1	고기도 맛있고 서비스는 더 최고입니다

형태소를 추출하는 전처리 과정도 진행합니다. 아래 코드에서는 '형태소/품사'의 형태로 데이터를 추출하는 get_pos()라는 함수를 정의하였고, 이 함수에 대한 테스트 코드 실행 결과는 다음과 같습니다.

```
from konlpy.tag import Okt

# konlpy 라이브러리로 텍스트 데이터에서 형태소를 추출합니다.
def get_pos(x):
    tagger = Okt()
    pos = tagger.pos(x)
    pos = ['{}/{}'.format(word,tag) for word, tag in pos]
    return pos

# 형태소 추출 동작을 테스트합니다.
result = get_pos(df['ko_text'].values[0])
print(result)
```

실행 결과

>> ['친절하시고/Adjective', '깔끔하고/Adjective', '좋았습니다/Adjective']

이제, 텍스트 데이터의 마지막 전처리 과정입니다. 이번 단계의 핵심은 텍스트 데이터를 분류 모델에 학습이 가능한 데이터셋으로 만드는 것입니다.

텍스트 데이터를 연산 가능한 피처로 만드는 방법은 다음과 같습니다.

① raw 데이터셋: 데이터 프레임의 텍스트 데이터에 해당합니다.

② 말뭉치: raw 데이터셋으로부터 말뭉치를 생성합니다. 이 말뭉치는 형태소의 서로 다른 고유한 셋set을 가지고 있습니다. [그림 4-3]에서는 총 6개의 형태소가 존재합니다.

③ 학습 데이터셋: 서로 다른 6개의 형태소는 각 텍스트 데이터의 벡터 길이가 됩니다. 만약 텍스트에 해당 단어가 존재하면 벡터의 값을 1로, 존재하지 않으면 벡터의 값을 0으로 할당합니다.

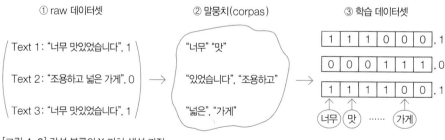

[그림 4-3] 감성 분류의 X 피처 생성 과정

파이썬에서는 sklearn.feature_extraction.text 라이브러리의 CountVectorizer라는 클래스를 통해 이 작업을 쉽게 수행할 수 있습니다. CountVectorizer 클래스의 tokenizer 파라미터는 텍스트 데이터의 전처리 방식을 입력하는 것이고, 이 객체에 df['ko_text'].tolist()을 입력값으로 fit_transform을 실행하면 학습 데이터셋을 생성할 수 있습니다. 이 과정이 완료된 X의 shape 출력 결과, 총 3,030개의 피처를 가진 545개의 학습 데이터셋이 생성되었음을 아래의 코드로 확인할 수 있습니다.

>>> **분류 모델의 학습 데이터로 변환하기: corpus index 생성**

```
from sklearn.feature_extraction.text import CountVectorizer

# 형태소를 벡터 형태의 학습 데이터셋(X 데이터)으로 변환합니다.
index_vectorizer = CountVectorizer(tokenizer = lambda x: get_pos(x))
X = index_vectorizer.fit_transform(df['ko_text'].tolist())
print(X.shape)
```

실행 결과

```
(545, 3030)
```

학습 데이터셋과 말뭉치가 올바르게 생성되었는지를 직접 확인해봅시다. 첫 번째 실행 결과는 아래 코드의 index_vectorizer.vocabulary_를 출력한 것이며 이는 피처 생성에 사용된 말뭉치입니다. 만약 '친절하시고'라는 형태소를 포함한 텍스트라면 2,647번 피처의 벡터값은 1이되는 것입니다.

두 번째 실행 결과는 원래의 텍스트 데이터와 변환 이후의 데이터를 함께 출력한 것입니다. 만약 '친절하시고 깔끔하고 좋았습니다'라는 문장에서 '친절하시고', '깔끔하고', '좋았습니다'라는 3개의 형태소로 구성된 텍스트 데이터가 있다고 할 때, 변환된 학습 데이터셋에서는 2,403, 428, 2647번 위치의 X 피처가 1로 채워진 데이터가 됩니다.

>>> **분류 모델의 학습 데이터로 변환하기**

```
print(str(index_vectorizer.vocabulary_)[:100]+"..")
```

```
{'친절하시고/Adjective': 2647, '깔끔하고/Adjective': 428, '좋았습니다/Adjective': 2403, '조용
하고/Adjective': 2356, '고..
```

```
print(df['ko_text'][0])
print(X[0])
```

```
친절하시고 깔끔하고 좋았습니다
(0, 2403)    1
(0, 428)     1
(0, 2647)    1
```

하지만 텍스트 데이터에 중복되는 형태소가 존재한다면 어떻게 될까요? 만약 '너무 좋았습니다', '너무 너무 너무 좋았습니다'라는 두 텍스트 데이터가 있다면 중복되는 형태소 '너무'가 존재하기 때문에 이 둘은 같은 데이터로 변환됩니다. 이 문제를 해결하기 위해 텍스트를 피처로 만드는 다른 방법인 TF-IDF를 적용해봅시다.

여기서 잠깐

☆ **TF-IDF(Term Frequency-Inverse Document Frequency)**

TF-IDF는 단어 빈도를 나타내는 TF와 문서 빈도를 나타내는 DF의 역수(Inverse)인 IDF를 곱한 값을 의미합니다. 만약 1번 텍스트에 '맛집'이라는 단어가 3번 등장하고, 모든 데이터에서는 '맛집'이라는 단어가 10개의 텍스트에 등장한다고 할 때, 1번 문서에서 '맛집'의 TF값은 3, IDF값은 0.1이 됩니다. 따라서 TF-IDF는 다른 문서들에서는 등장하지 않았지만 현재 문서에서는 많이 등장하는 단어를 의미하며, 그 단어가 현재 문서에서 얼마나 중요한지를 피처로 나타낼 수 있는 방법입니다.

아래 코드는 sklearn.feature_extraction.text 라이브러리로 TF-IDF를 수행한 코드입니다. TfidfTransformer라는 클래스를 선언한 뒤, 이전 단계에서 생성했던 X를 fit_transform으로 변환합니다. 수행 결과는 다음과 같습니다.

```
from sklearn.feature_extraction.text import TfidfTransformer

# TF-IDF 방법으로 형태소를 벡터 형태의 학습 데이터셋(X 데이터)으로 변환합니다.
tfidf_vectorizer = TfidfTransformer()
X = tfidf_vectorizer.fit_transform(X)

print(X.shape)
print(X[0])
```

'친절하시고 깔끔하고 좋았습니다'라는 텍스트 데이터가 TF-IDF 피처로 표현된 것을 확인할 수 있습니다.

실행 결과

```
(545, 3030)
(0, 2647)      0.5548708693511647
(0, 2403)      0.48955631270748484
(0, 428)       0.6726462183300624
```

Step 3 분류: 긍정/부정 리뷰 분류하기

이제 감성 분류를 위한 데이터셋이 모두 준비되었습니다. 이 데이터를 이용하여 이전 절에서와 마찬가지 방법으로 분류 모델을 학습시켜봅시다. 가장 먼저 sklearn.model_selection이 제공하는 train_test_split() 함수를 사용하여 학습 데이터셋, 그리고 테스트용 데이터셋으로 데이터를 분리합니다.

》》》 분류 모델링: 데이터셋 분리

```
from sklearn.model_selection import train_test_split

y = df['y']
x_train, x_test, y_train, y_test = train_test_split(X, y, test_size=0.30)
print(x_train.shape)
print(x_test.shape)
```

```
(381, 3030)
(164, 3030)
```

아래의 코드로 LogisticRegression 클래스 분류 모델을 학습합니다. 그리고 이에 대한 출력 결과
는 테스트 데이터셋으로 분류 모델을 평가한 결과입니다.

>>> **분류 모델링: 로지스틱 회귀 모델**

```python
from sklearn.linear_model import LogisticRegression
from sklearn.metrics import accuracy_score, precision_score, recall_score, f1_score

# 로지스틱 회귀 모델을 학습합니다.
lr = LogisticRegression(random_state=0)
lr.fit(x_train, y_train)
y_pred = lr.predict(x_test)
y_pred_probability = lr.predict_proba(x_test)[:,1]

# 로지스틱 회귀 모델의 성능을 평가합니다.
print("accuracy: %.2f" % accuracy_score(y_test, y_pred))
print("Precision : %.3f" % precision_score(y_test, y_pred))
print("Recall : %.3f" % recall_score(y_test, y_pred))
print("F1 : %.3f" % f1_score(y_test, y_pred))
```

실행 결과

```
accuracy: 0.90
Precision : 0.896
Recall : 1.000
F1 : 0.945
```

실행 결과를 확인해보면 대부분의 평가 수치가 매우 높은 것을 볼 수 있습니다. 이렇게 분류기의 성
능이 비정상적으로 높은 경우에는 모델의 평가 방법이나 과정을 의심해볼 필요가 있습니다. 이러한
의심을 직접 해소하기 위해 Confusion Matrix를 출력해봅시다.

```
from sklearn.metrics import confusion_matrix

# Confusion Matrix를 출력합니다.
confmat = confusion_matrix(y_true=y_test, y_pred=y_pred)
print(confmat)
```

실행 결과

```
[[  0  17]
 [  0 147]]
```

그런데 출력 결과가 무언가 이상하지 않은가요? 그렇습니다. 이 분류 모델은 모든 데이터를 '1'로 예측하고 있습니다. 모델이 하나의 결과만을 예측하도록 잘못된 학습을 한 것이지요. 이러한 현상을 **클래스의 불균형 문제**라고 합니다. 이는 데이터의 Positive sample(1)과 Negative sample(0)의 비율이 크게 차이가 나는 경우에 발생합니다. 그래서 **적절한 샘플링 방법**을 통하여 클래스의 불균형 문제를 해결해야 합니다.

클래스 불균형 문제를 해결하기 위해 현재 데이터에는 Positive, Negative 클래스가 어느 정도 비율인지를 살펴봅시다. 아래 코드의 실행 결과, 약 10:1 정도의 비율인 것을 확인할 수 있습니다.

>>> **클래스 불균형 문제 해결하기**

```
# y가 0과 1을 각각 얼마나 가지고 있는지를 출력합니다.
df['y'].value_counts()
```

실행 결과

```
1    492
0     53
Name: y, dtype: int64
```

이제, 두 클래스 간의 비율을 동일하게 맞춰주는 방법을 생각해볼 수 있습니다. 다음의 코드에서는 클래스를 1:1 비율로 샘플링하기 위해 y가 1인 50개의 샘플, y가 0인 50개의 샘플을 임의로 추출합니다. 그리고 이 데이터를 다시 학습 데이터셋(70개)과 테스트 데이터셋(30개)으로 분리하는 방법을 사용합니다.

```python
# 1:1 비율로 랜덤 샘플링을 수행합니다.
positive_random_idx = df[df['y']==1].sample(50, random_state=30).index.tolist()
negative_random_idx = df[df['y']==0].sample(50, random_state=30).index.tolist()

# 랜덤 데이터로 데이터셋을 나눕니다.
random_idx = positive_random_idx + negative_random_idx
sample_X = X[random_idx, :]
y = df['y'][random_idx]
x_train, x_test, y_train, y_test = train_test_split(sample_X, y, test_size=0.30)
print(x_train.shape)
print(x_test.shape)
```

실행 결과

```
(70, 3030)
(30, 3030)
```

균형을 맞춰 샘플링한 데이터로 학습과 평가를 진행합니다. 이전보다 모델의 정확도는 떨어졌지만, 상식적인 수준에서 납득할 수 있을 정도의 성능으로 변하였습니다. 과연 이전의 문제가 잘 해결되었는지 확인하기 위해 confusion matrix를 다시 한번 살펴봅시다.

›› 로지스틱 회귀 모델 다시 학습하기

```python
# 로지스틱 회귀 모델을 다시 학습합니다.
lr = LogisticRegression(random_state=0)
lr.fit(x_train, y_train)
y_pred = lr.predict(x_test)
y_pred_probability = lr.predict_proba(x_test)[:,1]

# 학습한 모델을 테스트 데이터로 평가합니다.
print("accuracy: %.2f" % accuracy_score(y_test, y_pred))
print("Precision : %.3f" % precision_score(y_test, y_pred))
print("Recall : %.3f" % recall_score(y_test, y_pred))
print("F1 : %.3f" % f1_score(y_test, y_pred))
```

```
accuracy: 0.73
Precision : 0.833
Recall : 0.625
F1 : 0.714
```

그리고 아래와 같이 다시 Confusion Matrix를 살펴본 결과, 새롭게 학습한 분류 모델은 0과 1 두 클래스를 비슷한 비율로 예측하고 있는 것을 알 수 있습니다. 이처럼 분류 모델의 평가 척도는 데이터셋의 샘플링 방법에 따라 성능과 기준이 달라질 수 있습니다.

```
# Confusion Matrix를 출력합니다.
confmat = confusion_matrix(y_true=y_test, y_pred=y_pred)
print(confmat)
```

실행 결과

```
[[12  2]
 [ 6 10]]
```

Step 4 분석: 중요 키워드 분석하기

지금까지 학습한 감성 분류 모델에서는 어떤 형태소가 높은 영향력을 가지고 있을까요? 이를 알아보기 위해 로지스틱 회귀 모델의 피처 영향력을 추출해봅시다.

3,030개 형태소 각각의 설명 변수는 다음의 그래프와 같습니다. 이 중, 양수인 피처들은 리뷰에서 긍정적이라고 판단되는 형태소이며, 음수인 피처들은 리뷰에서 부정적으로 판단되는 형태소라고 생각할 수 있습니다.

```
# 학습한 회귀 모델의 계수를 출력합니다.
plt.rcParams['figure.figsize'] = [10, 8]
plt.bar(range(len(lr.coef_[0])), lr.coef_[0])
print(sorted(((value, index) for index, value in enumerate(lr.coef_[0])), reverse=
        True)[:5])
print(sorted(((value, index) for index, value in enumerate(lr.coef_[0])), reverse=
        True)[-5:])
```

실행 결과

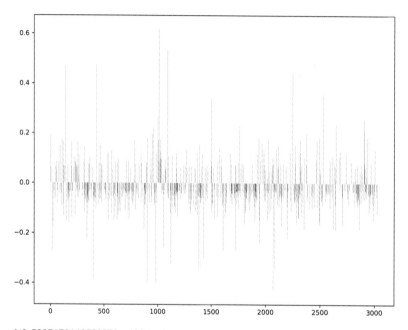

[(0.5927178142528358, 428), (0.5769878803526463, 1013), (0.5235114235362491, 999),
(0.40149092170603856, 2247), (0.3985534075477734, 1093)]
[(-0.4066478664910899, 399), (-0.42537727324344454, 2082), (-0.44224690924911886, 589),
(-0.5269304382033753, 2069), (-0.5378177643512114, 1309)]

그리고 긍정 형태소와 부정 형태소를 출력하기 위해 계수를 기준으로 하여 형태소를 정렬합니다. 정렬된 벡터는 index_vectorizer 객체에 다시 결과를 맵핑합니다. 아래의 코드를 실행하면 계수가 높은 순서대로 형태소를 출력할 수 있습니다.

>>> **중요 변수의 형태소**

```
# 회귀 모델의 계수를 높은 순으로 정렬합니다.
coef_pos_index = sorted(((value, index) for index, value in enumerate(lr.coef_[0])),
        reverse=True)

# 회귀 모델의 계수를 index_vectorizer에 맵핑하여 어떤 형태소인지 출력할 수 있게 합니다.
invert_index_vectorizer = {v: k for k, v in index_vectorizer.vocabulary_.items()}

# 계수가 높은 순으로 피처에 형태소를 맵핑한 결과를 출력합니다. 계수가 높은 피처는 리뷰에 긍정적인
영향을 주는 형태소라고 할 수 있습니다.
print(str(invert_index_vectorizer)[:100]+'..')
```

실행 결과

{2647: '친절하시고/Adjective', 428: '깔끔하고/Adjective', 2403: '좋았습니다/Adjective', 2356: '조용하고/Adjective', 23..

피처 영향력을 기준으로 정렬된 형태소의 상위 20개 출력 결과는 다음과 같습니다. 이는 맛집 분류에 긍정정인 영향을 미친 상위 20개의 형태소라고 볼 수 있습니다. 반대로 하위 20개의 형태소를 출력한다면 부정적인 영향을 미친 상위 20개의 형태소를 출력할 수 있습니다.

>>> **상위 20개 긍정 형태소 출력하기**

```
# 상위 20개 긍정 형태소를 출력합니다.
for coef in coef_pos_index[:20]:
    print(invert_index_vectorizer[coef[1]], coef[0])
```

실행 결과

```
깔끔하고/Adjective 0.5927178142528358
맛있습니다/Adjective 0.5769878803526463
맛있게/Adjective 0.5235114235362491
잘/VerbPrefix 0.40149092170603856
먹었습니다/Verb 0.3985534075477734
생생하니/Adjective 0.3300370018019412
갑니다/Verb 0.306797873445845
강남역/Noun 0.28374742772547235
삼/Modifier 0.2829803592957771
```

맛있어용/Adjective 0.2796787047543939
갈비살/Noun 0.2796787047543939
친절해요/Adjective 0.26891924743311546
음식/Noun 0.26415722546993586
지인/Noun 0.263876327628184
꼭/Noun 0.25829019511330165
환기/Noun 0.2551627227593666
친절하시고/Adjective 0.25022270914319966
합/Noun 0.23951099136474382
먹음/Noun 0.23138920870364946
비싸다여/Adjective 0.23099662852083655

 미니 퀴즈 4-3

피처 영향력에 따라 정렬된 형태소에서 품사(명사, 동사…)별 긍정 형태소 10개와 부정 형태소 10개
를 탐색해보세요. "/"로 구분되어 있는 정보를 활용하여 품사별 형태소를 추출할 수 있습니다.

📊 표로 정리하는 데이터 분석

주요 키워드	핵심 내용	설명
감성 분류의 피처	텍스트를 분류 모델의 피처로 만드는 방법	텍스트를 피처로 사용하기 위해 말뭉치 개념을 사용합니다. 말뭉치에 등장한 형태소 셋(set) 만큼을 벡터의 길이로 한 뒤, 형태소 위치에 해당하는 피처의 값을 1로 지정합니다.
TF-IDF	단어의 중요도를 파악하는 TF-IDF	현재 문서에서의 빈도, 그리고 전체 문서에서의 빈도를 이용하여 단어의 중요도를 파악합니다. 그리고 이를 피처로 사용합니다.
클래스 불균형	분류 모델에서의 클래스 불균형 문제	분류 모델에서는 Positive sample, Negative sample의 비율 때문에 클래스 불균형 문제가 발생합니다.
감성 키워드 분석	피처 영향력을 이용한 형태소 감성 키워드 분석	로지스틱 회귀 모델에서의 변수 중요도를 활용하여 형태소의 감성 영향력을 분석할 수 있습니다.

1. 아래의 데이터셋을 기반으로 문제를 해결합니다.

>>> **winequality 데이터셋**

```python
# -*- coding: utf-8 -*-
%matplotlib inline

import pandas as pd
import numpy as np
import matplotlib.pyplot as plt
import seaborn as sns

# Data Source : https://archive.ics.uci.edu/ml/machine-learning-
databases/wine-quality/
red_path = "../data/winequality-red.csv"
white_path = "../data/winequality-white.csv"

# 화이트 와인에 대한 데이터셋을 1로, 레드 와인에 대한 데이터셋을 0으로 하여 데이터
프레임을 병합합니다.
red_df = pd.read_csv(red_path, sep=";")
white_df = pd.read_csv(white_path, sep=";")
white_df['wine_kind'] = 1
red_df['wine_kind'] = 0
result_col = ['fixed acidity', 'volatile acidity', 'citric acid',
              'residual sugar', 'chlorides', 'free sulfur dioxide',
              'total sulfur dioxide', 'density', 'pH', 'sulphates',
              'alcohol', 'quality', 'wine_kind']
df = pd.DataFrame(columns=result_col)
df = df.append(white_df)
df = df.append(red_df)
df['quality'] = df['quality'].astype('str')
df['wine_kind'] = df['wine_kind'].astype('int')
origin_df = df.copy()
df.head()
```

실행 결과

	fixed acidity	volatile acidity	citric acid	residual sugar	chlorides	free sulfur dioxide	total sulfur dioxide	density	pH	sulphates	alcohol	quality	wine _kind
0	7.0	0.27	0.36	20.7	0.045	45.0	170.0	1.0010	3.00	0.45	8.8	6	1
1	6.3	0.30	0.34	1.6	0.049	14.0	132.0	0.9940	3.30	0.49	9.5	6	1
2	8.1	0.28	0.40	6.9	0.050	30.0	97.0	0.9951	3.26	0.44	10.1	6	1
3	7.2	0.23	0.32	8.5	0.058	47.0	186.0	0.9956	3.19	0.40	9.9	6	1
4	7.2	0.23	0.32	8.5	0.058	47.0	186.0	0.9956	3.19	0.40	9.9	6	1

① 분류 분석을 수행하기 위한 데이터셋을 분리합니다.

② 로지스틱 회귀 분석으로 분류 모델을 학습합니다.

③ 학습 완료된 모델의 F1 score, recall, precision, accuracy를 평가합니다.

④ Confusion Matrix를 출력합니다.

⑤ AUC & ROC curve를 출력합니다.

데이터 분석 종합 예제

이번 장에서는 지금까지의 모든 내용을 2개의 예제로 종합하여 정리하고자 합니다. '중고나라 휴대폰 거래가격 예측하기' 예제에서는 텍스트 마이닝을 통해 데이터를 분류하고, 중고 휴대폰 거래가격을 예측하는 방법을 소개합니다. https://www.youtube.com/watch?v=NOR0k6LDPpw에서 예제를 활용한 서비스의 시연 영상도 확인할 수 있습니다. '구매 데이터를 분석하여 상품 추천하기' 예제에서는 구매 데이터 분석에 기반해 온라인 스토어 상품을 추천해주는 시뮬레이션을 진행해봅니다.

이 장의 핵심 개념

1. Chapter 01~Chapter 04에서 학습했던 모든 내용을 종합 예제로 살펴봅니다.

2. 데이터 분석을 프로그램, 혹은 서비스의 형태에 응용합니다.

미리보는 데이터 분석

✔ 중고 휴대폰 인공지능 딜러 '얼마고(Almhago?)'

```
In [45]:   recent_price_index = 95.96
           recent_create_time_score = 1.0
           program_test_dict = {"maker": "apple",
                                "phone_model_detail": "iphone 6",
                                "phone_model_storage": "16gb",
                                "text": '아이폰6 스페이스그레이 16기가 10만원에 팔아요- 직접거래 \
                    메인보드 세척 완료 한 침수 폰 입니다폰 안켜지는 상태이구요 고쳐서 쓰실분 가져가세요10만원에 팔아요 \
                    리퍼한지 얼마안되서 기스 이런거 하나도 없습니당~서울 강남 근처 직접거래 가능하며택배거래도 가능해요',
                                "price_index": recent_price_index,
                                "create_time_score": recent_create_time_score}

           almhago = Almhago(model_to_factory_price_dict, col_to_index_dict,
                             common_words, init_vectorizer_vocabulary, tfidf_vectorizer,
                             svm_classifier, rf_regressor)
           almhago.predict(program_test_dict)

           선택하신 iphone 6 모델은 불량한 상태입니다. Almhago 예상 가격은 152307 원 입니다.
```

분석 결과: 주피터에서 실행한 '얼마고(Almhago?)' 프로그램

✔ 연말 선물로 구매할만한 상품 추천하기

	구매재D	실제주문	5개추천결과
1826	18043	{22568, 23559, 22960, 79321, 22623, 22620, 219…	[20972, 21034, 22326, 22180, 23203]
421	13629	{23581, 22896, 85099C, 85099B, 85099F}	[85099B, 85099C, 85099F, 21928, 21929]
495	13880	{20971, 22577, 22750, 23570, 22625, 20972, 227…	[22469, 47566, 22470, 71459, 84978]
464	13769	{22114, 84946, 82494L, 21790, 21181, 21166, 71…	[85123A, 21175, 21166, 21181, 85152]
1616	17410	{22818, 21890, 22043, 23396, 22899, 23497, 475…	[22197, 22431, 22690, 47566, 20974]

분석 결과: 구매 예측에 기반한 상품 추천 시뮬레이션 결과

5.1 중고나라 휴대폰 거래가격 예측하기

예제에서 사용하는 데이터는 https://www.data.go.kr/에서 제공하는 '네이버 중고나라' 데이터,
그리고 통신 3사(SK Telecom, LG U+, kt olleh) 사이트에서 제공하는 휴대폰 공시가격 데이터
를 기반으로 만들어진 것입니다.

↗ 분석 미리보기

중고 휴대폰 인공지능 딜러 '얼마고(Almhago?)'

아래의 그림은 중고 휴대폰 가격 예측 프로그램 '얼마고(Almhago?)'를 주피터에서 실행한 것입니다. '얼마
고(Almhago?)'는 중고나라 사이트에 올라온 2016년 2월 ~ 2017년 3월 휴대폰 거래 데이터를 기반으로
2017년 4월 시점에서의 중고 휴대폰 거래가격을 예측합니다. 또한 이용자가 게시글을 입력하는 형태의 가격
예측을 수행합니다.

```
In [45]: recent_price_index = 95.96
         recent_create_time_score = 1.0
         program_test_dict = {"maker": "apple",
                              "phone_model_detail": "iphone 6",
                              "phone_model_storage": "16gb",
                              "text": '아이폰6 스페이스그레이 16기가 10만원에 팔아요~ 직접거래 \
                              메인보드 세척 완료 한 침수 폰 입니다폰 안켜지는 상태이구요 고쳐서 쓰실분 가져가세요10만원에 팔아요 \
                              리퍼한지 얼마안되서 기스 이런거 하나도 없습니당~서울 강남 근처 직거래 가능하며택배거래도 가능해요',
                              "price_index": recent_price_index,
                              "create_time_score": recent_create_time_score}

         almhago = Almhago(model_to_factory_price_dict, col_to_index_dict,
                           common_words, init_vectorizer_vocabulary, tfidf_vectorizer,
                           svm_classifier, rf_regressor)
         almhago.predict(program_test_dict)

         선택하신 iphone 6 모델은 불량한 상태입니다. Almhago 예상 가격은 152307 원 입니다.
```

분석 결과: 주피터에서 실행한 '얼마고(Almhago?)' 프로그램

예제에서 사용할 중고나라 데이터셋은 다음과 같은 피처로 구성되어 있습니다.

- create_date: 판매(혹은 구매) 게시글이 올라온 시점
- price: 게시글 작성자가 제안한 휴대폰의 거래가격
- text: 게시글의 제목과 본문을 합친 텍스트 데이터
- phone_model: 휴대폰의 기종
- factory_price: 휴대폰 공시가격
- maker: 휴대폰 제조사
- price_index: 판매 게시글이 올라온 시점에서의 휴대폰 물가 지수 데이터

아래의 코드를 통해 데이터를 살펴본 결과, 약 5,000여 개의 데이터가 결측값 없이 구성되어 있다는 것을 알 수 있습니다.

>>> 중고나라 데이터셋 살펴보기

```
# -*- coding: utf-8 -*-
%matplotlib inline

import pandas as pd
import numpy as np
import matplotlib.pyplot as plt
import seaborn as sns

df = pd.read_csv("../data/used_mobile_phone.csv")
print(df.info())
df.head()
```

실행 결과

```
<class 'pandas.core.frame.DataFrame'>
RangeIndex: 4951 entries, 0 to 4950
Data columns (total 7 columns):
create_date    4951 non-null object
price          4951 non-null float64
text           4951 non-null object
phone_model    4951 non-null object
```

```
factory_price    4951 non-null int64
maker            4951 non-null object
price_index      4951 non-null float64
dtypes: float64(2), int64(1), object(4)
memory usage: 270.8+ KB
None
```

	create_date	price	text	phone_model	factory_price	maker	price_index
0	2017-03-19 4 35 00 PM	550000.0	아이폰6플러스 블랙+애플라이트 64기가 팝니다 아이폰6플러스 블랙+애플라이트 64...	iphone 6 64gb	924000	apple	95.96
1	2016-10-26 12 08 00 PM	380000.0	갤럭시s6엣지 32기가 팝니다 직거래 갤럭시s6엣지 32기가 품명 갤럭시s6엣지제...	galaxy s6 edge 32gb	979000	samsung	103.05
2	2016-10-25 12 52 00 PM	300000.0	갤럭시s6 풀박스로 팝니다 ~~~ 새상품급 실기스조차 없어요 직접거래 구매한지 1...	galaxy s6 32gb	854000	samsung	103.05
3	2017-03-23 11 14 00 PM	290000.0	sk g5 티탄 폰 단품판매합니다 직접거래 sk g5 티탄 폰 단품판매합니다 올...	lg g5 32gb	836000	lg	95.96
4	2016-04-11 7 35 00 PM	280000.0	sony 엑스페리아 c5 ultra e5506 16gb 미사용 새제품 팝니다 1...	lg u 32gb	396000	lg	102.59

다음으로 개별 피처들을 탐색합니다.

>>> **개별 피처 탐색하기: date 피처 탐색**

```
# create_date로부터 '월'을 의미하는 month 정보를 피처로 추출합니다.
df['month'] = df['create_date'].apply(lambda x: x[:7])

# 월별 거래 횟수를 계산하여 출력합니다.
df['month'].value_counts()
```

```
2016-10    2956
2017-03    1311
2016-08     107
2016-09     105
2016-04     102
2016-05      89
2016-06      76
2016-07      74
2016-03      70
2016-02      61
Name: month, dtype: int64
```

date 피처에서 월별 게시글의 개수를 살펴본 결과, 이 데이터는 2016년 10월, 그리고 2017년 3월에 집중적으로 수집된 데이터라는 것을 알 수 있습니다.

데이터의 개수를 일자별 시계열 그래프로도 나타내보았습니다. 이는 아래의 그래프와 같습니다.

>>> **개별 피처 탐색하기: date 피처 탐색**

```python
# 일별 거래 횟수를 계산하여 그래프로 출력합니다.
df_day = pd.to_datetime(df['create_date'].apply(lambda x: x[:10])).value_counts()
df_day.plot()
plt.show()
```

실행 결과

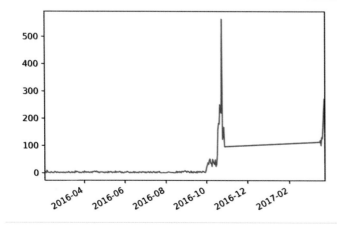

그리고 아래와 같이 price 피처의 탐색을 통해 중고나라에서 거래되고 있는 중고 휴대폰의 가격이 어느 정도인지 살펴볼 수 있습니다. 그래프로 분포를 살펴보면, 대부분의 중고 휴대폰이 60만 원 이하의 가격대를 형성하고 있으며, 몇몇은 그 이상에도 거래되고 있는 것을 알 수 있습니다.

>>> **개별 피처 탐색하기: price 피처 탐색**

```
# 가격의 분포를 그래프로 탐색합니다.
df['price'].hist(bins="auto")
```

실행 결과

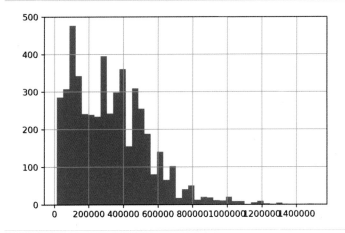

이번에는 휴대폰의 동일 기종 내에서의 가격 분포를 살펴봅시다. 이를 위해 phone_model을 groupby하여 그룹별 평균값과 표준편차를 구한 뒤, 모든 price의 z-score를 계산하였습니다. 이 값은 '동일 기종' 내에서의 상대적 가격을 나타내는 값입니다.

```
# 휴대폰 기종(phone_model)별 가격의 평균과 표준편차를 계산합니다.
df_price_model_mean = df.groupby('phone_model')['price'].transform(lambda x: np.mean(x))
df_price_model_std = df.groupby('phone_model')['price'].transform(lambda x: np.std(x))

# 이를 바탕으로 모든 데이터의 z-score를 계산합니다. 이는 해당 데이터의 가격이 기종별 평균에 비해
어느 정도로 높거나 낮은지를 알 수 있게 하는 점수입니다.
df_price_model_z_score = (df['price'] - df_price_model_mean) / df_price_model_std
df_price_model_z_score.hist(bins="auto")
```

실행 결과

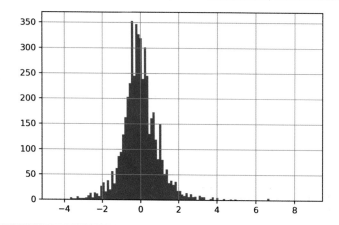

이를 그래프로 출력한 결과, 동일 기종 내에서 price 피처의 분포는 정규분포에 가깝다는 것을 알수 있습니다.

이번에는 factory_price 피처의 분포, 그리고 factory_price와 price 간의 관계를 탐색해봅시다.

```
# factory_price 피처의 분포를 탐색합니다.
df['factory_price'].hist(bins="auto")

# factory_price와 price 피처를 산점도 그래프로 출력하여 상관 관계를 살펴봅니다.
df.plot.scatter(x='factory_price', y='price')
```

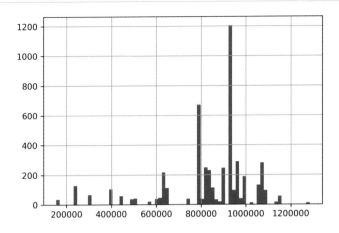

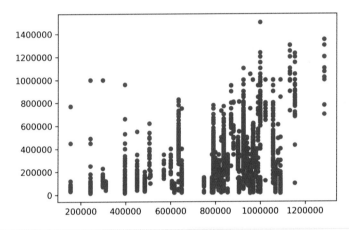

위 그래프의 출력 결과, 두 피처는 양의 상관 관계를 가지고 있습니다. 이를 통해 factory_price는 중고 휴대폰 판매 가격에 꽤 중요한 영향을 미칠 것이라고 추정할 수 있습니다.

다음으로 phone_model 피처를 탐색한 결과, 휴대폰 기종의 개수는 총 64개로 나타났습니다. 상위 5개의 기종을 제외하면 대부분 10개~90개 사이의 데이터를 가지고 있다는 것을 알 수 있습니다. 이 외에도 [미니 퀴즈 5-1]을 통해 'maker', price_index 피처를 탐색해봅시다.

```
# 기종별 총 거래 데이터 개수를 집계합니다.
model_counts = df['phone_model'].value_counts()
print(model_counts.describe())

# 기종별 총 거래 데이터 개수를 상자 그림으로 살펴봅니다.
plt.boxplot(model_counts)
```

실행 결과

```
count      64.000000
mean       77.359375
std       143.432786
min        10.000000
25%        23.000000
50%        35.000000
75%        90.500000
max      1002.000000
Name: phone_model, dtype: float64
```

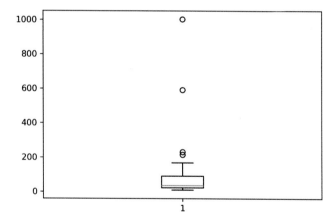

미니 퀴즈 5-1

maker, price_index 피처에 대한 특징을 탐색해봅시다.

value_counts를 이용하여 피처의 분포를 탐색해봅시다.

지금까지 탐색한 피처를 바탕으로 가격 예측 모델을 학습해봅시다. 그 과정에서 도출되는 피처 중요도 분석을 통해 어떤 피처가 예측 모델에 중요한 피처인지를 알 수 있습니다. 이러한 분석은 **랜덤 포레스트**Random Forest라는 모델로 수행할 수 있습니다.

☆ 랜덤 포레스트 모델

랜덤 포레스트 모델은 chapter04에서 살펴보았던 의사결정 나무Decision Tree 분석 방법을 응용한 것으로 의사결정 나무를 여러 개 모아 하나의 숲을 구성하는 방법입니다. 하나의 모델이 정답을 푸는 것이 아닌, 여러 개의 모델이 정답을 함께 푸는 것이기 때문에 더 정확한 학습이 가능합니다. 또한 이 방법은 모델이 생성되는 과정에서의 피처 중요도를 계산하기 때문에 탐색적 데이터 분석에 자주 사용됩니다. 랜덤 포레스트 모델은 회귀와 분류, 두 가지에 모두 적용이 가능합니다.

랜덤 포레스트는 sklearn 라이브러리의 RandomForestRegressor 클래스로 사용 가능합니다. 이 클래스의 fit 함수를 실행하여 모델을 학습한 뒤, feature_importances_ 를 출력하면 피처 중요도를 출력할 수 있습니다. 아래의 실행 결과는 모델의 예측 평가 점수인 R2 score, RMSE를 나타낸 것입니다. Train score와 Test score의 차이가 심한 것을 미루어 볼 때, 이 예측 모델은 과적합이 일어났다고 할 수 있습니다.

>>> **Random forest regressor**를 이용한 가격 예측

```
from sklearn.model_selection import train_test_split
from sklearn.feature_extraction import DictVectorizer
from sklearn.ensemble import RandomForestRegressor
from sklearn.metrics import r2_score
from sklearn.metrics import mean_squared_error

# 데이터를 학습/테스트용 데이터로 분리합니다.
df = df[['price', 'phone_model', 'factory_price', 'maker', 'price_index', 'month']]
df = pd.get_dummies(df, columns=['phone_model', 'maker', 'month'])
X = df.loc[:, df.columns != 'price']
y = df['price']
X_train, X_test, y_train, y_test = train_test_split(X, y, test_size=0.3, random_state=0)

# 랜덤 포레스트 모델을 학습합니다.
```

```
forest = RandomForestRegressor(n_estimators=1000,
                criterion='mse')
forest.fit(X_train, y_train)
y_train_pred = forest.predict(X_train)
y_test_pred = forest.predict(X_test)

# 학습한 모델을 평가합니다.
print('MSE train: %.3f, test: %.3f' % (
        mean_squared_error(y_train, y_train_pred),
        mean_squared_error(y_test, y_test_pred)))
print('R^2 train: %.3f, test: %.3f' % (
        r2_score(y_train, y_train_pred),
        r2_score(y_test, y_test_pred)))
```

실행 결과

```
MSE train: 10623864717.456, test: 13844230442.655
R^2 train: 0.781, test: 0.683
```

아래의 코드와 실행 결과는 랜덤 포레스트 모델의 피처 중요도를 출력한 것입니다. 이를 통해 factory_price, maker_apple ...순으로 모델에 중요한 피처라는 것을 알 수 있습니다.

≫ 피처 중요도 분석하기

```
# 학습한 모델의 피처 중요도를 그래프로 살펴봅니다.
importances = forest.feature_importances_
indices = np.argsort(importances)[::-1]
plt.bar(range(X.shape[1]), importances[indices])

# 학습한 모델의 피처 중요도를 출력합니다.
feat_labels = X.columns.tolist()
feature = list(zip(feat_labels, forest.feature_importances_))
sorted(feature, key=lambda tup: tup[1], reverse=True)[:10]
```

실행 결과

```
[('factory_price', 0.40633044976828153),
('maker_apple', 0.2967671249438872),
('phone_model_galaxy s3 3g 8gb', 0.022360656461530716),
('phone_model_iphone se 64gb', 0.0216504668150212),
```

```
('price_index', 0.020480584048659024),
('phone_model_galaxy s4 32gb', 0.016658352469115307),
('month_2017-03', 0.014900031894803939),
('maker_samsung', 0.014547393850565327),
('phone_model_galaxy s6 32gb', 0.01263345887080268),
('month_2016-05', 0.011444617513131137)]
```

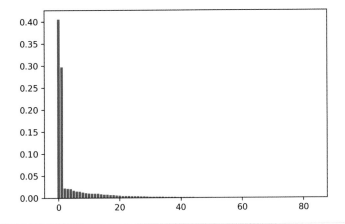

그렇다면 '시간'은 모델에 어떤 영향을 미칠까요? 이를 알아보기 위해 month 피처의 중요도만 살펴봅시다.

>>> **피처 중요도 분석하기**

```
# month 피처 중, 영향력이 높은순으로 정렬하여 출력합니다.
for sorted_feature in sorted(feature, key=lambda tup: tup[1], reverse=True):
    if "month" in sorted_feature[0]:
        print(sorted_feature)
```

실행 결과

```
('month_2017-03', 0.01480294494661192)
('month_2016-05', 0.011135816714075136)
('month_2016-09', 0.008327894964668844)
('month_2016-04', 0.007710324270606384)
('month_2016-10', 0.006373994697508981)
('month_2016-06', 0.004420286560996185)
('month_2016-08', 0.003611180620194981)
('month_2016-07', 0.002723552905387054)
```

```
('month_2016-03', 0.002376531067591209)
('month_2016-02', 0.0009476912267991444)
```

위 코드의 실행 결과를 살펴보면 '최근'에 가까운 'month'일수록 피처의 중요도가 높은 것을 알 수 있습니다.

Step 2 피처 엔지니어링: 예측 모델 개선하기

지금까지 수행한 탐색적 데이터 분석의 내용은 아래의 표와 같습니다. 이 내용을 토대로 가격 예측 모델의 성능을 개선하기 위한 피처 엔지니어링을 적용해봅시다.

피처	분석 내용	파생 가능한 피처
date	월 단위로 살펴본 결과, 2016년 10월과 2017년 3월의 데이터가 가장 많습니다. 최근에 가까운 월(Month)일수록 예측 모델에 중요한 피처입니다.	게시글의 등록 월(Month)
price	전체 휴대폰의 거래가와 달리 기종별 가격의 분포는 정규 분포의 형태를 띠고 있습니다.	동일 기종 내 상대 가격 (z-score)
factory_price	price 피처와의 양의 상관 관계가 관찰됩니다. 또한 예측 모델의 피처 중요도 분석 결과, 가장 중요한 피처로 나타났습니다.	–
phone_model	소수의 인기 기종이 많은 데이터를 가지고 있습니다.	휴대폰 세부 기종, 용량으로 분리한 2개의 피처
maker	Apple 브랜드가 가장 많으며, 가격 예측에서도 Apple 브랜드 여부는 가장 중요한 피처 중 하나입니다.	–
price_index	월별 변동이 크지 않으며, 총 4개의 값만을 가지고 있습니다. 가격 예측에서 그다지 중요한 피처는 아닙니다.	–

가장 먼저 create_date 피처를 분석에 활용하기 위해 '시간 점수'라는 것을 만들어봅시다. 생성 과정은 다음과 같습니다.

① create_date를 unixtime으로 변환합니다. unixtime은 시간을 정수로 표현한 것이며, 값이 클수록 '최근'에 가까워집니다.

② min-max 스케일링을 적용하여 unixtime을 상대적인 점수로 계산합니다.

③ 점수가 1에 가까울수록 최근에 작성한 게시물을 의미하며, 0에 가까울수록 오래된 게시물을 의미합니다.

>>> 기존 피처 가공하기: 'create_date'

```
# 데이터를 다시 불러옵니다.
df = pd.read_csv("../data/used_mobile_phone.csv")

from datetime import datetime
import time

# create_date 피처를 수치적으로 계산하기 위해 unixtime으로 변환하는 함수를 정의합니다.
def date_to_unixtime(date_str):
    timestamp = time.mktime(datetime.strptime(date_str, '%Y-%m-%d').timetuple())
    return timestamp

# create_date 피처를 '현재와 얼마나 가까운 데이터인지' 판단하기 위한 점수를 생성합니다. 먼저
unixtime으로 데이터를 변환합니다.
df['create_unixtime'] = df['create_date'].apply(lambda x: date_to_unixtime(x[:10]))

# 변환된 unixtime에 min-max 스케일링을 적용합니다.
df['create_time_score'] = (df['create_unixtime'] - df['create_unixtime'].min()) / \
                          (df['create_unixtime'].max() - df['create_unixtime'].min())
df[['create_date', 'create_unixtime', 'create_time_score']].head()
```

실행 결과

	create_date	create_unixtime	create_time_score
0	2017-03-19 4 35 00 PM	1.489849e+09	0.985612
1	2016-10-26 12 08 00 PM	1.477408e+09	0.640288
2	2016-10-25 12 52 00 PM	1.477321e+09	0.637890
3	2017-03-23 11 14 00 PM	1.490195e+09	0.995204
4	2016-04-11 7 35 00 PM	1.460300e+09	0.165468

다음으로 phone_model에 대한 피처 엔지니어링을 수행합니다. phone_model 피처는 '제품명
+용량'으로 구성되어 있기 때문에 이를 나누어주기만 하면 2개의 분리된 피처를 얻을 수 있습니다.
phone_model 피처를 분리하는 것은 어떤 효과가 있을까요?

»» 기존 피처의 가공: **phone_model**

```
# phone_model 피처에서 저장 용량(phone_model_storage) 피처를 추출합니다.
df['phone_model_storage'] = df['phone_model'].apply(lambda x: x.split(" ")[-1])

# phone_model 피처에서 기종 세부명(phone_model_detail) 피처를 추출합니다.
df['phone_model_detail'] = df['phone_model'].apply(lambda x: ' '.join(x.split(" ")[:-1]))
df[['phone_model_storage', 'phone_model_detail']].head()
```

실행 결과

	phone_model_storage	phone_model_detail
0	64gb	iphone 6
1	32gb	galaxy s6 edge
2	32gb	galaxy s6
3	32gb	lg g5
4	32gb	lg u

아래 코드에서는 phone_model 피처를 분리함으로써 얻을 수 있는 효과를 알아보기 위해 피처 분리 이전과 이후의 분포를 상자 그림으로 비교해봅시다.

»» 기존 피처의 가공: **phone_model**

```
# phone_model 피처의 기종별 거래 데이터 개수를 집계합니다.
model_counts = df['phone_model'].value_counts()

# phone_model_detail 피처의 기종별 거래 데이터 개수를 집계합니다.
model_detail_counts = df['phone_model_detail'].value_counts()
data = [model_counts, model_detail_counts]

# 두 피처 간의 기종별 거래 데이터 개수를 비교합니다.
mpl_fig = plt.figure()
ax = mpl_fig.add_subplot(111)
ax.boxplot(data)
```

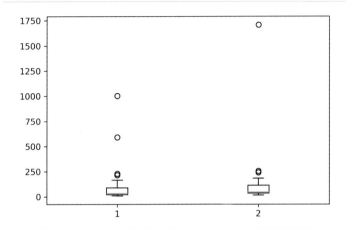

이를 살펴본 결과, 쏠림 현상이 심해진 하나의 기종을 제외하면 전체적인 분포가 안정적으로 변한 것을 알 수 있습니다. 게다가 분석에 덤으로 사용할 수 있는 'phone_model_storage'라는 새로운 피처까지 생겼습니다.

이번에는 텍스트 정보에 대한 피처 엔지니어링을 수행합니다. 텍스트 정보에는 물품의 상태가 나타나 있을 것이고, 이는 가격 예측에 영향을 미칠 것이기 때문입니다. 따라서 물품의 상태를 분류할 수 있는 **감성 분류**가 필요합니다.

그렇다면 감성 분류의 정답, 즉 '상태가 좋다' 혹은 '상태가 나쁘다'는 어떻게 판단할 수 있을까요? 이를 위해 '기종별 가격의 분포는 정규분포다'라는 정보를 활용해봅시다. 활용 방법은 다음과 같습니다.

① price 피처를 같은 기종 내에서의 z-score로 변환합니다.
② z-score 기준, 상위 5%에 속하는 가격의 게시글은 '상태가 좋음', 하위 5%는 '상태가 나쁨', 그리고 그 외는 '보통'으로 판단합니다. 상위 n%의 판단은 quantile() 함수를 사용합니다.
③ 정의한 세 가지 상태를 감성 분류의 정답 데이터로 사용합니다.

```
# 거래 가격(price)의 z-score를 계산합니다. 이는 해당 데이터의 가격이 기종의 평균에 비해 어느 정
도로 높거나 낮은지를 알 수 있게 하는 점수입니다.
df['price_by_group'] = df.groupby('phone_model_detail')['price'].transform(lambda x:
(x - x.mean()) / x.std())

# 거래 가격의 z-score(price_by_group)의 분포를 그래프로 출력합니다.
ax = df['price_by_group'].hist(bins="auto")

# z-score(price_by_group) 기준으로 하위 5%, 상위 5%에 해당하는 점수를 lower_bound, upper_
bound라고 지정합니다.
lower_bound = df['price_by_group'].quantile(0.05)
upper_bound = df['price_by_group'].quantile(0.95)

# lower_bound, upper_bound 그래프에 추가합니다.
ax.axvline(x=lower_bound, color='r', linestyle='dashed', linewidth=2)
ax.axvline(x=upper_bound, color='r', linestyle='dashed', linewidth=2)

# lower_bound를 upper_bound 출력합니다.
print(lower_bound)
print(upper_bound)
```

실행 결과

```
-1.3966616903783375
1.666982156397844
```

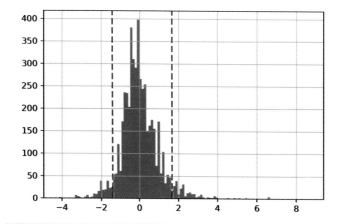

감성 분류의 정답 데이터를 'price_level'이라는 피처로 생성한 결과는 다음과 같습니다. 이제 우리는 price_level, 그리고 text 피처를 이용하여 감성 분류를 수행할 수 있습니다.

>>> 감성 분류로 물품의 상태 분류하기

```python
# lower_bound보다 낮으면 0, upper_bound보다 높으면 2, 그 중간이면 1로 가격의 상태를 분류하는
함수를 정의합니다.
def get_price_level(price, lower, upper):
    if price <= lower:
        return "0"
    elif price >= upper:
        return "2"
    else:
        return "1"

# lower_bound보다 낮으면 0, upper_bound보다 높으면 2, 그 중간이면 1로 가격의 상태를 분류합니다.
df['price_lower'] = df.groupby('phone_model_detail')['price'].transform(lambda x:
        x.quantile(0.05))
df['price_upper'] = df.groupby('phone_model_detail')['price'].transform(lambda x:
        x.quantile(0.95))
df['price_level'] = df.apply(lambda row: get_price_level(row['price'], row['price_
        lower'], row['price_upper']), axis=1)
df[['price', 'price_lower', 'price_upper', 'price_level', 'text']].head()
```

실행 결과

	price	price_lower	price_upper	price_level	text
0	550000.0	180000.0	680000.0	1	아이폰6플러스 블랙+애플라이트 64기가 팝니다 아이폰6플러스 블랙+애플라이트 64...
1	380000.0	180000.0	414000.0	1	갤럭시s6엣지 32기가 팝니다 직거래 갤럭시s6엣지 32기가 품명 갤럭시s6엣지제...
2	300000.0	150000.0	349000.0	1	갤럭시s6 풀박스로 팝니다~~~ 새상품급 실기 스조차 없어요 직접거래 구매한지 1...
3	290000.0	100000.0	500000.0	1	sk g5 티탄 폰 단품판매합니다 직접거래 sk g5 티탄 폰 단품판매합니다 올...
4	280000.0	18000.0	400000.0	1	sony 엑스페리아 c5 ultra e5506 16gb 미사용 새제품 팝니다 1...

다음으로 텍스트 전처리 과정을 진행할 차례입니다. 우선 실습 폴더에 있는 used_mobile_phone_stopwords.pkl 파일을 불러옵니다. 이 파일은 중고나라 텍스트 분석에 사용되는 불용어를 미리 저장해놓은 파일입니다.

>>> **텍스트 전처리하기**

```python
import pickle
import re

# 중고나라 불용어 사전을 불러옵니다.
with open('../data/used_mobile_phone_stopwords.pkl', 'rb') as f:
    stopwords = pickle.load(f)

# 불용어 사전에 등록된 단어 10개를 출력합니다.
print(stopwords[:10])
```

실행 결과

```
['거래', '입니', '판매', '아이폰', '갤럭시', '골드', '팝', '만원', '폰', '시']
```

아래의 코드는 전처리된 데이터의 형태소를 추출하는 과정입니다. 코드에서 정의된 함수 text_cleaning()은 다음과 같은 전처리를 수행합니다.

① 텍스트에서 특수문자를 제거합니다. 단, '+'와 ',' 문자는 제거하지 않습니다.
② 텍스트에서 숫자를 제거합니다.

또한 get_pos()는 불용어에 등장하지 않는 형태소만을 추출하여 반환하는 함수입니다.

>>> **형태소 단위로 추출하기**

```python
from konlpy.tag import Okt

# '+'를 제외한 특수문자를 제거하고, 숫자형태의 문자를 제거합니다.
def text_cleaning(text):
    text = ''.join(c for c in text if c.isalnum() or c in '+, ')
    text = ''.join([i for i in text if not i.isdigit()])
    return text
```

```
# 불용어에 등장하지 않는 형태소만을 추출하여 반환하는 함수입니다.
def get_pos(x):
    tagger = Okt()
    poses = tagger.pos(x)
    return [pos[0] for pos in poses if pos[0] not in stopwords]

# 위 함수들을 적용한 형태소 추출을 테스트합니다.
df['text'] = df['text'].apply(lambda x: text_cleaning(x))
result = get_pos(df['text'][0])
print(result)
```

실행 결과

['+', '애플', '라이트', '팝니다', '+', '애플', '라이트', '팝니다', '+', '애플', '라이트', '팝니다', '리퍼', '기간', '만료', '되어서', '징', '하게', '되었습니다', '상태', '초', 'a', '급', '스', '없습니다', '+', '애플', '라이트', '팝니다', '+', '애플', '라이트', '팝니다', '리퍼', '기간', '만료', '되어서', '징', '하게', '되었습니다', '상태', '초', 'a', '급', '스', '없습니다', '징', '애플', '라이트', '홈', '버튼', '링', '카메라', '링', '볼륨', '버튼', '슬립', '버튼', '검금', '심플', '튀지', '않게', '이쁘게', '했구요', '유심', '꽂고', '바로', '사용', '하시면', '됩니다', '사람', '이냐', '자주', '물어보고', '실제', '더욱', '이쁩니다', '밤', '영롱하게', '맥북', '뒷', '사과', '로고', '비춰지고', '요전', '넘어가기', '위해', '합니다', '가능합니다', '박스', '어머니', '버리시고', '이어폰', '충전기', '정품', '드립니다', '직거래', '우선', '순', '위로', '정', '싶으시면', '선', '입금', '택배', '발송', '해드리겠습니다', '믿으시면', '직거래', '하시길', '추천', '해요', '안전', '합니다', '서울시', '강남구', '역삼동', '차병원', '사거리', '근처', '가격']

다음은 추출한 형태소에서 가장 빈도수가 높은 형태소 2,500개를 선정합니다. 2,500개로 단어를 제한하는 이유는 텍스트 데이터의 피처를 제한하기 위함입니다. 만약 이를 제한하지 않으면 텍스트 데이터의 피처는 몇 만개, 혹은 몇 백만 개로 늘어날 수 있기 때문입니다.

>>> 빈출 형태소 2,500개 선정하기

```
from collections import Counter

# get_pos() 함수를 모든 텍스트 데이터에 적용하여 형태소 말뭉치를 추출합니다.
corpus = sum(df['text'].apply(lambda x: get_pos(x)).tolist(), [])

# 추출된 형태소 말뭉치에서 가장 많이 등장한 형태소 2500개를 추출합니다.
counter = Counter(corpus)
common_words = [key for key, _ in counter.most_common(2500)]
common_words
```

```
['입니다',
 '직거래',
 's',
 '합니다',
 '택배',
 '사용',
 '급',
 '상태',
 '팝니다',
 '가능합니다',
 '정상',
 '사진',
 '가격',
 '+',
 '케이스',
 'a',
 '주세요',
 '해지',
 '삭제'
 …]
```

이제 전처리가 완료된 텍스트 데이터를 학습 데이터셋의 형태로 변환합니다. 피처를 변환하는 방식은 TF-IDF를 사용하였으며, 아래 코드에서는 클래스 불균형을 맞춰주기 위해 부정 데이터:중립 데이터:긍정 데이터를 1:3:1의 비율로 데이터를 추출하였습니다. 일반적으로는 1:1:1의 비율로 데이터를 추출하지만 예제에서는 부정 데이터와 긍정 데이터의 양이 많지 않기 때문에 중립 데이터의 비중을 늘려주었습니다.

>>> TF-IDF 벡터 생성하기

```
from sklearn.feature_extraction.text import CountVectorizer
from sklearn.feature_extraction.text import TfidfTransformer

# 빈출 형태소를 제외한 모든 형태소를 제거하는 함수를 정의합니다.
def get_common_pos(x):
    tagger = Okt()
    poses = tagger.pos(x)
    return [pos[0] for pos in poses if pos[0] in common_words]
```

```
# 1:3:1 비율로 랜덤 샘플링을 수행합니다.
negative_random = df[df['price_level']=='0'].sample(321, random_state=30)
neutral_random = df[df['price_level']=='1'].sample(321*3, random_state=30)
positive_random = df[df['price_level']=='2'].sample(321, random_state=30)

# 샘플링 완료된 데이터셋을 정의합니다.
df_sample = negative_random.append(neutral_random).append(positive_random)

# TF-IDF를 수행하여 피처를 변환합니다.
index_vectorizer = CountVectorizer(tokenizer = lambda x: get_common_pos(x))
X = index_vectorizer.fit_transform(df_sample['text'].tolist())
tfidf_vectorizer = TfidfTransformer()
X = tfidf_vectorizer.fit_transform(X)

# 감성 분류를 위한 학습 데이터셋을 정의합니다.
y = df_sample['price_level']
x_train, x_test, y_train, y_test = train_test_split(X, y, test_size=0.20, random_
state=30)
print(x_train.shape)
print(x_test.shape)
```

실행 결과

```
(1284, 2476)
(321, 2476)
```

이에 대한 실행 결과, 학습 데이터셋은 1,284개, 테스트 데이터셋은 321개가 생성되었고 형태소를 표현하는 피처는 2,476개가 생성되었습니다.

다음의 코드는 TF−IDF 피처 변환이 완료된 데이터셋으로 분류 모델을 학습한 것입니다. 분류 모델은 SVM이라는 모델을 사용하였고, 약 0.8 정도의 정확도로 학습되었습니다. 이에 대한 Confusion Matrix를 살펴보면 꽤나 정확하게 분류 모델이 학습되었음을 알 수 있습니다.

```
from sklearn.metrics import accuracy_score
from sklearn.svm import SVC
from sklearn.metrics import confusion_matrix

# 비선형 SVM 분류 모델을 학습하고 평가합니다.
svm = SVC(kernel='rbf', C=10.0, random_state=0, gamma=0.10)
svm.fit(x_train, y_train)
y_pred_ksvc = svm.predict(x_test)
print('Accuracy: %.2f' % accuracy_score(y_test, y_pred_ksvc))

# Confusion Matrix를 출력합니다.
confmat = confusion_matrix(y_true=y_test, y_pred=y_pred_ksvc)
print(confmat)
```

실행 결과

```
Accuracy: 0.77
[[ 30  28   4]
 [ 10 181  10]
 [  2  21  35]]
```

Step 3 예측: 중고 휴대폰 거래가 예측하기

피처 엔지니어링의 과정에서 새롭게 생성되거나 정리된 피처는 다음과 같습니다. 이 피처들을 활용하여 다시 한번 가격 예측 모델을 학습해봅시다.

피처	설명
create_time_score	create_date 피처를 unixtime으로 바꾸어 얼마나 오래된 게시물인지를 0~1 사이의 값으로 계산하여 표현합니다. 1에 가까울수록 최근에 작성한 게시물을 의미합니다.
phone_model_storage, phone_model_detail	phone_model 피처를 둘로 나눈 것입니다.
product_status	동일 기종 내 상대 가격을 기준으로 텍스트 데이터의 감성(상품 상태)을 분류한 것입니다. 상품의 상태는 3개의 범주로 표현합니다.

아래의 실행 결과는 새로운 피처로 예측 모델을 다시 학습한 결과입니다. 이를 통해 Train R2 score, Test R2 score 등의 지표가 매우 상승하였음을 확인할 수 있지만, 여전히 과적합이 발생하고 있다는 것 또한 확인할 수 있습니다. 그리고 피처 중요도를 다시 분석한 결과, 영향력이 높은 피처 중 create_time_score, product_status가 있다는 것을 확인할 수 있습니다. 이는 새로운 피처가 중요한 역할을 수행하고 있다는 것입니다.

>>> **Random forest regressor 재학습하기**

```python
# text 피처로부터 '상품 상태 피처(product_status)'를 생성합니다.
X = index_vectorizer.transform(df['text'].tolist())
X = tfidf_vectorizer.transform(X)
df['product_status'] = pd.Series(svm.predict(X))

# 랜덤 포레스트 모델 학습을 위한 데이터를 준비합니다.
df = df[['price', 'factory_price', 'maker', 'price_index', 'create_time_score', 'phone_
         model_storage', 'phone_model_detail', 'product_status']]
df = pd.get_dummies(df, columns=['maker', 'phone_model_storage', 'phone_model_
         detail', 'product_status'])

# 학습/테스트 데이터를 분리합니다.
X = df.loc[:, df.columns != 'price']
y = df['price']
X_train, X_test, y_train, y_test = train_test_split(X, y, test_size=0.3, random_state=0)

# 랜덤 포레스트 모델을 학습하고 평가합니다.
forest = RandomForestRegressor(n_estimators=1000,
                  criterion='mse')
forest.fit(X_train, y_train)
y_train_pred = forest.predict(X_train)
y_test_pred = forest.predict(X_test)
print('MSE train: %.3f, test: %.3f' % (
      mean_squared_error(y_train, y_train_pred),
      mean_squared_error(y_test, y_test_pred)))
print('R^2 train: %.3f, test: %.3f' % (
      r2_score(y_train, y_train_pred),
      r2_score(y_test, y_test_pred)))

# 피처 중요도 plot을 출력합니다.
```

```
importances = forest.feature_importances_
plt.plot(importances, "o")

# 피처 중요도를 print로 출력합니다.
feat_labels = X.columns.tolist()
feature = list(zip(feat_labels, forest.feature_importances_))
sorted(feature, key=lambda tup: tup[1], reverse=True)[:10]
```

실행 결과

```
MSE train: 4777797811.307, test: 10961060265.994
R^2 train: 0.901, test: 0.749

[('maker_apple', 0.25339718975494213),
('factory_price', 0.2529054191619952),
('create_time_score', 0.11636719868787332),
('phone_model_storage_16gb', 0.06082745454564304),
('product_status_2', 0.04786212666938887),
('phone_model_detail_galaxy s7 edge', 0.02792059568214229),
('phone_model_storage_64gb', 0.025842851813607428),
('phone_model_detail_galaxy note5', 0.02394567208931084),
('phone_model_detail_galaxy s7', 0.02178632865392917),
('product_status_0', 0.021760518308375065)]
```

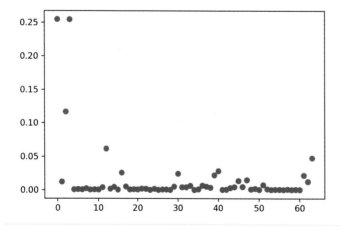

예측이 얼마나 잘 된 것인지를 산점도 그래프로도 살펴봅시다. 그래프의 x,y 축은 각각 실제 가격, 예측 가격을 의미합니다. 아래의 그래프를 통해 몇몇 이상치를 제외하면 예측이 잘 수행된 것을 확인할 수 있습니다.

>>> 예측 결과 산점도 그래프

```
# 테스트 데이터의 y값과 예측된 y값을 산점도 그래프를 활용하여 상관 관계를 살펴봅니다.
plt.scatter(y_test.values, y_test_pred)
```

실행 결과

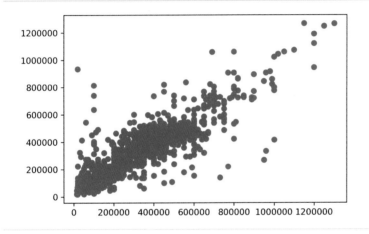

모델을 학습할 때는 파라미터를 어떻게 설정하느냐에 따라 예측의 성능이 달라질 수 있습니다. 이번 예제에서 사용했던 랜덤 포레스트 모델의 경우, n_estimators와 max_depth라는 파라미터를 잘 설정하는 것이 중요합니다. 이러한 최적의 파라미터는 반복적인 시도와 검증으로 찾아내야 합니다.

반복적인 실행으로 최적의 파라미터를 찾아 내는 방법 중의 하나가 Greedy Randomized Search라는 방법입니다. 그리고 다음의 코드는 이 방법을 실행하는 코드입니다. 우리는 파라미터의 후보 군을 설정하고, RandomizedSearchCV 클래스가 실행할 random_grid를 지정해주기만 하면 됩니다.

```python
from sklearn.model_selection import RandomizedSearchCV

# Randomized Search로 찾아낼 파라미터 후보군을 각각 리스트로 선정합니다.
n_estimators = [int(x) for x in np.linspace(start = 200, stop = 2000, num = 10)]
max_features = ['auto', 'sqrt']
max_depth = [int(x) for x in np.linspace(10, 110, num = 11)]
max_depth.append(None)
bootstrap = [True, False]

# RandomizedSearchCV 오브젝트를 생성하여 모델을 정의합니다.
random_grid = {'n_estimators': n_estimators,
               'max_features': max_features,
               'max_depth': max_depth,
               'bootstrap': bootstrap}
forest = RandomForestRegressor()
optimal_forest = RandomizedSearchCV(estimator = forest,
                                    param_distributions = random_grid,
                                    n_iter = 100,
                                    cv = 3,
                                    verbose=2,
                                    random_state=42,
                                    n_jobs = -1)

# RandomizedSearchCV 모델을 학습합니다.
X = df.loc[:, df.columns != 'price']
y = df['price']
optimal_forest.fit(X, y)
```

실행 결과

```
RandomizedSearchCV(cv=3, error_score='raise-deprecating',
    estimator=RandomForestRegressor(bootstrap=True, criterion='mse', max_depth=None,
    max_features='auto', max_leaf_nodes=None,
    min_impurity_decrease=0.0, min_impurity_split=None,
    min_samples_leaf=1, min_samples_split=2,
    min_weight_fraction_leaf=0.0, n_estimators='warn', n_jobs=None,
    oob_score=False, random_state=None, verbose=0, warm_start=False),
    fit_params=None, iid='warn', n_iter=100, n_jobs=-1,
    param_distributions={'n_estimators': [200, 400, 600, 800, 1000, 1200, 1400, 1600,
        1800, 2000], 'max_features': ['auto', 'sqrt'], 'max_depth': [10, 20, 30, 40, 50,
```

```
        60, 70, 80, 90, 100, 110, None], 'bootstrap': [True, False]},
    pre_dispatch='2*n_jobs', random_state=42, refit=True,
    return_train_score='warn', scoring=None, verbose=2)
```

그리고 다음의 출력 결과는 Greedy Randomzed Search를 실행하여 찾아낸 최적의 파라미터입니다. 이 파라미터로 모델을 학습할 때, 가장 좋은 성능을 낼 수 있습니다.

```
# 앞서 선정한 파라미터 후보군 중에서 가장 좋은 결과를 보인 파라미터의 조합을 출력합니다.
print(optimal_forest.best_params_)
```

실행 결과

```
{'n_estimators': 2000,
'max_features': 'auto',
'max_depth': 10,
'bootstrap': False}t
```

최적의 파라미터로 다시 한 번 학습한 모델의 출력 결과는 아래와 같습니다. Train score는 다소 감소하였지만, Test score와의 차이가 현저하게 좁혀진 것을 볼 수 있습니다. 따라서 모델이 가지고 있던 과적합 문제가 해결되었다고 할 수 있습니다.

⟫⟫ 최적 모델 학습 결과

```
# 최적의 파라미터를 적용한 모델로 중고 휴대폰의 가격을 예측하고 평가합니다.
y_train_pred = optimal_forest.predict(X_train)
y_test_pred = optimal_forest.predict(X_test)
print('MSE train: %.3f, test: %.3f' % (
        mean_squared_error(y_train, y_train_pred),
        mean_squared_error(y_test, y_test_pred)))
print('R^2 train: %.3f, test: %.3f' % (
        r2_score(y_train, y_train_pred),
        r2_score(y_test, y_test_pred)))

# 가격 예측 모델의 피처 중요도 plot을 출력합니다.
importances = optimal_forest.best_estimator_.feature_importances_
indices = np.argsort(importances)[::-1]
plt.bar(range(X.shape[1]), importances[indices])
```

```
# 가격 예측 모델의 피처 중요도를 출력합니다.
feat_labels = X.columns.tolist()
feature = list(zip(feat_labels, optimal_forest.best_estimator_.feature_
importances_))
sorted(feature, key=lambda tup: tup[1], reverse=True)[:10]
```

실행 결과

```
MSE train: 8808359342.848, test: 7645657258.599
R^2 train: 0.818, test: 0.825

[('factory_price', 0.29646178523290273),
('maker_apple', 0.27561463622459076),
('phone_model_storage_16gb', 0.07214209431234403),
('create_time_score', 0.0657513685035865),
('product_status_2', 0.06263992520032223),
('phone_model_detail_galaxy s7 edge', 0.027077101189726924),
('phone_model_detail_iphone 6', 0.025028165789604363),
('product_status_0', 0.02443523519070575),
('phone_model_detail_galaxy s4', 0.020530253156036227),
('product_status_1', 0.01381250513598047)]
```

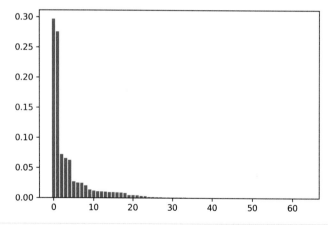

모델의 예측 결과를 산점도 그래프로 다시 한 번 살펴봅시다.

```
# 테스트 데이터의 y값과, 예측된 y값을 산점도 그래프를 활용하여 상관 관계를 살펴봅니다.
plt.scatter(y_test.values, y_test_pred)
```

실행 결과

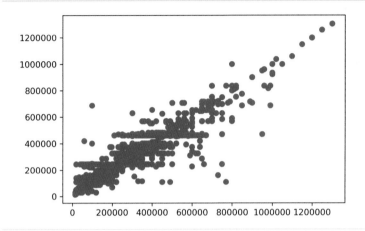

위 그래프의 출력 결과, 파라미터 최적화를 하기 이전보다 성능이 많이 향상된 것을 확인할 수 있습니다.

Step 4 프로토타입: 얼마고(Almhago?)

지금까지 완성한 중고 휴대폰 가격 예측 모델을 프로그램의 형태로 만들어봅시다. 이를 통해 데이터 분석을 서비스에 활용하는 방법을 알아봅니다.

프로그램 '얼마고(Almhago?)'는 미리 학습한 모델과 피처로 중고 휴대폰의 가격을 예측합니다. 하지만 프로그램을 실행할 때마다 모델을 학습할 수는 없습니다. 따라서 다음에 다룰 코드를 통해 모델과 피처 정보를 파일 형태로 미리 저장해야 합니다. 저장하는 파일의 리스트와 정보는 다음과 같습니다.

- model_to_factory_price_dict: 모델명, 용량으로 factory_price를 찾을 수 있는 파이썬 딕셔너리
- col_to_index_dict: 데이터 프레임의 피처를 번호로 표현한 파이썬 딕셔너리
- common_words: 가장 많이 등장하는 형태소 3,000개의 정보

- index_vectorizer, tfidf_vectorizer: 텍스트 정보를 TF-IDF 피처로 변환해주는 vectorizer

- svm: 텍스트 정보를 바탕으로 물품의 상태를 판별해주는 분류 모델 (svm 분류 모델)

- optimal_forest: 최적의 파라미터로 학습한 가격 예측 모델

≫≫ 재사용을 위한 파일 저장하기

```python
import joblib

# 모델명+용량으로 출고가를 찾을 수 있는 딕셔너리를 생성합니다.
model_to_factory_price_dict = {}
for index, row in df.iterrows():
    model_concat = (row['phone_model_detail'], row['phone_model_storage'])
    if model_concat in model_to_factory_price_dict:
        pass
    else:
        model_to_factory_price_dict[model_concat] = row['factory_price']
print(str(model_to_factory_price_dict)[:40], "...")

# 프로그램에서 입력값에 대한 피처를 찾기 위한 딕셔너리를 생성합니다.
col_to_index_dict = {}
for idx, col in enumerate(df.columns[1:]):
    col_to_index_dict[col] = idx

print(str(col_to_index_dict)[:40], "...")

# 모델 예측을 위한 중간 오브젝트들을 각각 파일로 저장합니다.
with open('../data/used_mobile_pickles/model_to_factory_price_dict.pickle', 'wb') as f:
    pickle.dump(model_to_factory_price_dict, f, pickle.HIGHEST_PROTOCOL)

with open('../data/used_mobile_pickles/col_to_index_dict.pickle', 'wb') as f:
    pickle.dump(col_to_index_dict, f, pickle.HIGHEST_PROTOCOL)

with open('../data/used_mobile_pickles/common_words.pickle', 'wb') as f:
    pickle.dump(common_words, f, pickle.HIGHEST_PROTOCOL)

with open('../data/used_mobile_pickles/init_vectorizer_vocabulary.pickle', 'wb') as f:
    pickle.dump(index_vectorizer.vocabulary_, f, pickle.HIGHEST_PROTOCOL)

with open('../data/used_mobile_pickles/tfidf_vectorizer.pickle', 'wb') as f:
    pickle.dump(tfidf_vectorizer, f, pickle.HIGHEST_PROTOCOL)
```

```
with open('../data/used_mobile_pickles/svm_classifier.pickle', 'wb') as f:
    pickle.dump(svm, f, pickle.HIGHEST_PROTOCOL)

joblib.dump(optimal_forest.best_estimator_, '../data/used_mobile_pickles/rf_
regressor.pickle', compress = 1)
```

지금까지의 모든 분석의 과정에 사용된 함수, 전처리 방법 등을 하나의 클래스로 만들어봅시다. 이 클래스는 앞서 저장한 파일들을 활용하여 새로운 분석이나 학습의 과정 없이 이전에 분석했던 결과들을 실행할 수 있습니다.

››› 프로그램(클래스) 만들기

```
import numpy as np

from konlpy.tag import Okt
from sklearn.feature_extraction.text import CountVectorizer
from sklearn.feature_extraction.text import TfidfTransformer
from sklearn.svm import SVC
from sklearn.ensemble import RandomForestRegressor
from sklearn.model_selection import RandomizedSearchCV


class Almhago():
    def _init_(self, model_to_factory_price_dict, col_to_index_dict,
                common_words, init_vectorizer_vocabulary, tfidf_vectorizer,
                prd_status_classifier, price_regressor):
        self._model_to_factory_price_dict = model_to_factory_price_dict
        self._col_to_index_dict = col_to_index_dict
        self._common_words = common_words
        self._init_vectorizer_vocabulary = init_vectorizer_vocabulary
        self._index_vectorizer = self._init_index_vectorizer()
        self._tfidf_vectorizer = tfidf_vectorizer
        self._prd_status_classifier = prd_status_classifier
        self._price_regressor = price_regressor

    def _get_common_pos(self, x):
        tagger = Okt()
```

```python
        poses = tagger.pos(x)
        return [pos[0] for pos in poses if pos[0] in self._common_words]

    def _text_cleaning(self, text):
        text = ''.join(c for c in text if c.isalnum() or c in '+, ')
        text = ''.join([i for i in text if not i.isdigit()])
        return text

    def _init_index_vectorizer(self):
        word_index_vectorizer = CountVectorizer(tokenizer = lambda x: self._get_
            common_pos(x))
        word_index_vectorizer.vocabulary_ = self._init_vectorizer_vocabulary
        return word_index_vectorizer

    def _get_ftr_price(self, model_name, storage):
        return self._model_to_factory_price_dict[(model_name, storage)]

    def _get_prd_status(self, text):
        X = self._index_vectorizer.transform([self._text_cleaning(program_test_
            dict['text'])])
        X = self._tfidf_vectorizer.transform(X)
        return self._prd_status_classifier.predict(X)[0]

    def _print_almhago(self, model, price, prd_status):
        status = ""
        if prd_status == "0":
            status = "불량한"
        elif prd_status == "1":
            status = "양호한"
        else:
            status = "좋은"
        print("선택하신", model, "모델은", status, "상태입니다. Almhago 예상 가격은",
            str(int(price[0])), "원 입니다.")

    def predict(self, input_dict):
        feature = np.zeros(64)
        feature[self._col_to_index_dict['factory_price']] =
self._get_ftr_price(input_dict['phone_model_detail'],
                                            input_dict['phone_model_storage'])
        feature[self._col_to_index_dict['price_index']] = input_dict['price_index']
```

```
feature[self._col_to_index_dict['create_time_score']] = input_dict['create_
    time_score']
feature[self._col_to_index_dict["_".join(["maker", input_dict['maker']])]] = 1
feature[self._col_to_index_dict["_".join(["phone_model_detail", input_
    dict['phone_model_detail']])]] = 1
feature[self._col_to_index_dict["_".join(["phone_model_storage", input_
    dict['phone_model_storage']])]] = 1
feature[self._col_to_index_dict["_".join(["product_status", self._get_prd_
    status(input_dict['text'])])]] = 1

# predict result
predicted_price = self._price_regressor.predict([feature])
self._print_almhago(input_dict['phone_model_detail'],
                    predicted_price,
                    self._get_prd_status(input_dict['text']))
```

그리고 아래 코드는 주피터에서 파이썬 프로그램을 실행하는 방법입니다. 물가 정보, 시간 정보, 모델 정보, 물품 판매글 등을 입력하면 미리 학습해둔 모델로 예상 가격을 출력합니다.

››› 프로그램 테스트하기

```
# 데이터의 가장 최근 시점인 2017년 4월을 기준으로 하기 위한 2개(price_index, create_time_
score)의 피처를 정의합니다.
recent_price_index = 95.96
recent_create_time_score = 1.0

# 판매 가격을 예측하고자 하는 메이커, 기종, 용량을 입력하고, 상품의 상태를 나타내는 게시글을 입력합
니다.
program_test_dict = {"maker": "apple",
                     "phone_model_detail": "iphone 6",
                     "phone_model_storage": "16gb",
                     "text": '아이폰6 스페이스그레이 16기가 10만원에 팔아요~ 직접거래 \
                     메인보드 세척 완료 한 침수 폰 입니다폰 안켜지는 상태이구요 고쳐서 쓰실분
가져가세요10만원에 팔아요 \
                     리퍼한지 얼마안되서 기스 이런거 하나도 없습니당~서울 강남 근처 직거래 가능
하며택배거래도 가능해요',
                     "price_index": recent_price_index,
                     "create_time_score": recent_create_time_score}
```

```
# 정의한 피처를 파라미터로 하여 almhago 오브젝트를 생성합니다.
almhago = Almhago(model_to_factory_price_dict, col_to_index_dict,
                  common_words, init_vectorizer_vocabulary, tfidf_vectorizer,
                  svm_classifier, rf_regressor)

# 입력한 데이터로 판매 가격을 예측합니다.
almhago.predict(program_test_dict)
```

실행 결과

선택하신 iphone 6 모델은 불량한 상태입니다. Almhago 예상 가격은 152307 원 입니다.

█▁█ 표로 정리하는 데이터 분석

주요 키워드	핵심 내용	설명
랜덤 포레스트 모델	랜덤 포레스트 예측 모델을 활용한 데이터 분석	랜덤 포레스트 모델은 의사결정 나무(Decision Tree)를 응용한 모델로 회귀와 분류를 모두 수행할 수 있습니다. 또한 피처 중요도를 분석할 수 있기 때문에 탐색적 데이터 분석의 과정에서도 유용하게 사용할 수 있습니다.
그룹 내 피처의 표준화	z-score를 계산하여 피처를 표준화 하는 방법	피처의 평균값, 그리고 표준편차 값을 이용하여 그룹 내의 피처를 z-score로 변환합니다. 이를 통해 **데이터의 상대적 위치**를 점수로 표현할 수 있습니다.
시계열 데이터의 활용	unixtime을 이용한 시간 점수 계산	시간을 피처로 활용하기 위해 unixtime을 이용하여 '얼마나 오래되었는가'를 점수로 나타내었습니다. 그리고 이를 다시 min-max 스케일링을 적용하여 0~1 사이의 값으로 변환합니다. 이 값이 1에 가까울수록 최근의 데이터를 의미합니다.
감성 분류의 과정	직접 감성 분류를 설계하여 평가하는 방법	z-score로 가격의 상,중,하를 결정한 뒤, 이를 감성 분류의 정답 데이터셋으로 활용합니다. 피처를 만들기 위해 빈출 단어 3,000개 내에서의 TF-IDF 변환을 사용하였고, 감성 분류 모델은 SVM을 사용하였습니다.
최적 파라미터 튜닝	분류 모델에서의 클래스 불균형 문제	분류 모델에서는 Positive sample, Negative sample의 비율 때문에 클래스 불균형 문제가 발생합니다.
프로그램 응용	분석 모델을 프로그램으로 만들기	분석의 과정에서 생성된 Dictionary, 모델 객체 등을 모두 파일 형태로 저장합니다. 이를 활용하여 입력 데이터를 피처로 변환하고, 변환된 피처를 모델의 predict() 함수에 입력합니다. 그 결과, 분석 과정에서와 똑같은 결과를 프로그램에서 실행할 수 있습니다.

5.2 구매 데이터를 분석하여 상품 추천하기

이번 절에서는 구매 데이터 분석에 기반한 온라인 스토어 상품 추천 시뮬레이션 예제를 알아보겠습니다. 예제에서는 피처 엔지니어링, 그리고 행렬 완성 기반 점수 예측 방법을 이용하여 상품 추천 시뮬레이션을 수행합니다. 분석에 사용할 'UK Retail' 데이터는 영국의 한 선물 판매 온라인 스토어에서 발생한 거래 데이터로, 주 고객은 선물 도매상입니다.

📈 분석 미리보기

연말 선물로 구매할만한 상품 추천하기

아래의 그림은 온라인 스토어에 방문한 유저가 살 만한 5개의 추천 상품 리스트('5개추천결과' 열)와 실제로 구매한 상품의 리스트('실제주문' 열)를 '주문 재현도'라는 기준으로 평가하여 데이터 프레임의 형태로 함께 출력한 결과입니다. 이러한 상품 추천 시뮬레이션은 어떻게 할 수 있을까요? 그리고 주문 재현도라는 것은 어떤 평가 기준일까요?

	구매재D	실제주문	5개추천결과	Top5추천_주문재현도
1826	18043	{22568, 23559, 22960, 79321, 22623, 22620, 219...	[20972, 21034, 22326, 22180, 23203]	0.4
421	13629	{23581, 22896, 85099C, 85099B, 85099F}	[85099B, 85099C, 85099F, 21928, 21929]	0.6
495	13880	{20971, 22577, 22750, 23570, 22625, 20972, 227...	[22469, 47566, 22470, 71459, 84978]	0.0
464	13769	{22114, 84946, 82494L, 21790, 21181, 21166, 71...	[85123A, 21175, 21166, 21181, 85152]	0.6
1616	17410	{22818, 21890, 22043, 23396, 22899, 23497, 475...	[22197, 22431, 22690, 47566, 20974]	0.4

분석 결과: 구매 예측에 기반한 상품 추천 시뮬레이션 결과

탐색적 분석: UK Retail 데이터 분석하기

예제에서 사용할 UK Retail 데이터셋은 다음과 같은 피처로 구성되어 있습니다.

- InvoiceNo : 거래 고유 번호
- StockCode : 상품 고유 번호
- Description : 상품명
- Quantity : 거래 수량
- InvoiceDate : 거래 일시
- UnitPrice : 상품 단가
- CustomerID : 구매자 고유 번호
- Country : 구매 국가

아래의 코드를 통해 데이터를 살펴본 결과, 약 54만 개 정도의 데이터가 존재하며 그 중 14만 개의 데이터는 구매자 정보가 결측값인 것을 알 수 있습니다.

>>> **데이터셋 살펴보기**

```python
# -*- coding: utf-8 -*-
%matplotlib inline

import pandas as pd
import numpy as np
import matplotlib.pyplot as plt

import warnings
warnings.filterwarnings("ignore")

# 영국 온라인 스토어 도매 거래 데이터
df = pd.read_csv("../data/online_retail.csv", dtype={'CustomerID': str,'InvoiceID':
                                                      str}, encoding="ISO-8859-1")
df['InvoiceDate'] = pd.to_datetime(df['InvoiceDate'], format="%m/%d/%Y %H:%M")
print(df.info())
df.head()
```

```
<class 'pandas.core.frame.DataFrame'>
RangeIndex: 541909 entries, 0 to 541908
Data columns (total 8 columns):
InvoiceNo       541909 non-null object
StockCode       541909 non-null object
Description     540455 non-null object
Quantity        541909 non-null int64
InvoiceDate     541909 non-null datetime64[ns]
UnitPrice       541909 non-null float64
CustomerID      406829 non-null object
Country         541909 non-null object
dtypes: datetime64[ns](1), float64(1), int64(1), object(5)
memory usage: 33.1+ MB
None
```

	Invoice No	Stock Code	Description	Quantity	Invoice Date	UnitPrice	Customer ID	Country
0	536365	85123A	WHITE HANGING HEART T-LIGHT HOLDER	6	2010-12-01 08:26:00	2.55	17850	United Kingdom
1	536365	71053	WHITE METAL LANTERN	6	2010-12-01 08:26:00	3.39	17850	United Kingdom
2	536365	84406B	CREAM CUPID HEARTS COAT HANGER	8	2010-12-01 08:26:00	2.75	17850	United Kingdom
3	536365	84029G	KNITTED UNION FLAG HOT WATER BOTTLE	6	2010-12-01 08:26:00	3.39	17850	United Kingdom
4	536365	84029E	RED WOOLLY HOTTIE WHITE HEART.	6	2010-12-01 08:26:00	3.39	17850	United Kingdom

본격적인 탐색적 데이터 분석에 앞서, 데이터에서 예외적인 상황을 필터링하여 이상치를 제거해야합니다. 가장 먼저 결측 데이터를 제거하겠습니다. 다음 코드와 실행 결과는 유저 정보가 없는 13만 5천여 개의 데이터, 상품 상세정보가 없는 1,500여 개의 데이터를 제거한 것입니다.

```
df.isnull().sum()
```

실행 결과

```
InvoiceNo          0
StockCode          0
Description      1454
Quantity           0
InvoiceDate        0
UnitPrice          0
CustomerID    135080
Country            0
dtype: int64
```

```
df = df.dropna()
print(df.shape)
```

실행 결과

```
(406829, 8)
```

다음은 데이터가 일반적이지 않은 경우를 탐색하고 이를 제거하겠습니다. 이번에는 상품 수량 데이터가 이상한 경우를 탐색합니다. 아래의 코드는 상품 수량이 0 이하인 경우 해당 값을 데이터 프레임에서 제거하는 과정입니다. 이러한 경우는 아마도 환불이나 주문 취소를 의미하는 것 같지만 그 의미가 명확하지 않으니 제거합니다. 코드의 실행 결과, 약 9,000여 개의 데이터가 제거되었습니다.

›› 탐색 데이터의 조건 필터링: 상품 수량이 0 이하인 경우

```
# 상품 수량이 음수인 경우를 제거합니다.
print(df[df['Quantity']<=0].shape[0])
df = df[df['Quantity']>0]
```

실행 결과

```
8905
```

이번에는 상품 가격이 0 이하인 경우를 탐색합니다. 이 역시 일반적인 상황이라고 할 수 없는 상황이기 때문에 조건에 해당하는 데이터를 제거합니다. 아래 코드의 실행 결과, 총 40개의 데이터가 제거되었습니다.

>>> **탐색 데이터의 조건 필터링 : 상품가격이 0 이하인 경우**

```
# 상품 가격이 0 이하인 경우를 제거합니다.
print(df[df['UnitPrice']<=0].shape[0])
df = df[df['UnitPrice']>0]
```

실행 결과

```
40
```

마지막으로 상품 코드가 이상한 경우를 탐색하고 제거합니다. 데이터 내의 StockCode를 관찰해보면 대부분의 상품 코드가 번호로 이루어져 있는 것을 알 수 있습니다. 따라서 상품 코드가 번호가 아닌 경우는 예외적인 상황일 것입니다. 아래 실행 결과는 이러한 데이터를 살펴본 것입니다.

>>> **탐색 데이터의 조건 필터링: 상품 코드가 일반적이지 않은 경우**

```
# 상품 코드가 일반적이지 않은 경우를 탐색합니다.
df['ContainDigit'] = df['StockCode'].apply(lambda x: any(c.isdigit() for c in x))
print(df[df['ContainDigit'] == False].shape[0])
df[df['ContainDigit'] == False].head()
```

실행 결과

```
1414
```

	Invoice No	Stock Code	Description	Quantity	Invoice Date	Unit Price	Customer ID	Country	Contain Digit
45	536370	POST	POSTAGE	3	2010-12-01 08:45:00	18.00	12583	France	False
386	536403	POST	POSTAGE	1	2010-12-01 11:27:00	15.00	12791	Netherlands	False
1123	536527	POST	POSTAGE	1	2010-12-01 13:04:00	18.00	12662	Germany	False

2239	536569	M	Manual	1	2010-12-01 15:35:00	1.25	16274	United Kingdom	False
2250	536569	M	Manual	1	2010-12-01 15:35:00	18.95	16274	United Kingdom	False

그리고 아래의 코드를 실행하여 일반적이지 않은 상품 코드를 가진 데이터를 제거합니다.

```
# 상품 코드가 일반적이지 않은 경우를 제거합니다.
df = df[df['ContainDigit'] == True]
```

이제 본격적으로 탐색적 분석을 수행할 차례입니다. 이번 예제에서는 어떤 방향성을 가지고 탐색적 분석을 진행해야 할까요? 분석 방향을 잘 설정하기 위해 지금부터 우리는 특정 시점에 도매상들에게 선물을 판매하는 온라인 스토어의 운영자 입장이 되어보겠습니다. 그리고 우리의 고민은 다음과 같습니다.

'연말에 온라인 스토어에 방문하는 유저들에게 어떤 상품을 추천해줄 수 있을까?'

연말에 방문한 유저들에게 상품을 추천해준다는 것은 유저-상품 간의 구매 확률을 예측해보는 시뮬레이션이라고 할 수 있습니다. 이러한 예측 시뮬레이션은 아래와 같은 분석 과정이 필요합니다.

① 연말 이전까지의 데이터를 유저-상품 간의 구매를 예측하는 모델의 학습 데이터셋으로 사용합니다.
② 실제 연말에 구매한 유저-상품 간의 정보를 테스트 데이터셋으로 사용합니다.
③ 모델이 예측한 유저-상품 간의 구매 정보와 실제 구매 정보(테스트 데이터셋)을 비교하여 추천이 잘 되었는지 평가합니다.

이제 우리는 위와 같은 예측 분석을 수행하기 위한 탐색적 데이터 분석(EDA)이 필요합니다. 우리에게 필요한 탐색은 특정 시간을 기준으로 데이터를 나누고, 데이터에서 구매 패턴과 같은 특징을 발견하는 것입니다. 따라서 가장 먼저 할 것은 일자별 주문의 탐색입니다.

다음의 실행 결과는 가장 오래된 데이터와 가장 최신의 데이터를 출력한 것이며 이를 통해 데이터가 2010년 12월부터 2011년 12월까지 존재하는 것을 알 수 있습니다.

》》》 데이터의 기간 탐색하기

```
# 거래 데이터에서 가장 오래된 데이터와 가장 최신의 데이터를 탐색합니다.
df['date'] = df['InvoiceDate'].dt.date
print(df['date'].min())
print(df['date'].max())
```

실행 결과

```
2010-12-01
2011-12-09
```

다음으로 일자별 거래량을 탐색합니다. 아래의 실행 결과는 일자별 거래량을 시계열 그래프로 출력한 것입니다. 코드에서는 일자를 나타내는 date 피처를 그룹의 기준으로 하여, 일자별 Quantity의 합계를 계산하였습니다. 그래프를 살펴보면 대체적으로 연말에 가까워질수록 거래량이 증가하는 것을 알 수 있으며 10~11월 정도를 기점으로 증가폭이 조금씩 커지고 있다는 것을 알 수 있습니다.

》》》 일자별 거래 수량 탐색하기

```
# 일자별 총 거래 수량을 탐색합니다.
date_quantity_series = df.groupby('date')['Quantity'].sum()
date_quantity_series.plot()
```

실행 결과

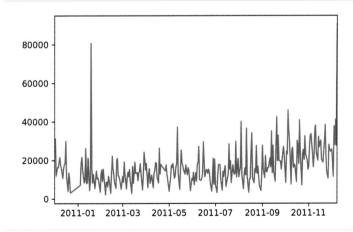

다음은 일자별 거래 횟수를 탐색합니다. 아래의 코드도 마찬가지로 date 피처를 그룹의 기준으로 하였고, nunique() 함수를 InvoiceNo 피처에 적용하여 일자별로 발생한 거래 횟수를 계산합니다. 코드의 실행 결과는 일자별 거래량을 시계열 그래프로 나타낸 것입니다. 거래 횟수는 연말에 가까워질수록 거래 수량보다 조금 더 가파르게 상승하고 있습니다.

>>> 일자별 거래 횟수 탐색하기

```
# 일자별 총 거래 횟수를 탐색합니다.
date_transaction_series = df.groupby('date')['InvoiceNo'].nunique()
date_transaction_series.plot()
```

실행 결과

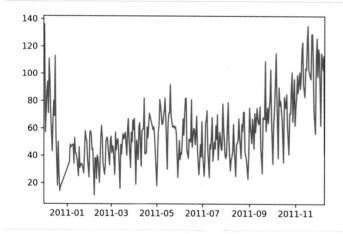

마지막으로 일자별 거래 상품 개수를 탐색합니다. 아래 코드의 실행 결과, 지금까지의 그래프 중 가장 가파른 상승세를 나타내고 있습니다. 지금까지의 내용을 종합해보면 연말이 시작되는 약 10~11월 정도부터 연중보다 더 많이 그리고 더 자주 구매가 일어난다는 것을 알 수 있습니다.

>>> 일자별 거래 상품 개수 탐색하기

```
# 일자별 거래된 상품의 unique한 개수, 즉 상품 거래 다양성을 탐색합니다.
date_unique_item_series = df.groupby('date')['StockCode'].nunique()
date_unique_item_series.plot()
```

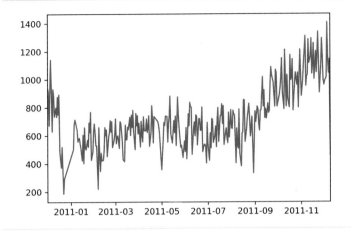

이번에는 전체 데이터에서 등장한 유저들의 구매 패턴을 탐색해봅시다. 아래의 실행 결과는 전체 데이터에 등장한 유저의 수를 출력하는 코드를 실행한 것입니다. 이를 통해 총 4,334명의 유저가 데이터에 존재하는 것을 알 수 있습니다.

>>> **전체 유저의 수 탐색하기**

```
# 총 유저의 수를 계산하여 출력합니다.
print(len(df['CustomerID'].unique()))
```

실행 결과

```
4334
```

4,334명의 유저를 대상으로 각각의 거래 횟수를 탐색합니다. 다음 코드는 CustomerID를 그룹으로 하여 unique한 InvoiceNo를 계산한 것이고, 이 결과에 describe() 함수를 적용하여 유저별 거래 횟수에 대한 요약 통계 정보를 출력하였습니다. 출력 결과를 살펴보면 유저들은 평균적으로 약 4회 정도의 구매가 있었다는 것을 알 수 있고, 대부분의 유저는 1~5회 정도의 구매 횟수를 보인다는 것을 알 수 있습니다.

>>> 유저별 거래 횟수 탐색하기

```
# 유저별 거래 횟수를 탐색합니다.
customer_unique_transaction_series = df.groupby('CustomerID')['InvoiceNo'].nunique()
customer_unique_transaction_series.describe()
```

실행 결과

```
count    4334.000000
mean        4.246654
std         7.642535
min         1.000000
25%         1.000000
50%         2.000000
75%         5.000000
max       206.000000
Name: InvoiceNo, dtype: float64
```

그리고 이를 상자 그림으로 살펴본 결과는 아래와 같습니다.

>>> 유저별 거래 횟수 시각화하기

```
# 상자 그림 시각화로 살펴봅니다.
plt.boxplot(customer_unique_transaction_series.values)
plt.show()
```

실행 결과

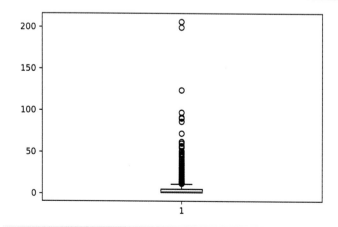

다음으로 유저별로 구매한 상품은 몇 종류나 되는지를 탐색해봅시다. 아래의 코드는 CustomerID 그룹에 unique한 StockCode를 계산하여 describe() 함수를 적용한 것입니다. 그리고 이를 통해 유저들은 평균적으로 약 60여 개 종류의 상품을 구매했다는 것을 알 수 있습니다. 하지만 데이터의 편차는 매우 높은 수치를 보이고 있습니다.

≫≫ 유저별 상품 구매 종류 탐색하기

```
# 유저별 아이템 구매 종류 개수를 탐색합니다.
customer_unique_item_series = df.groupby('CustomerID')['StockCode'].nunique()
customer_unique_item_series.describe()
```

실행 결과

```
count    4334.000000
mean       61.432856
std        85.312937
min         1.000000
25%        16.000000
50%        35.000000
75%        77.000000
max      1786.000000
Name: StockCode, dtype: float64
```

마찬가지로 이 결과를 상자 그림으로 살펴보았습니다. 거래 횟수보다는 조금 더 다양하게 데이터가 분포되어 있는 것을 알 수 있습니다.

≫≫ 유저별 상품 구매 종류 시각화하기

```
# 상자 그림 시각화로 살펴봅니다.
plt.boxplot(customer_unique_item_series.values)
plt.show()
```

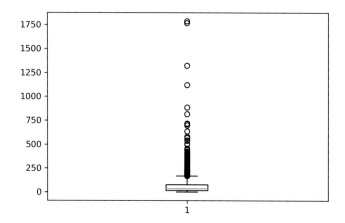

이번에는 유저가 아닌 상품을 기준으로 탐색적 데이터 분석을 실시해보세요. 아래의 내용을 탐색적
으로 분석해봅시다.

① 총 상품 개수

② 가장 거래가 많은 상품 Top 10 탐색

③ 상품별 판매수량 분포 탐색

④ 거래별 가격 탐색

이제 특정 시점을 기준으로 데이터를 분리하여 구매의 패턴을 분석해봅시다. 중점적으로 살펴볼 내
용은 두 데이터에서 동일하게 등장하는 유저-상품 단위의 구매 데이터, 즉 재구매 여부입니다. 또한
신규 구매가 얼마나 일어났는지 역시 중요하게 살펴볼 내용입니다.

먼저 11월 1일을 연말의 기준으로 삼아 두 개의 데이터로 분리합니다. 이 두 데이터는 추후에 예측
분석에 사용할 학습 데이터셋, 그리고 테스트용 데이터셋을 의미하며 각각 314,902개, 81,568개
의 데이터로 분리되었습니다.

```
import datetime

# 2011년 11월을 기준으로 하여 기준 이전과 이후로 데이터를 분리합니다.
df_year_round = df[df['date'] < datetime.date(2011, 11, 1)]
df_year_end = df[df['date'] >= datetime.date(2011, 11, 1)]
print(df_year_round.shape)
print(df_year_end.shape)
```

실행 결과

```
(314902, 10)
(81568, 10)
```

분리된 데이터에서 재구매, 신규 구매 등이 어떻게 일어났는지를 분석해봅시다. 먼저 해야 하는 것은 11월 이전 데이터셋에서 유저별로 구매했던 상품의 리스트를 추출하는 것입니다. 아래의 코드는 CustomerID를 그룹으로 하여 StockCode 피처에 apply(set) 함수를 적용한 것으로 이를 통해 유저별 StockCode의 집합(set)을 추출할 수 있습니다.

>>> 11월 이전 유저별로 구매했던 상품의 집합 추출하기

```
# 11월 이전 데이터에서 구매했던 상품의 set을 추출합니다.
customer_item_round_set = df_year_round.groupby('CustomerID')['StockCode'].apply(set)
print(customer_item_round_set)
```

실행 결과

```
CustomerID
12346                             {23166}
12347    {22697, 22371, 85167B, 22422, 84558A, 23172, 8...
12348    {22437, 84988, 21726, 21213, 22951, 22952, 212...
12350    {22620, 21908, 21171, 22348, 84086C, 22551, 20...
12352    {22801, 22064, 21731, 22701, 22550, 22630, 227...
                            ...
18280    {82484, 22084, 22180, 22358, 22467, 22725, 226...
18281    {23209, 22037, 22028, 22716, 23008, 23007, 22467}
18282    {23295, 23187, 21270, 21108, 21109, 22089, 22424}
18283    {22909, 20718, 22386, 20725, 22754, 22586, 222...
```

```
18287    {84507C, 22064, 23274, 22421, 23269, 22603, 22...
Name: StockCode, Length: 3970, dtype: object
```

다음은 유저-상품 단위의 딕셔너리(사전)를 정의합니다. 이 딕셔너리는 유저가 상품을 11월 이전에 구매했는지 혹은 11월 이후에 구매했는지를 기록하기 위한 것입니다. 아래의 코드를 실행하면 유저가 11월 이전에 구매한 상품은 딕셔너리에 'old'라고 표기됩니다.

››› 유저별 구매 사전 구축하기

```python
# 11월 이전에 구매했는지 혹은 이후에 구매했는지를 유저별로 기록하기 위한 사전을 정의합니다.
customer_item_dict = {}

# 11월 이전에 구매한 상품은 'old'라고 표기합니다.
for customer_id, stocks in customer_item_round_set.items():
    customer_item_dict[customer_id] = {}
    for stock_code in stocks:
        customer_item_dict[customer_id][stock_code] = 'old'

print(str(customer_item_dict)[:100] + "...")
```

이는 실행 결과를 보면 쉽게 이해할 수 있습니다. 12346번 유저는 23166 상품을 구매했었고, 12347번 유저는 22697, 22371, 85167B… 상품을 구매했었다는 사실을 나타냅니다.

실행 결과

```
{'12346': {'23166': 'old'},
 '12347': {'22697': 'old', '22371': 'old', '85167B': 'old', '22422': 'old...
```

위에서와 동일한 방식으로 11월 이후 데이터에서 유저별로 구매한 상품의 집합을 추출합니다.

››› 11월 이후 유저별로 구매했던 상품의 집합 추출하기

```python
# 11월 이후 데이터에서 구매하는 상품의 집합을 추출합니다.
customer_item_end_set = df_year_end.groupby('CustomerID')['StockCode'].apply(set)
print(customer_item_end_set)
```

```
CustomerID
12347    {23552, 23497, 21064, 23271, 21731, 23084, 212...
12349    {22832, 85014A, 23263, 22064, 21563, 22059, 22...
12352    {23559, 22978, 23367, 22635, 23089, 22624, 221...
12356                              {21843, 22423}
12357    {22718, 84819, 22070, 22817, 20931, 20932, 840...
                              ...
18272    {22074, 22961, 22965, 22666, 23198, 22969, 209...
18273                              {79302M}
18274    {84988, 23245, 22851, 21974, 84509A, 22423, 22...
18282            {22699, 22423, 23175, 23174, 22818}
18283    {22909, 20718, 22386, 20725, 21212, 23200, 227...
Name: StockCode, Length: 1904, dtype: object
```

11월 이후에 구매한 유저별 상품의 집합을 이용하여 앞서 정의했던 유저-상품 구매 상태 딕셔너리를 업데이트합니다. 다음 코드는 기존에 구매하여 'old'라고 표기되어 있던 것은 'both'로 업데이트하고, 사전에 없던 유저-상품인 경우에는 'new'라고 표기하는 과정입니다. 딕셔너리의 업데이트가 완료되면 11월 이전에만 구매한 유저-상품은 'old', 이후에만 구매한 상품은 'new', 모두 구매한 상품은 'both'로 표기된 딕셔너리 구축이 완료됩니다. 이제 이를 통해 유저별 재구매, 신규 구매 등의 패턴을 분석할 수 있습니다.

>>> 유저별 구매 사전 업데이트하기

```python
# 11월 이전에만 구매한 상품은 'old', 이후에만 구매한 상품은 'new', 모두 구매한 상품은 'both'라고
표기합니다.
for customer_id, stocks in customer_item_end_set.items():
    # 11월 이전 구매기록이 있는 유저인지를 체크합니다.
    if customer_id in customer_item_dict:
        for stock_code in stocks:
            # 구매한 적 있는 상품인지를 체크한 뒤, 상태를 표기합니다.
            if stock_code in customer_item_dict[customer_id]:
                customer_item_dict[customer_id][stock_code] = 'both'
            else:
                customer_item_dict[customer_id][stock_code] = 'new'
```

```
    # 11월 이전 구매기록이 없는 유저라면 모두 'new'로 표기합니다.
    else:
        customer_item_dict[customer_id] = {}
        for stock_code in stocks:
            customer_item_dict[customer_id][stock_code] = 'new'

print(str(customer_item_dict)[:100] + "...")
```

실행 결과

```
{'12346': {'23166': 'old'}, '12347': {'22697': 'old', '22371': 'old', '85167B': 'old',
'22422': 'old...
```

구축 완료된 딕셔너리를 조금 더 편하게 분석하기 위해 데이터 프레임의 형태로 다시 정리합니다.
다음 코드는 미리 비어있는 데이터 프레임을 생성해놓고 딕셔너리를 반복문으로 들여다보며 비어있
는 프레임에 데이터를 추가합니다.

≫ 구매 사전을 데이터 프레임으로 정리하기

```
# 'old', 'new', 'both'를 유저별로 탐색하여 데이터 프레임을 생성합니다.
columns = ['CustomerID', 'old', 'new', 'both']
df_order_info = pd.DataFrame(columns=columns)

# 데이터 프레임을 생성하는 과정입니다.
for customer_id in customer_item_dict:
    old = 0
    new = 0
    both = 0

    # 상품 상태(old, new, both)를 체크하여 데이터 프레임에 append할 수 있는 형태로 처리합니다.
    for stock_code in customer_item_dict[customer_id]:
        status = customer_item_dict[customer_id][stock_code]
        if status == 'old':
            old += 1
        elif status == 'new':
            new += 1
        else:
            both += 1
```

```
# df_order_info에 데이터를 append합니다.
row = [customer_id, old, new, both]
series = pd.Series(row, index=columns)
df_order_info = df_order_info.append(series, ignore_index=True)

df_order_info.head()
```

완성된 데이터 프레임을 출력한 결과는 아래의 출력 결과와 같습니다. 데이터 프레임에서는 각 열에 유저별 'old'의 개수가 몇 개인지, 'new'의 개수는 몇 개인지, 'both'의 개수는 몇 개인지를 계산하여 저장하고 있습니다.

실행 결과

	CustomerID	old	new	both
0	12346	1	0	0
1	12347	92	3	8
2	12348	21	0	0
3	12350	16	0	0
4	12352	43	12	2

이렇게 정리된 데이터 프레임을 활용하여 재구매와 신규 구매가 어떤 패턴으로 발생하였는지 탐색해봅시다. 다음 코드는 3가지를 출력한 것으로 첫 번째는 데이터 프레임의 열 개수, 즉 전체 유저 수를 출력한 것입니다. 그리고 두 번째는 'old'가 1개 이상이면서 동시에 'new'가 1개 이상인 유저가 몇 명인지를 출력한 것입니다. 이를 통해 11월 이후에 기존에 구매한 적 없던 신규 상품을 구매한 유저가 약 3분의 1 가량 된다는 것을 알 수 있습니다. 마지막 세 번째는 'both'가 1 이상인 유저 수를 출력한 것으로 이는 재구매한 상품이 있는 유저 수를 의미합니다. 즉 3분의 1 정도는 11월 이전에 구매했던 상품을 11월 이후에 다시 구매한다는 것을 의미합니다.

>>> 재구매, 신규 구매 유저 분석하기

```
# 데이터 프레임에서 전체 유저 수를 출력합니다.
print(df_order_info.shape[0])
```

```
# 데이터 프레임에서 old가 1 이상이면서, new가 1 이상인 유저 수를 출력합니다.
# 11월 이후에 기존에 구매한 적 없는 새로운 상품을 구매한 유저를 의미합니다.
print(df_order_info[(df_order_info['old'] > 0) & (df_order_info['new'] > 0)].shape[0])

# 데이터 프레임에서 both가 1 이상인 유저 수를 출력합니다.
# 재구매한 상품이 있는 유저 수를 의미합니다.
print(df_order_info[df_order_info['both'] > 0].shape[0])
```

실행 결과

```
4334
1446
1426
```

신규 구매한 상품이 있는 유저들은 얼마나 많은 종류의 신규 상품을 구매했는지를 탐색합니다. 다음
코드는 이를 탐색한 것으로 평균적으로 13개 종류의 신규 상품을 구매하는 것으로 나타났습니다.
하지만 이는 편차가 매우 큰 것으로 보입니다. 따라서 신규 구매를 하는 유저들은 일반적으로 많은
종류의 상품을 구매하지는 않을 것으로 예상할 수 있습니다.

>>> 신규 구매 상품 종류 탐색하기

```
# 만약 새로운 상품을 구매한다면 얼마나 많은 종류의 새로운 상품을 구매하는지 탐색합니다.
print(df_order_info['new'].value_counts()[1:].describe())
```

실행 결과

```
count    132.000000
mean      13.734848
std       19.130672
min        1.000000
25%        1.000000
50%        5.000000
75%       16.000000
max       81.000000
Name: new, dtype: float64
```

📊 표로 정리하는 데이터 분석

데이터 탐색 주제	인사이트
일자별 거래 데이터	거래 수량, 횟수, 상품의 개수 모두 10~11월을 기점으로 상승함.
유저별 거래 횟수	유저별 구매 횟수는 일반적으로 1~5 사이에 분포되어 있음.
유저별 구매 상품 종류	유저별 구매 상품 종류는 다양한 편이며, 유저당 약 수십 여 개의 상품을 구매한다고 할 수 있음.
유저별 재구매, 신규 구매	11월을 기준으로 나누면 전체 유저 중, 3분의 1은 재구매를 하였고 3분의 1은 신규 구매를 하였음.
신규 구매 상품 종류	신규 구매 유저의 경우, 기존 구매 종류에 비해 많은 종류의 상품을 구매하지는 않았음.

Step 2 예측 분석: SVD를 활용한 상품 구매 예측하기

지금까지 탐색한 내용을 토대로 상품 추천 시뮬레이션을 준비해보겠습니다. 앞서 설명한 대로 상품 추천 시뮬레이션이라는 것은 과거의 학습 데이터셋을 이용하여 미래의 유저-상품 구매를 예측하는 것입니다. 이는 Chapter 03에서 학습한 '미래에 볼 영화의 평점 예측하기'와 동일한 방식으로 수행할 수 있습니다. Chapter 03에서는 특정 시점 이전의 데이터로 SVD 모델을 학습하고, 이를 통해 특정 시점 이후의 유저-아이템의 점수를 예측하였습니다. 마찬가지로 이번 예제에서도 유저-상품의 점수를 예측하여 상품 추천에 활용해봅시다.

우선 SVD 예측 모델 학습을 진행하기에 앞서 학습 데이터인 11월 이전의 데이터에서 추천 대상이 되는 유저와 상품은 얼마나 되는지를 탐색해봅시다.

⟫⟫ 추천 대상인 유저와 상품 출력하기

```
# 추천 대상 데이터에 포함되는 유저와 상품의 개수를 출력합니다.
print(len(df_year_round['CustomerID'].unique()))
print(len(df_year_round['StockCode'].unique()))
```

실행 결과

```
3970
3608
```

SVD 모델을 학습함에 있어 Chapter 03에서의 내용과 한 가지 다른 점은 우리는 유저-아이템의 'Rating'에 해당하는 선호도 점수를 가지고 있지 않다는 점입니다. 그렇다면 이 문제를 어떻게 해결할 수 있을까요?

바로 피처 엔지니어링을 통해 이 점수를 만들어내야 합니다. 적당한 유저-상품 간의 점수Rating를 만들어내기 위해 앞선 탐색적 데이터 분석에서 정리했던 다음 내용을 떠올려봅시다.

'유저별 구매 횟수는 일반적으로 1~5 사이에 분포되어 있음'

따라서 우리는 이 정보를 이용하여 유저-상품 간의 구매 횟수가 Rating으로 사용하기에 적절한지를 탐색해볼 것입니다. 유저별 구매 횟수가 일반적으로 1~5 사이라면 유저-상품 간의 구매 횟수 역시 크게 다르지 않을 것이기 때문입니다. 다음 코드는 유저-상품 간의 구매 횟수를 계산하여 U-I-R 데이터로 활용할 데이터 프레임을 생성하는 과정입니다.

>>> **SVD 모델에 사용할 Rating 탐색하기**

```
# Rating 데이터를 생성하기 위한 탐색: 유저-상품간 구매 횟수를 탐색합니다.
uir_df = df_year_round.groupby(['CustomerID', 'StockCode'])['InvoiceNo'].nunique().
reset_index()
uir_df.head()
```

실행 결과

	CustomerID	StockCode	InvoiceNo
0	12346	23166	1
1	12347	16008	1
2	12347	17021	1
3	12347	20665	1
4	12347	20719	3

이렇게 Rating이라고 가정한 유저-상품 간의 구매 횟수가 어떻게 분포되어 있는지를 그래프로 탐색해 본 결과는 아래와 같습니다. 그래프를 살펴보면 대부분의 점수가 1~5 사이에 위치하기는 하지만 점수가 낮은 쪽으로 많이 쏠려있는 것을 확인할 수 있습니다. 아마도 이러한 분포를 가진 Rating으로 SVD 모델을 학습한다면 행렬을 제대로 완성하지 못 할 확률이 높습니다.

```
# Rating(InvoiceNo) 피처의 분포를 탐색합니다.
uir_df['InvoiceNo'].hist(bins=20, grid=False)
```

실행 결과

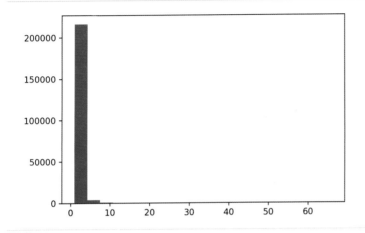

이러한 상황에 적용할 수 있는 피처 엔지니어링 기법으로 로그를 통한 피처 정규화^{Log Normalization} 방법이 있습니다. 이는 Chapter 03에서 학습하였던 피처의 정규화의 여러 가지 방법 중 하나입니다. 이 방법의 목적은 위의 실행 결과에 나타난 그래프처럼 데이터의 왜도(Skewness: 한쪽으로 긴 꼬리를 가진 형태의 비대칭적인 분포 정도)가 높은 경우에 '데이터 사이의 편차를 줄여 왜도를 감소시키는 것'에 있습니다. 이는 로그라는 개념의 수학적인 성질에 기반하는 것입니다.

아래의 코드와 실행 결과는 로그를 통한 피처 정규화를 적용한 뒤, InvoiceNo 피처의 분포를 다시 탐색한 것입니다. 여전히 왜도가 높긴 하지만 적용 이전에 비해서는 피처를 Rating으로 쓰기에 조금 더 적합해졌다는 것을 알 수 있습니다.

>>> **Log Normalization 적용하기**

```
# Rating(InvoiceNo) 피처를 log normalization 해준 뒤, 다시 분포를 탐색합니다.
uir_df['InvoiceNo'].apply(lambda x: np.log10(x)+1).hist(bins=20, grid=False)
```

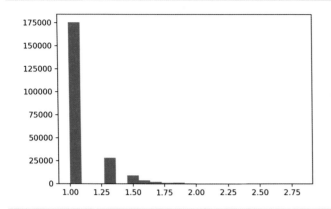

로그를 통한 정규화 적용 후, 다시 피처 스케일링을 적용하여 1~5 사이의 값으로 변환합니다. 아래의 코드는 변환 이후의 분포를 다시 그래프로 출력한 것입니다. 코드에서는 **최대-최소 스케일링**max-min scaling **방법**을 적용하였습니다.

>>> **피처 스케일링 적용하기**

```
# 1~5 사이의 점수로 변환합니다.
uir_df['Rating'] = uir_df['InvoiceNo'].apply(lambda x: np.log10(x)+1)
uir_df['Rating'] = ((uir_df['Rating'] - uir_df['Rating'].min()) /
                    (uir_df['Rating'].max() - uir_df['Rating'].min()) * 4) + 1
uir_df['Rating'].hist(bins=20, grid=False)
```

실행 결과

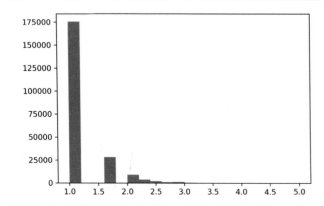

유저-상품 간의 Rating 점수를 정의하였으니 우리에게 필요했던 U-I-R 매트릭스 데이터가 완성되었습니다. 이제 이를 기반으로 유저-상품 간의 점수를 예측하는 SVD 모델을 학습할 수 있습니다. 그리고 이를 통해 상품 추천 시뮬레이션을 진행할 것입니다. 우선 아래의 코드를 통해 데이터셋을 다시 한 번 적합한 형태로 정리합시다.

>>> **SVD 모델 학습을 위한 데이터셋 생성하기**

```
# SVD 모델 학습을 위한 데이터셋을 생성합니다.
uir_df = uir_df[['CustomerID', 'StockCode', 'Rating']]
uir_df.head()
```

실행 결과

	CustomerID	StockCode	Rating
0	12346	23166	1.000000
1	12347	16008	1.000000
2	12347	17021	1.000000
3	12347	20665	1.000000
4	12347	20719	2.048881

이렇게 생성된 데이터셋으로 SVD 모델을 학습합니다. 모델의 대략적인 성능을 알아보기 위해 11월 이전 데이터로 생성한 학습 데이터인 uir_df를 또 다시 학습 데이터와 테스트 데이터셋으로 분리하여 모델을 학습하고 평가합니다.

⚠ 여기에서의 테스트 데이터는 11월 이후의 데이터를 의미하는 것이 아님을 주의하기 바랍니다.

>>> **SVD 모델 성능 테스트하기**

```
import time
from surprise import SVD, Dataset, Reader, accuracy
from surprise.model_selection import train_test_split

# SVD 라이브러리를 사용하기 위한 학습 데이터를 생성합니다. 대략적인 성능을 알아보기 위해 학습 데이
터와 테스트 데이터를 8:2로 분할합니다.
reader = Reader(rating_scale=(1, 5))
```

```
data = Dataset.load_from_df(uir_df[['CustomerID', 'StockCode', 'Rating']], reader)
train_data, test_data = train_test_split(data, test_size=0.2)

# SVD 모델을 학습합니다.
train_start = time.time()
model = SVD(n_factors=8,
        lr_all=0.005,
        reg_all=0.02,
        n_epochs=200)
model.fit(train_data)
train_end = time.time()
print("training time of model: %.2f seconds" % (train_end - train_start))

predictions = model.test(test_data)

# 테스트 데이터의 RMSE를 출력하여 모델의 성능을 평가합니다.
print("RMSE of test dataset in SVD model:")
accuracy.rmse(predictions)
```

실행 결과

```
training time of model: 33.15 seconds
RMSE of test dataset in SVD model:
RMSE: 0.3360
```

모델의 대략적인 성능을 알아보았으니 이제 11월 데이터를 모두 학습 데이터로만 사용하여 모델을
학습합니다. 아래 코드에서 생성된 모델로 다음 단계인 상품 추천 시뮬레이션을 진행합니다.

>>> 전체 학습 데이터로 SVD 모델 학습하기

```
# SVD 라이브러리를 사용하기 위한 학습 데이터를 생성합니다. 11월 이전 전체를 full trainset으로
활용합니다.
reader = Reader(rating_scale=(1, 5))
data = Dataset.load_from_df(uir_df[['CustomerID', 'StockCode', 'Rating']], reader)
train_data = data.build_full_trainset()

# SVD 모델을 학습합니다.
train_start = time.time()
```

```
model = SVD(n_factors=8,
            lr_all=0.005,
            reg_all=0.02,
            n_epochs=200)
model.fit(train_data)
train_end = time.time()
```

Step 3 예측 평가: 상품 추천 시뮬레이션하기

이번 단계에서는 앞서 학습한 SVD 모델을 활용하여 상품 추천 시뮬레이션을 수행해봅니다. 추천의 대상이 되는 유저는 11월 이전 데이터에 등장한 모든 유저를 대상으로 합니다. 반면, 유저들에게 추천의 대상이 되는 상품은 아래의 3가지로 분류할 수 있습니다. 이 3가지 분류의 기준은 Step 1 에서 탐색했던 신규 구매/재구매에 대한 탐색을 기반으로 한 것입니다.

① 이전에 구매한 적 없던 상품 추천: 신규 구매를 타겟으로 하는 추천
② 이전에 구매했던 상품 추천: 재구매를 타겟으로 하는 추천
③ 모든 상품을 대상으로 상품 추천: 모든 유저-상품의 점수를 고려하여 추천

다음 코드는 11월 이전의 데이터에 등장한 모든 유저와 해당 유저들이 이전에 구매한 적 없던 상품들을 대상으로 한 예측 점수를 딕셔너리 형태로 추출하는 과정입니다. 우선, 이전 코드에서 생성된 결과인 train_data에 build_anti_testset() 함수를 적용하여 U-I-R 데이터에서 Rating이 0인 유저-상품 쌍을 test_data 변수로 추출합니다. 이는 구매기록이 없는 유저-상품 쌍을 의미합니다. 그리고 SVD 모델의 test() 함수로 추천 대상이 되는 유저-상품의 Rating을 예측하고 이를 딕셔너리 형태로 추출합니다. 딕셔너리의 형태는 다음 실행 결과에서 볼 수 있듯이 {유저:{상품:점수, 상품: 점수...}}의 형태로 이루어져 있습니다.

```python
# 이전에 구매하지 않았던 상품을 예측의 대상으로 선정합니다.
test_data = train_data.build_anti_testset()
target_user_predictions = model.test(test_data)

# 구매 예측 결과를 딕셔너리 형태로 변환합니다.
new_order_prediction_dict = {}
for customer_id, stock_code, _, predicted_rating, _ in target_user_predictions:
    if customer_id in new_order_prediction_dict:
        if stock_code in new_order_prediction_dict[customer_id]:
            pass
        else:
            new_order_prediction_dict[customer_id][stock_code] = predicted_rating
    else:
        new_order_prediction_dict[customer_id] = {}
        new_order_prediction_dict[customer_id][stock_code] = predicted_rating

print(str(new_order_prediction_dict)[:300] + "...")
```

실행 결과

```
{'12346': {'16008': 1, '17021': 1.0735978351799407, '20665': 1.0112147779988225,
'20719': 1.3193157825975246, '20780': 1, '20782': 1.0699513022414666, '20966': 1,
'21035': 1.0582705795470058, '21041': 1.0677504739692774, '21064': 1.1004022415088248,
'21154': 1.0789388593408544, '21171': 1, '21265': ...
```

마찬가지의 방법으로 두 번째 추천 대상인 데이터에 등장한 모든 유저-이전에 구매했던 상품 간의 예측 점수를 딕셔너리 형태로 추출하는 과정을 수행합니다. 이번에는 build_anti_testset() 함수 대신 build_testset() 함수를 사용하여 이전에 구매했었던 상품을 대상으로 test_data를 추출합니다. 그리고 딕셔너리를 추출하는 과정은 위와 동일합니다. 다음 코드와 실행 결과를 통해 두 번째 딕셔너리의 결과를 확인해봅시다.

››› 두 번째 추천 대상의 유저-상품 점수 추출하기

```
# 이전에 구매했었던 상품을 예측의 대상으로 선정합니다.
test_data = train_data.build_testset()
target_user_predictions = model.test(test_data)

# 구매 예측 결과를 딕셔너리 형태로 변환합니다.
reorder_prediction_dict = {}
for customer_id, stock_code, _, predicted_rating, _ in target_user_predictions:
    if customer_id in reorder_prediction_dict:
        if stock_code in reorder_prediction_dict[customer_id]:
            pass
        else:
            reorder_prediction_dict[customer_id][stock_code] = predicted_rating
    else:
        reorder_prediction_dict[customer_id] = {}
        reorder_prediction_dict[customer_id][stock_code] = predicted_rating

print(str(reorder_prediction_dict)[:300] + "...")
```

실행 결과

```
{'12346': {'23166': 1.0392468794734686}, '12347': {'16008': 1.0719066486897617,
'17021': 1.366553304007159, '20665': 1.0476085708603367, '20719': 1.8407849395101903,
'20780': 1.0144490779552078, '20782': 1.2586877348125647, '20966': 1.1957942998893116,
'21035': 1.3151936954712546, '21041': 1.3878235...
```

세 번째 추천 대상은 위에서 생성한 두 개의 딕셔너리를 하나의 딕셔너리로 통합하는 과정으로 생성
할 수 있습니다. 다음 코드로 모든 유저와 모든 상품 간의 예측 점수를 딕셔너리 형태로 저장합니다.

››› 세 번째 추천 대상의 유저-상품 점수 추출하기

```
# 두 딕셔너리를 하나로 통합합니다.
total_prediction_dict = {}

# new_order_prediction_dict 정보를 새로운 딕셔너리에 저장합니다.
for customer_id in new_order_prediction_dict:
    if customer_id not in total_prediction_dict:
        total_prediction_dict[customer_id] = {}
```

```
        for stock_code, predicted_rating in new_order_prediction_dict[customer_id].
items():
            if stock_code not in total_prediction_dict[customer_id]:
                total_prediction_dict[customer_id][stock_code] = predicted_rating

    # reorder_prediction_dict 정보를 새로운 딕셔너리에 저장합니다.
    for customer_id in reorder_prediction_dict:
        if customer_id not in total_prediction_dict:
            total_prediction_dict[customer_id] = {}
        for stock_code, predicted_rating in reorder_prediction_dict[customer_id].
items():
            if stock_code not in total_prediction_dict[customer_id]:
                total_prediction_dict[customer_id][stock_code] = predicted_rating

print(str(total_prediction_dict)[:300] + "...")
```

실행 결과

```
{'12346': {'16008': 1, '17021': 1.2409763358331978, '20665':
1.0385607202120537, '20719': 1.2854887431628446, '20780':
1.030984094421015, '20782': 1.1295714404972959, '20966':
1.0694387592478625, '21035': 1.069934029604839, '21041':
1.0590880965796996, '21064': 1.039290642920911, '21154': 1.07786660...
```

앞의 단계들을 거쳐 우리는 세 가지 상품 추천의 시뮬레이션 결과를 각각의 딕셔너리 형태로 갖게 되었습니다. 그렇다면 이제 시뮬레이션의 결과가 실제 구매와 얼마나 유사한지 평가해볼 차례입니다.

다음 코드는 11월 이후의 데이터를 테스트 데이터로 활용하기 위해 각 유저들이 11월 이후에 실제로 구매한 상품의 리스트를 데이터 프레임의 형태로 정리한 것입니다. 이를 위해 CustomerID를 그룹으로 하고 StockCode의 set을 추출합니다. 그리고 이 결과에 reset_index() 함수를 적용하여 데이터 프레임 형태로 변환합니다.

>>> 시뮬레이션을 테스트할 데이터 프레임 생성하기

```
# 11월 이후의 데이터를 테스트 데이터셋으로 사용하기 위한 데이터 프레임을 생성합니다.
simulation_test_df = df_year_end.groupby('CustomerID')['StockCode'].apply(set).reset_
index()
simulation_test_df.columns = ['CustomerID', 'RealOrdered']
simulation_test_df.head()
```

	CustomerID	RealOrdered
0	12347	{23084, 23497, 23271, 84625A, 20719, 21064, 21...
1	12349	{23295, 22430, 21086, 23236, 23497, 22556, 225...
2	12352	{22668, 21669, 23096, 22978, 22982, 22624, 233...
3	12356	{22423, 21843}
4	12357	{22728, 22903, 22819, 23355, 85159A, 85159B, 2...

시뮬레이션 테스트용 데이터 프레임에 3개 딕셔너리의 시뮬레이션 결과를 추가합니다. 이를 위해 아래 코드와 같이 add_predicted_stock_set()이라는 함수를 정의합니다. 이 함수는 유저의 id와 위에서 추출했던 딕셔너리 중 1개를 인자로 입력 받습니다. 그리고 딕셔너리 안에서의 유저 정보를 참고하여 예측된 점수순으로 상품을 정렬하고 리스트 형태로 반환합니다. 이 함수를 데이터 프레임의 apply에 적용하면 PredictedOrder라는 새로운 피처를 생성할 수 있습니다.

>>> **시뮬레이션 결과 추가하기**

```python
# 이 데이터 프레임에 상품 추천 시뮬레이션 결과를 추가하기 위한 함수를 정의합니다.
def add_predicted_stock_set(customer_id, prediction_dict):
    if customer_id in prediction_dict:
        predicted_stock_dict = prediction_dict[customer_id]
        # 예측된 상품의 Rating이 높은 순으로 정렬합니다.
        sorted_stocks = sorted(predicted_stock_dict, key=lambda x : predicted_
                                                    stock_dict[x], reverse=True)
        return sorted_stocks
    else:
        return None


# 상품 추천 시뮬레이션 결과를 추가합니다.
simulation_test_df['PredictedOrder(New)'] = simulation_test_df['CustomerID']. \
                                apply(lambda x: add_predicted_stock_set(x,
                                                    new_order_prediction_dict))
simulation_test_df['PredictedOrder(Reorder)'] = simulation_test_df['CustomerID']. \
                                apply(lambda x: add_predicted_stock_set(x,
                                                    reorder_prediction_dict))
simulation_test_df['PredictedOrder(Total)'] = simulation_test_df['CustomerID']. \
```

```
                                    apply(lambda x: add_predicted_stock_set(x,
                                                    total_prediction_dict))
simulation_test_df.head()
```

코드를 실행한 결과, 총 3개의 상품 추천 시뮬레이션 결과가 추가되었습니다.

실행 결과

	Customer ID	RealOrdered	PredictedOrder (New)	PredictedOrder (Reorder)	PredictedOrder (Total)
0	12347	{23084, 23497, 23271, 84625A, 20719, 21064, 21...	[22659, 84086B, 22616, 22730, 22900, 21137, 22...	[22727, 22726, 22728, 22729, 22371, 21731, 849...	[22727, 22726, 22659, 22728, 22729, 84086B, 22...
1	12349	{23295, 22430, 21086, 23236, 23497, 22556, 225...	None	None	None
2	12352	{22668, 21669, 23096, 22978, 22982, 22624, 233...	[84086B, 85131B, 90119, 90042A, 20816, 85131D,...	[37448, 21914, 22779, 22993, 21232, 22423, 227...	[84086B, 85131B, 90119, 90042A, 20816, 85131D,...
3	12356	{22423, 21843}	[84086B, 85099B, 84879, 90035A, 90042A, 85123A...	[22423, 21843, 22649, 37450, 21122, 22699, 221...	[84086B, 85099B, 84879, 90035A, 90042A, 85123A...
4	12357	{22728, 22903, 22819, 23355, 85159A, 85159B, 2...	None	None	None

이제 테스트 데이터셋을 완성하였으니 추천 시뮬레이션이 실제 구매와 얼마나 비슷하게 예측되었는지를 평가해볼 차례입니다. 우리가 사용할 평가 방식은 다음과 같습니다.

① 유저별로 예측된 상품의 점수 순으로 상위 k개의 상품을 추천 대상으로 정의합니다.
② 추천한 k개의 상품 중, 실제 구매로 얼마만큼 이어졌는지 평가합니다.

이 방식은 우리가 Chapter 04에서 학습했던 분류 모델의 평가 방법 중 하나인 재현도(Recall)와 동일한 개념입니다. 다만 k개의 대상으로 제한한다는 것이 다른 점이지요.

다음 코드의 calculate_recall( ) 함수는 이 과정을 코드로 정의한 것입니다. real_order 파라미터는 실제 구매한 상품의 리스트이고, predicted_order 파라미터는 예측 점수순으로 정렬된 상품의 리스트입니다. 그리고 k 파라미터는 추천할 개수를 의미합니다. 만약 추천할 대상 상품 리스트가 없다면 11월 이전 데이터셋에 존재하지 않는 유저이기 때문에 None을 반환하고, 추천할 상품 리스트가 존재한다면 리스트 중 상위 k개를 선정하여 실제 구매한 리스트에 몇 개나 존재하는지를 계산하여 반환합니다.

》》 상품 추천 평가 기준 정의하기

```python
# 구매 예측의 상위 k개의 recall(재현율)을 평가 기준으로 정의합니다.
def calculate_recall(real_order, predicted_order, k):
    # 만약 추천 대상 상품이 없다면, 11월 이후에 상품을 처음 구매하는 유저입니다.
    if predicted_order is None:
        return None

    # SVD 모델에서 현재 유저의 Rating이 높은 상위 k개의 상품을 '구매할 것으로 예측'합니다.
    predicted = predicted_order[:k]
    true_positive = 0
    for stock_code in predicted:
        if stock_code in real_order:
            true_positive += 1

    # 예측한 상품 중, 실제로 유저가 구매한 상품의 비율(recall)을 계산합니다.
    recall = true_positive / len(predicted)
    return recall
```

위에서 정의한 함수를 apply( )로 적용하여 3개의 시뮬레이션 평가 결과를 저장합니다. 실행 결과 생성되는 피처는 점수순으로 k개의 상품을 추천해 주었을 때의 재현도(Recall) 점수를 계산한 것입니다.

⟩⟩⟩ 상품 추천 평가하기

```
# 시뮬레이션 대상 유저에게 상품을 추천해준 결과를 평가합니다.
simulation_test_df['top_k_recall(Reorder)'] = simulation_test_df. \
                        apply(lambda x: calculate_recall(x['RealOrdered'],
                                            x['PredictedOrder(Reorder)'],
                                            5), axis=1)
simulation_test_df['top_k_recall(New)'] = simulation_test_df. \
                        apply(lambda x: calculate_recall(x['RealOrdered'],
                                            x['PredictedOrder(New)'],
                                            5), axis=1)
simulation_test_df['top_k_recall(Total)'] = simulation_test_df. \
                        apply(lambda x: calculate_recall(x['RealOrdered'],
                                            x['PredictedOrder(Total)'],
                                            5), axis=1)
```

이제 이를 이용하여 추천 시뮬레이션의 성능을 평가합니다.

⟩⟩⟩ 평가 결과 출력하기

```
# 평가 결과를 유저 평균으로 살펴봅니다.
print(simulation_test_df['top_k_recall(Reorder)'].mean())
print(simulation_test_df['top_k_recall(New)'].mean())
print(simulation_test_df['top_k_recall(Total)'].mean())
```

아래의 실행 결과는 세 가지 추천 시뮬레이션의 평균 재현도를 각각 계산하여 출력한 것입니다. 이미 한 번 구매했던 상품을 대상으로 하여 추천해주었을 때 평균 재현도는 약 31%, 신규 구매를 대상으로 할 때는 0.9%, 전체 상품을 대상으로 할 때는 약 7% 정도로 나타났습니다.

실행 결과

```
0.31139610389610395
0.009090909090909092
0.07363636363636364
```

이를 통해 우리는 재구매할만한 상품을 추천해주는 것이 새로운 상품을 추천해주는 것보다 더 좋은 결과를 낼 것이라고 예상할 수 있습니다. 아마도 이 온라인 스토어의 주 구매자는 도매상이기 때문에 새로운 상품을 구매하는 것보다는 기존의 상품을 다시 구매하는 성향이 강한 것이 아닐까 추측해

볼 수 있습니다

다음으로 추천 시뮬레이션 각각의 세부 결과를 살펴보겠습니다. 아래의 코드는 이미 한 번 구매했던 상품을 대상으로 하여 추천해 주었을때의 재현도를 value_counts() 함수로 상세하게 출력한 것입니다.

>>> 재구매 상품 추천의 상세 결과

```
# 평가 결과를 점수 기준으로 살펴봅니다.
simulation_test_df['top_k_recall(Reorder)'].value_counts()
```

실행 결과

```
0.000000    473
0.200000    379
0.400000    298
0.600000    176
0.800000    124
1.000000     71
0.500000      7
0.250000      6
0.666667      4
0.333333      1
0.750000      1
Name: top_k_recall(Reorder), dtype: int64
```

실행 결과를 다음과 같이 해석할 수 있습니다.

- 재현도 0: 473명은 5개를 추천해준다면 하나도 구매하지 않을 것으로 예상된다.
- 재현도 0.2: 379명은 5개를 추천해준다면 1개의 상품을 구매할 것으로 예상된다.

만약 5개의 추천 상품을 제공한다면, 이 중 과반수 이상은 실제 구매로 이어질 것으로 예상되기 때문에 이 시뮬레이션 결과는 제법 성공적인 예측을 한 것입니다.

이번에는 이전에 구매한 적 없는 상품을 대상으로 추천한 결과를 살펴보겠습니다. 다음 실행 결과처럼 전체적으로 0에 가까운 재현도를 보이고 있습니다. 따라서 대부분의 유저는 추천된 상품을 구매하지 않을 것으로 보이며 이 시뮬레이션 결과는 좋지 않은 것으로 평가할 수 있습니다.

```
# 평가 결과를 점수 기준으로 살펴봅니다.
simulation_test_df['top_k_recall(New)'].value_counts()
```

실행 결과

```
0.0    1480
0.2      53
0.4       5
0.6       1
0.8       1
Name: top_k_recall(New), dtype: int64
```

전체 상품을 대상으로 추천한 결과를 살펴봅시다. 두 번째 시뮬레이션 결과보다는 조금 낮지만 이번 시뮬레이션 결과 역시 그다지 좋지 않은 것으로 보입니다.

```
# 평가 결과를 점수 기준으로 살펴봅니다.
simulation_test_df['top_k_recall(Total)'].value_counts()
```

실행 결과

```
0.0    1197
0.2     204
0.4      81
0.6      35
0.8      19
1.0       4
Name: top_k_recall(Total), dtype: int64
```

3개의 시뮬레이션의 평가 결과, 그 중 재구매할만한 상품을 추천해 주는 것이 가장 좋은 시뮬레이션인 것으로 평가되었습니다. 이제 '연말 선물로 구매할만한 상품 추천하기' 시뮬레이션을 아래와 같이 최종 정리해봅시다.

```
# 추천 시뮬레이션 결과를 살펴봅니다.
k = 5
result_df = simulation_test_df[simulation_test_df['PredictedOrder(Reorder)'].
notnull()]
result_df['PredictedOrder(Reorder)'] = result_df['PredictedOrder(Reorder)'].\
                                    apply(lambda x: x[:k])
result_df = result_df[['CustomerID', 'RealOrdered',
                    'PredictedOrder(Reorder)', 'top_k_recall(Reorder)']]
result_df.columns = [['구매자ID', '실제주문', '5개추천결과', 'Top5추천_주문재현도']]
result_df.sample(5).head()
```

실행 결과

	구매재ID	실제주문	5개추천결과	Top5추천_주문재현도
1489	17041	{23295, 23120, 23681, 23294, 23119, 85183A, 22…	[22667, 85123A, 22367, 47591D, 20725]	0.4
1454	16933	{21034, 23534, 22801, 84946, 21484, 23109, 213…	[21034, 72351B, 72351A, 82484, 84580]	0.2
1242	16284	{22138, 84945, 22587, 20973, 84946, 23382, 231…	[22349, 22791, 84978, 22792, 22727]	0.2
692	14515	{21744, 23321, 46000S, 21810, 23490, 23103, 23…	[84879, 22178, 85099B, 23203, 82484]	0.8
765	14704	{21340, 23681, 22732, 85111, 47504H, 22209, 23…	[21034, 85123A, 20914, 82482, 84879]	0.2

▮▮▮ 표로 정리하는 데이터 분석

주요 키워드	핵심 내용	설명
분석 방향 설정하기	탐색적 분석(EDA)을 활용하여 전체 분석 방향을 수립	탐색적 데이터 분석을 통해 분석 전체의 방향성을 수립할 수 있습니다. 예제의 경우, 유저의 구매 패턴을 분석하여 상품 추천 시뮬레이션의 종류를 나누었고, SVD 분석을 위한 피처 엔지니어링의 힌트를 발견하였습니다.
피처 엔지니어링	로그를 통한 피처 정규화 (Log Normalization)	왜도(Skewness: 한쪽으로 긴 꼬리를 가진 형태의 비대칭적인 분포 정도)가 높은 데이터의 경우, 로그를 통한 피처 정규화를 활용하여 조금 더 모델 학습에 적합한 형태로 변환할 수 있습니다.
SVD 모델을 활용한 상품 추천	행렬 완성을 이용한 유저−상품 간 점수 예측	유저−상품 간의 점수를 예측하고, 결과를 정렬하여 추천 시뮬레이션으로 활용할 수 있습니다. 만약 명시된 Rating이 없는 데이터에서는 피처 엔지니어링으로 이를 해결할 수 있습니다.
평가 기준 수립하기	재현도로 평가하는 구매 예측 시뮬레이션	시뮬레이션 과정을 거쳐 추천된 상품 리스트 중 어느 정도의 비율로 실제 구매를 예측했는지 평가하기 위해 Chapter 04에서 학습한 Confusion matrix의 재현도(Recall)를 활용하였습니다.

Chapter 01

미니 퀴즈 1-1

value_counts()는 series 객체에서 등장하는 모든 데이터의 범주를 각각의 개수와 함께 반환하는 함수이며, unique()는 모든 데이터의 범주만을 반환합니다.

```
print(chipo['item_name'].value_counts()[:10])
```

실행 결과

```
Chicken Bowl                        726
Chicken Burrito                     553
Chips and Guacamole                 479
Steak Burrito                       368
Canned Soft Drink                   301
Chips                               211
Steak Bowl                          211
Bottled Water                       162
Chicken Soft Tacos                  115
Chips and Fresh Tomato Salsa        110
Name: item_name, dtype: int64
```

```
print(chipo['item_name'].unique()[:10])
```

실행 결과

```
['Chips and Fresh Tomato Salsa' 'Izze' 'Nantucket Nectar'
 'Chips and Tomatillo-Green Chili Salsa' 'Chicken Bowl' 'Side of Chips'
 'Steak Burrito' 'Steak Soft Tacos' 'Chips and Guacamole'
 'Chicken Crispy Tacos']
```

1. 두 개의 코드라인의 값

두 개의 코드라인의 결과값은 각각 continent 피처의 value_counts()의 index 리스트와 values 리스트를 나타냅니다.

```
drinks['continent'].value_counts().index.tolist()
```

실행 결과

```
['AF', 'EU', 'AS', 'OT', 'OC', 'SA']
```

```
drinks['continent'].value_counts().values.tolist()
```

실행 결과

```
[53, 45, 44, 23, 16, 12]
```

2. 위의 두 코드라인의 결과값을 사용하는 fracs1과 labels는 어떤 의미를 가지는 파라미터일까요?

fracs1는 파이차트에 표현되는 각 영역의 값을 의미합니다. 그리고 plt는 이 값을 퍼센테이지 (%)로 변환하여 출력합니다. labels는 파이차트에서 각 영역의 이름을 의미합니다. 그래프에서 는 대륙의 이름이 쓰인 부분입니다.

1. 4개의 라인은 각각 대륙별 beer_servings의 평균값, 최소값, 최대값, 합계를 의미합니다.

```
means = result['mean'].tolist()
print(means)
mins = result['min'].tolist()
print(mins)
maxs = result['max'].tolist()
print(maxs)
sums = result['sum'].tolist()
print(sums)
```

실행 결과

```
[16.339622641509433, 60.84090909090909, 132.55555555555554, 58.4375,
165.7391304347826, 114.75]
[0, 0, 0, 0, 68, 25]
[152, 326, 373, 254, 438, 302]
[866, 2677, 5965, 935, 3812, 1377]
```

2. 아래의 코드는 본문의 예제에서 등장하는 그래프의 색상을 set_color() 함수를 사용하여 녹색 막대 그래프로 변경한 것입니다.

```
# 대륙별 total_litres_of_pure_alcohol 시각화 - 그래프 색상을 변경합니다.
continents = continent_mean.index.tolist()
continents.append('mean')
x_pos = np.arange(len(continents))
alcohol = continent_mean.tolist()
alcohol.append(total_mean)

bar_list = plt.bar(x_pos, alcohol, align='center', alpha=0.5)
bar_list[len(continents) - 1].set_color('green')
plt.plot([0., 6], [total_mean, total_mean], "k--")
plt.xticks(x_pos, continents)
```

```
plt.ylabel('total_litres_of_pure_alcohol')
plt.title('total_litres_of_pure_alcohol by Continent')

plt.show()
```

실행 결과

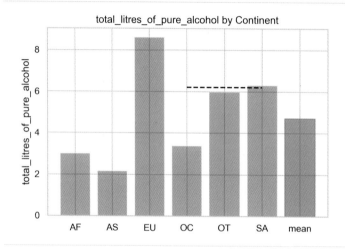

연습 문제

① 대륙별 평균 wine_servings를 탐색합니다.

to_frame이라는 함수를 사용하여 그룹 단위 연산 결과를 데이터 프레임 타입으로 변환한 뒤, 다시 이 데이터 프레임의 index를 reset_index()라는 함수로 초기화합니다. 그리고 이 데이터 프레임을 원래의 데이터 프레임에 합쳐주기 위해, merge() 함수를 적용합니다. 하지만 transform 함수를 사용하면, 이 모든 과정을 단 한 줄의 코드로 수행할 수 있습니다.

```
# 대륙별 평균 wine_servings 피처를 만들어서 병합합니다.
result = drinks.groupby('continent').mean()['wine_servings']
df = result.to_frame().reset_index()
df = df.rename(columns={'wine_servings': 'wine_servings_cont_avg'})
drinks = pd.merge(drinks, df, on='continent', how='outer')

# 위와 같은 방법의 코드입니다.
drinks['wine_servings_cont_avg'] = drinks.groupby('continent')['wine_servings'].
transform(np.mean)

# 결과를 출력합니다.
drinks[['country', 'continent', 'wine_servings_cont_avg']].sample(5).head()
```

실행 결과

	country	continent	wine_servings_cont_avg
168	Chile	SA	62.416667
54	Cyprus	EU	142.222222
145	Belize	OT	24.521739
48	Azerbaijan	EU	142.222222
137	Tunisia	AF	16.264151

② 국가별 모든 servings의 합을 계산한 total_servings 라는 피처를 생성합니다.

```
# 국가별 total_servings 피처를 만들어서 병합합니다.
drinks['total_servings'] = drinks['beer_servings'] + drinks['wine_servings'] +
drinks['spirit_servings']

# 결과를 출력합니다.
drinks[['country', 'beer_servings', 'wine_servings', 'spirit_servings', 'total_
servings']].sample(5).head()
```

실행 결과

	country	beer_servings	wine_servings	spirit_servings	total_servings
97	Cameroon	147	4	1	152
118	Malawi	8	1	11	20
145	Belize	263	8	114	385
182	Micronesia	62	18	50	130
113	Kenya	58	2	22	82

③ 전체 평균보다 적은 알코올을 섭취하는 대륙 중, spirit를 가장 많이 마시는 국가를 찾아봅니다.

isin 함수와 dataframe.loc 을 이용하여 전체 평균보다 적은 알코올을 섭취하는 대륙들을 필터링합니다. 그리고 idxmax() 함수를 사용하면, 특정 value가 가장 높은 데이터를 찾을 수 있습니다.

```
# 전체 평균보다 적은 알코올을 섭취하는 대륙 중에서, spirit를 가장 많이 마시는 국가를 구합니다.
total_mean = drinks.total_litres_of_pure_alcohol.mean()
continent_mean = drinks.groupby('continent').total_litres_of_pure_alcohol.mean()
continent_under_mean = continent_mean[continent_mean <= total_mean].index.tolist()
df_continent_under_mean = drinks.loc[drinks.continent.isin(continent_under_mean)]

most_spirit_under_mean = df_continent_under_mean.loc[df_continent_under_
mean['spirit_servings'].idxmax()]

# 결과를 출력합니다.
most_spirit_under_mean['country']
```

실행 결과

```
'Russian Federation'
```

④ 술 소비량 대비 알코올 비율을 구해봅니다.

```
# 술 소비량 대비 알코올 비율에 대한 칼럼을 만들어서 병합합니다.
drinks['alcohol_rate'] = drinks['total_litres_of_pure_alcohol'] / drinks['total_
servings']
drinks['alcohol_rate'] = drinks['alcohol_rate'].fillna(0)

# 술 소비량 대비 알코올 비율 : 전체 순위 중 한국의 순위를 구합니다.
drinks['alcohol_rate_rank'] = drinks['alcohol_rate'].rank(ascending=False)
drinks['alcohol_rate_rank'] = drinks['alcohol_rate_rank'].apply(np.floor)
drinks.loc[drinks['country'] == 'South Korea'].alcohol_rate_rank
```

실행 결과

```
29    15.0
Name: alcohol_rate_rank, dtype: float64
```

⑤ 대륙별로 술 소비량 대비 알코올 비율을 계산합니다.

```
# 대륙별 술 소비량 대비 알코올 비율을 구합니다.
continent_sum = drinks.groupby('continent').sum()
continent_sum['alcohol_rate_continent'] = continent_sum['total_litres_of_pure_
alcohol'] / \
                                          continent_sum['total_servings']
continent_sum = continent_sum.reset_index()
continent_sum = continent_sum[['continent', 'alcohol_rate_continent']]

drinks = pd.merge(drinks, continent_sum, on='continent', how='outer')

# 결과를 출력합니다.
drinks[['country', 'continent', 'alcohol_rate_continent']].sample(5).head()
```

실행 결과

	country	continent	alcohol_rate_continent
170	Ecuador	SA	0.017909
150	Dominican Republic	OT	0.017860
81	Slovakia	EU	0.018392
145	Belize	OT	0.017860
120	Mauritania	AF	0.031970

Chapter 02

연습 문제

① Description 피처의 텍스트 정보를 확인합니다.

```
df['Description'].tolist()
```

실행 결과

```
['WHITE HANGING HEART T-LIGHT HOLDER',
 'WHITE METAL LANTERN',
 'CREAM CUPID HEARTS COAT HANGER',
 'KNITTED UNION FLAG HOT WATER BOTTLE',
 'RED WOOLLY HOTTIE WHITE HEART.',
 'SET 7 BABUSHKA NESTING BOXES',
 'GLASS STAR FROSTED T-LIGHT HOLDER',
 'HAND WARMER UNION JACK',
 'HAND WARMER RED POLKA DOT',
 'ASSORTED COLOUR BIRD ORNAMENT',
 "POPPY'S PLAYHOUSE BEDROOM ",
 "POPPY'S PLAYHOUSE KITCHEN",
 'FELTCRAFT PRINCESS CHARLOTTE DOLL',
 'IVORY KNITTED MUG COSY ',
```

```
   'BOX OF 6 ASSORTED COLOUR TEASPOONS',
   'BOX OF VINTAGE JIGSAW BLOCKS ',
 …]
```

② 텍스트 데이터셋에서 단어를 추출합니다.

```
import collections

corpus = " ".join(df['Description'].tolist()).split(" ")
count = collections.Counter(corpus)
print(count)
```

실행 결과

```
Counter({'': 104215, 'SET': 41623, 'OF': 41479, 'BAG': 38452, 'RED': 32590, 'HEART':
29443, 'RETROSPOT': 27029, 'VINTAGE': 26043, 'DESIGN': 24007, 'PINK': 20521,
'CHRISTMAS': 19334, 'BOX': 18359, 'CAKE': 16630, 'WHITE': 16360, 'METAL': 15897, 'JUMBO':
15737, 'LUNCH': 15211, '3': 15040, 'BLUE': 14044, 'HANGING': 13220, 'HOLDER': 12975,
'SIGN': 12795, 'PACK': 12144, 'T-LIGHT': 11531, 'PAPER': 10845, 'SMALL': 10592, 'WOODEN':
10183, '6': 9782, 'CASES': 9655, 'CARD': 9621, 'GLASS': 8997, '12': 8958, 'TEA': 8957,
'POLKADOT': 8937, 'DECORATION': 8792, 'SPACEBOY': 8713, 'BOTTLE': 8703, 'IN': 8563,
'AND': 8015, 'HOT': 8005, 'HOME': 8001, 'PANTRY': 7760, 'LARGE': 7691, 'TIN': 7640,
'WATER': 7625, 'REGENCY': 7195…})
```

③ 추출한 단어를 이용하여 워드 클라우드를 출력합니다.

```
import random
import pytagcloud
import webbrowser

ranked_tags = count.most_common(40)
taglist = pytagcloud.make_tags(ranked_tags, maxsize=200)
pytagcloud.create_tag_image(taglist, 'wordcloud_example.jpg',
                            size=(900, 600), fontname='NanumGothic',
```

```
                                    rectangular=False)

from IPython.display import Image
Image(filename='wordcloud_example.jpg')
```

실행 결과

Chapter 03

미니 퀴즈 3-1

훈련 데이터셋은 오로지 모델을 학습하는 용도로 사용됩니다. 반면, 테스트 데이터셋은 결과를 평가하기 위한 용도로만 활용됩니다. Train score, Test score는 이 두 데이터 각각으로만 평가한 점수입니다.

가장 이상적인 경우는 Train score, Test score가 차이가 없는 것입니다. 이 차이가 벌어질수록 모델이 훈련 데이터셋에 과적합된 것입니다. 일반적으로는 Train score가 약간 더 높습니다.

```
# 피처를 재선정합니다.
X = picher_df[['FIP', 'WAR', '볼넷/9', '삼진/9', '연봉(2017)']]
y = picher_df['y']
X_train, X_test, y_train, y_test = train_test_split(X, y, test_size=0.2, random_
state=19)

# 모델을 학습합니다.
lr = linear_model.LinearRegression()
model = lr.fit(X_train, y_train)

# 결과를 출력합니다.
print(model.score(X_train, y_train)) # train R2 score를 출력합니다.
print(model.score(X_test, y_test)) # test R2 score를 출력합니다.

y_predictions = lr.predict(X_train)
print(sqrt(mean_squared_error(y_train, y_predictions))) # train RMSE score를 출력합니다.
y_predictions = lr.predict(X_test)
print(sqrt(mean_squared_error(y_test, y_predictions))) # test RMSE score를 출력합니다.

# 피처마다의 VIF 계수를 출력합니다.
X = picher_df[['FIP', 'WAR', '볼넷/9', '삼진/9', '연봉(2017)']]
vif = pd.DataFrame()
vif["VIF Factor"] = [variance_inflation_factor(X.values, i) for i in range(X.
shape[1])]
vif["features"] = X.columns
vif.round(1)
```

실행 결과

```
0.9150591192570362
0.9038759653889865

7893.462873347693
13141.866063591078
```

	VIF Factor	features
0	1.9	FIP
1	2.1	WAR
2	1.9	볼넷/9
3	1.1	삼진/9
4	1.9	연봉(2017)

미니 퀴즈 3-3

```
# 연대별 영화의 개수를 출력합니다.
movie_data['year_term'] = movie_data['title'].apply(lambda x: x[-5:-2]+"0")
moview_year_term = movie_data['year_term'].value_counts().sort_index()

sns.barplot(moview_year_term.index, moview_year_term.values, alpha=0.8)
plt.title('Movie data by years generation')
plt.ylabel('Number of Movies', fontsize=12)
plt.xlabel('Years', fontsize=12)
plt.show()
```

실행 결과

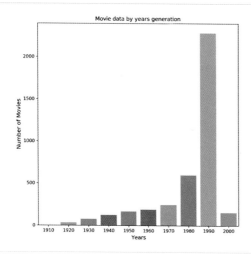

```
# 유저의 성별을 탐색합니다.
plt.rcParams['figure.figsize'] = [4, 4]
user_gender = user_data['gender'].value_counts()
sns.barplot(user_gender.index, user_gender.values, alpha=0.8)
plt.title('Gender ratio of user')
plt.ylabel('Count', fontsize=12)
plt.xlabel('Gender', fontsize=12)
plt.show()

# 유저의 연령대를 탐색합니다.
def age_classification(age):
    if age == 1:
        return 'outlier'
    else:
        return str(age)[0] + "0"

user_data['ages'] = user_data['age'].apply(lambda x: age_classification(x))
user_ages = user_data['ages'].value_counts()

sns.barplot(user_ages.index, user_ages.values, alpha=0.8)
plt.title('User ages')
plt.ylabel('Count', fontsize=12)
plt.xlabel('Ages', fontsize=12)
plt.show()
```

실행 결과

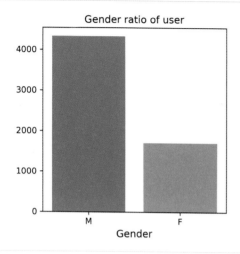
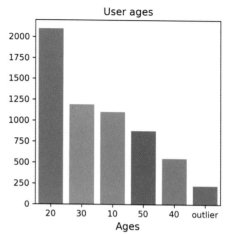

미니 퀴즈 3-5

```
# 유저별 영화 평가를 탐색합니다.
user_grouped_rating_info = rating_data.groupby('user_id')['rating'].agg({'rated_
count':'count',

                                                      'rating_mean':'mean',
                                                      'rating_std':'std'})
# 유저별로 평가한 영화 개수의 분포를 출력합니다.
user_grouped_rating_info['rated_count'].hist(bins=150, grid=False)

# 유저별로 평가한 영화 점수 평균의 분포를 그래프로 출력합니다.
user_grouped_rating_info['rating_mean'].hist(bins=150, grid=False)

# 유저별로 평가한 영화 점수 편차의 분포를 그래프로 출력합니다.
user_grouped_rating_info['rating_std'].hist(bins=150, grid=False)
```

실행 결과

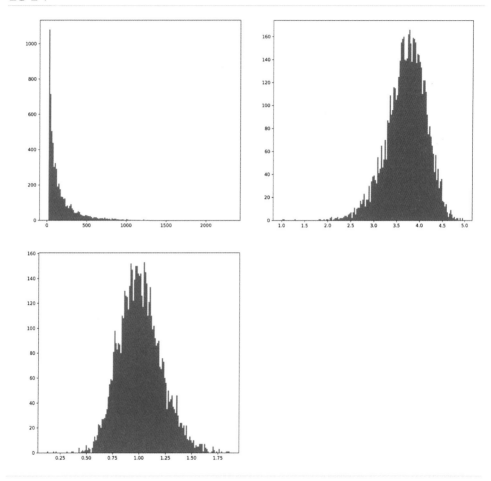

미니 퀴즈 3-6

```
rmse_list_by_factors = []
ttime_list_by_factors = []
for n in range(1, 15):
    model = SVD(n_factors=n,
            lr_all=0.005,
            reg_all=0.02,
            n_epochs=100)
    predictions = model.test(test_data)
    rmse_result = accuracy.rmse(predictions)
    rmse_list_by_factors.append(rmse_result)

plt.plot(range(1, 15), rmse_list_by_factors, alpha=0.8)
plt.title('RMSE by n_factors of SVD')
plt.ylabel('RMSE', fontsize=12)
plt.xlabel('n_factors', fontsize=12)
plt.show()
```

실행 결과

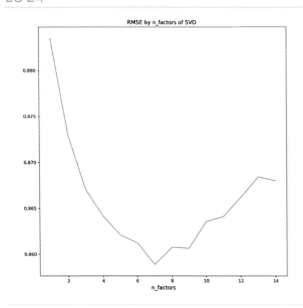

① BostonHousing 데이터셋으로 회귀 분석을 수행하기 위한 데이터셋을 분리합니다.

```python
from sklearn import linear_model
from sklearn.model_selection import train_test_split
from sklearn.metrics import mean_squared_error
from math import sqrt

# 훈련, 테스트 데이터셋 데이터를 생성합니다.
X = housing[['CRIM', 'ZN', 'INDUS', 'CHAS', 'NOX',
             'RM', 'AGE', 'DIS', 'RAD', 'TAX', 'PTRATIO', 'B', 'LSTAT']]
y = housing['y']
X_train, X_test, y_train, y_test = train_test_split(X, y, test_size=0.2, random_
state=33)
```

② 분리한 데이터셋으로 회귀 분석을 수행합니다.

```python
# 모델을 학습합니다.
lr = linear_model.LinearRegression()
model = lr.fit(X_train, y_train)
```

③ 학습 완료된 모델의 R2 score를 평가합니다.

```python
# R2 score를 출력합니다.
print(model.score(X_train, y_train))
print(model.score(X_test, y_test))
```

실행 결과

```
0.7490284664199387
0.7009342135321552
```

④ 회귀 모델 피처의 계수를 출력합니다.

```
# 각 피처의 계수를 출력합니다.
print(lr.coef_)
```

실행 결과

```
[-1.11193551e-01  5.09415195e-02  3.25436161e-02  3.02115825e+00
 -1.54108556e+01  4.04590890e+00 -1.97595267e-03 -1.56114408e+00
  3.27038718e-01 -1.38825230e-02 -8.22151628e-01  8.74659468e-03
 -5.85060261e-01]
```

Chapter 04

미니 퀴즈 4-1

```
ax = sns.countplot(x='sex', hue = 'survived',  data = df_train)
```

실행 결과

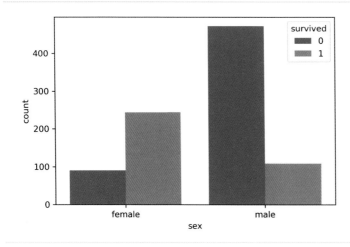

```
ax = sns.countplot(x='embarked', hue = 'survived',  data = df_train)
```

실행 결과

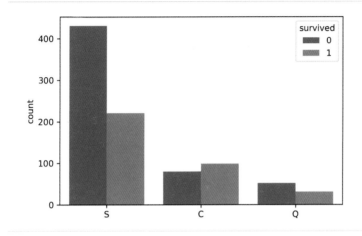

```
valid_features(df_train, 'parch', distribution_check=False)
```

실행 결과

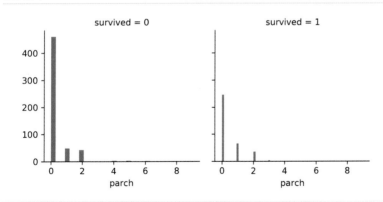

```
valid_features(df_train, 'fare', distribution_check=False)
```

실행 결과

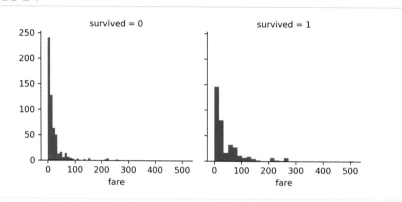

미니 퀴즈 4-2

```
ax = sns.countplot(x='name', hue = 'survived',  data = whole_df)
plt.show()
```

실행 결과

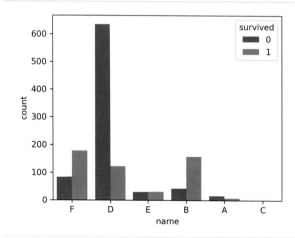

```
noun_list = []
adjective_list = []

# 명사, 형용사별로 계수가 높은 상위 10개의 형태소를 추출합니다. 이는 리뷰에 긍정적인 영향을 주는
명사와 형용사를 순위별로 살펴보는 것이 됩니다.
for coef in coef_pos_index[:100]:
    pos_category = invert_index_vectorizer[coef[1]].split("/")[1]
    if pos_category == "Noun":
        noun_list.append((invert_index_vectorizer[coef[1]], coef[0]))
    elif pos_category == "Adjective":
        adjective_list.append((invert_index_vectorizer[coef[1]], coef[0]))

# 상위 10개의 명사를 출력합니다.
noun_list[:10]
```

실행 결과

```
[('강남역/Noun', 0.28374742772547235),
 ('갈비살/Noun', 0.2796787047543939),
 ('음식/Noun', 0.26415722546993586),
 ('지인/Noun', 0.263876327628184),
 ('꼭/Noun', 0.25829019511330165),
 ('환기/Noun', 0.2551627227593666),
 ('합/Noun', 0.23951099136474382),
 ('먹음/Noun', 0.23138920870364946),
 ('데넘/Noun', 0.23099662852083655),
 ('생/Noun', 0.22772145677353592)]
```

```
# 상위 10개의 형용사를 출력합니다.
adjective_list[:10]
```

실행 결과

```
[('깔끔하고/Adjective', 0.5927178142528358),
 ('맛있습니다/Adjective', 0.5769878803526463),
 ('맛있게/Adjective', 0.5235114235362491),
 ('생생하니/Adjective', 0.3300370018019412),
 ('맛있어용/Adjective', 0.2796787047543939),
 ('친절해요/Adjective', 0.26891924743311546),
 ('친절하시고/Adjective', 0.25022270914319966),
 ('비싸다여/Adjective', 0.23099662852083655),
 ('입니다/Adjective', 0.228193383774027),
 ('좋아요/Adjective', 0.21850140646010266)]
```

연습 문제

① 분류 분석을 수행하기 위한 데이터셋을 분리합니다.

```
from sklearn.model_selection import train_test_split

# 훈련/테스트 데이터를 분리합니다.
train_cols = ['fixed acidity', 'volatile acidity', 'citric acid', 'residual sugar',
              'chlorides', 'free sulfur dioxide', 'total sulfur dioxide', 'density',
              'pH', 'sulphates', 'alcohol', 'quality']
x = df[train_cols].values
y = df['wine_kind'].values
x_train, x_test, y_train, y_test = train_test_split(x, y, test_size=0.2, random_
state=0)
```

② 로지스틱 회귀 분석으로 분류 모델을 학습합니다.

```
from sklearn.linear_model import LogisticRegression
from sklearn.metrics import accuracy_score, precision_score, recall_score, f1_score

# 훈련 데이터로 LogisticRegression 모델을 학습합니다.
lr = LogisticRegression(random_state=0)
lr.fit(x_train, y_train)
```

③ 학습 완료된 모델의 F1 score, recall, precision, accuracy를 평가합니다.

```
# 테스트 데이터로 y값을 예측합니다.
y_pred = lr.predict(x_test)
y_pred_probability = lr.predict_proba(x_test)[:,1] # wine_kind가 "1"인지에 대한 확률을 예
측합니다.

# 실제 y값과 예측된 y값을 비교하여 모델을 평가합니다.
print("accuracy: %.2f" % accuracy_score(y_test, y_pred))
print("Precision : %.3f" % precision_score(y_test, y_pred))
print("Recall : %.3f" % recall_score(y_test, y_pred))
print("F1 : %.3f" % f1_score(y_test, y_pred))
```

실행 결과

```
accuracy: 0.98
Precision : 0.975
Recall : 0.993
F1 : 0.984
```

④ Confusion Matrix를 출력합니다.

```
from sklearn.metrics import confusion_matrix

# Confusion Matrix를 출력합니다.
confmat = confusion_matrix(y_true=y_test, y_pred=y_pred)
print(confmat)
```

실행 결과

```
[[300  25]
 [  7 968]]
```

⑤ AUC & ROC curve를 출력합니다.

```
from sklearn.metrics import roc_curve, roc_auc_score

# AUC를 계산합니다.
false_positive_rate, true_positive_rate, thresholds = roc_curve(y_test, y_pred_
probability)
roc_auc = roc_auc_score(y_test, y_pred_probability)
print("AUC : %.3f" % roc_auc)

# ROC curve 그래프를 출력합니다.
plt.rcParams['figure.figsize'] = [5, 4]
plt.plot(false_positive_rate, true_positive_rate, label='ROC curve (area = %0.3f)' %
roc_auc,
         color='red', linewidth=4.0)
plt.plot([0, 1], [0, 1], 'k--') # 최하 기준선
plt.xlim([0.0, 1.0])
plt.ylim([0.0, 1.0])
plt.xlabel('False Positive Rate')
plt.ylabel('True Positive Rate')
plt.title('ROC curve of Logistic regression')
plt.legend(loc="lower right")
```

AUC : 0.990

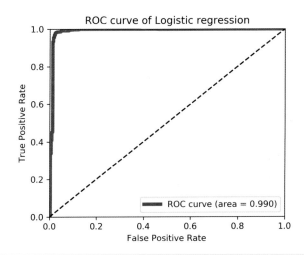

Chapter 05

미니 퀴즈 5-1

>>> **maker 피처 탐색**

```
maker_counts = df['maker'].value_counts()
print(maker_counts)
plt.boxplot(maker_counts)
```

실행 결과

```
apple      2450
samsung    1642
lg          677
pantech      57
sony         37
```

```
huawei      35
tg          28
sky         25
Name: maker, dtype: int64
```

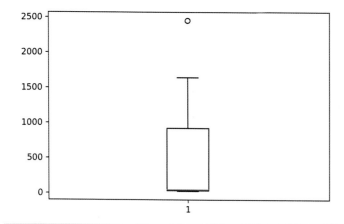

››› price_index 피처 탐색

```
df['price_index'].value_counts()
```

실행 결과

```
103.05    3061
95.96     1311
102.59     448
94.90      131
Name: price_index, dtype: int64
```

>>> 총 상품 개수 탐색

```
# 총 상품 갯수를 탐색합니다.
print(len(df['StockCode'].unique()))
```

실행 결과

```
3660
```

>>> 가장 거래가 많은 상품 top 10 탐색

```
# 가장 거래가 많은 상품 top 10 탐색
df.groupby('StockCode')['InvoiceNo'].nunique().sort_values(ascending=False)[:10]
```

실행 결과

```
StockCode
85123A    1978
22423     1703
85099B    1600
47566     1379
84879     1375
20725     1289
22720     1146
23203     1080
20727     1052
22383     1043
Name: InvoiceNo, dtype: int64
```

>>> 상품별 판매수량 분포 탐색

```python
# 상품별 판매수량 분포를 탐색합니다.
print(df.groupby('StockCode')['Quantity'].sum().describe())
plt.plot(df.groupby('StockCode')['Quantity'].sum().values)
plt.show()
```

실행 결과

```
count    3660.000000
mean     1409.149727
std      3513.654056
min         1.000000
25%        65.000000
50%       395.000000
75%      1417.500000
max     80995.000000
Name: Quantity, dtype: float64
```

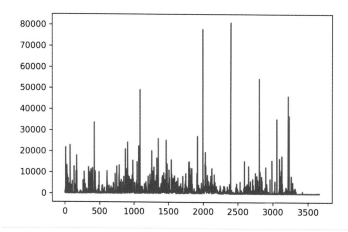

```python
# 분포를 정렬하여 출력합니다.
plt.plot(df.groupby('StockCode')['Quantity'].sum().sort_values(ascending=False).values)
plt.show()
```

실행 결과

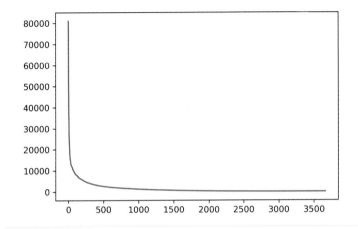

>>> 거래별 가격 탐색

```python
# 거래별로 발생한 가격에 대해 탐색합니다.
df['amount'] = df['Quantity'] * df['UnitPrice']
df.groupby('InvoiceNo')['amount'].sum().describe()
```

실행 결과

```
count     18405.000000
mean        476.378845
std        1678.749892
min           0.380000
25%         157.900000
50%         302.360000
75%         465.700000
max      168469.600000
Name: amount, dtype: float64
```

```
# 거래별로 발생한 가격 분포를 탐색합니다.
plt.plot(df.groupby('InvoiceNo')['amount'].sum().values)
plt.show()
```

실행 결과

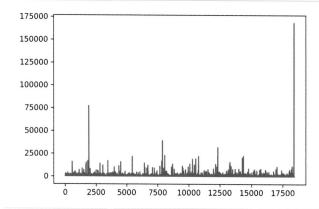

```
# 분포를 정렬하여 출력합니다.
plt.plot(df.groupby('InvoiceNo')['amount'].sum().sort_values(ascending=False).values)
plt.show()
```

실행 결과

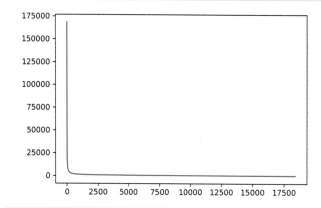